State Liability-Tort Law and Beyond
by Carol Harlow
Copyright © Carol Harlow 2004.
State Liability-Tort Law and Beyond was originally published in English in 2004. This translation is published by arrangement with Oxford University Press and is for sale in the Mainland (part) of the People's Republic of China only.

国家责任
以侵权法为中心展开

State Liability
Tort Law and Beyond

〔英〕卡罗尔·哈洛 / 著
涂永前　马佳昌 / 译

北京大学出版社

著作权登记号:01-2006-7525

图书在版编目(CIP)数据

国家责任:以侵权法为中心展开/(英)卡罗尔·哈洛著;涂永前,马佳昌译. —北京:北京大学出版社,2009.8
(法译馆·讲演集)
ISBN 978-7-301-15627-8

Ⅰ.国… Ⅱ.①哈…②涂…③马… Ⅲ.侵权行为-民法-研究 Ⅳ.D913.04

中国版本图书馆 CIP 数据核字(2009)第 140165 号

书　　　名:国家责任:以侵权法为中心展开
著作责任者:〔英〕卡罗尔·哈洛　著　涂永前　马佳昌　译
责 任 编 辑:薛　颖　白丽丽
标 准 书 号:ISBN 978-7-301-15627-8/D·2380
出 版 发 行:北京大学出版社
地　　　址:北京市海淀区成府路 205 号　100871
网　　　址:http://www.pup.cn
电 子 邮 箱:law@pup.pku.edu.cn
电　　　话:邮购部 62752015　发行部 62750672
　　　　　　编辑部 62752027　出版部 62754962
印　刷　者:北京宏伟双华印刷有限公司
经　销　者:新华书店
　　　　　　890 毫米×1240 毫米　A5　6.625 印张　177 千字
　　　　　　2009 年 8 月第 1 版　2009 年 8 月第 1 次印刷
定　　　价:15.00 元

未经许可,不得以任何方式复制或抄袭本书之部分或全部内容。
版权所有,侵权必究
举报电话:010-62752024　电子邮箱:fd@pup.pku.edu.cn

《法译馆·讲演集》编委会

主　　编　易继明

编委会成员　（按照拼音顺序排列）：

　　　　　　常鹏翱　陈绪纲　杜　颖

　　　　　　李红海　渠　涛　涂永前

　　　　　　许德峰　易继明　邹记东

目录 Contents

i	译者导言
1	致谢
3	案例索引
9	导言 无法解决的问题？
21	第一章 目前框架中的矫正正义
59	第二章 侵权行为法的丰富性
113	第三章 行政赔偿：开辟了一个新天地吗？
151	总结 集体消费的恢复
163	附录 国家责任与法国行政法
173	词条索引

译者导言

"本书信息量大,颇值斟酌,予人启迪。"
——《欧洲侵权法杂志》

一、与 state liability 有关的几个关键词

当初拿到这本英文小册子的时候,就感觉"State Liability: Tort Law and Beyond"这个书名让人有些迷惑,因为在我们所接触的中文法律著述中,通常只会在政治学或者国际法著作中才会出现"国家责任"这样的表述,诸如:"……无论是从内政还是从外交来说,**国家责任**都是我国目前面临的一个中心课题,而这一切又都必须依靠法治,法治国是实现国家责任的基础。在国内政治领域,作为国家的治理者和领导者,它的权力是人民赋予的,有责任保障人民的权利不受侵犯,有义务维护政治、经济和社会秩序的稳定、和平与安宁,有责任和义务惩治腐败,建立廉洁、高效的法治政府……美国把中国视为现有国际体系的'负责任的利益相关者',从某种意义上说,也意味着这个**国家责任**要落实到法治国的基础之上。"[1]笔者发现上文中所探讨的"国家责任"内涵与本书中所探讨的内涵存在重大不同,因此就开始寻思是否上述段落中的"国家责任"该另有表述,是否可以对应于国际法上常用的 state responsibility 一词呢?是否还会涉及 liability 以及 responsibility 之间的区别呢?

---

[1] 高全喜:《大国、法治国与国家责任》,载《权衡》杂志 2006 年第 8 期。

(一)"责任"的四个英文对应语之辨

首先,让我们来探讨一下,与中文"责任"一词对应的英文表述。粗略考察,我们发现,在法律上,对应的英文表述大概有四个:duty, obligation, liability, responsibility。依据相关词典的解释,这些词汇之间的区别还是比较明显的。

Duty:1. 据网络版 Law Encyclopedia 的解释,duty 具有以下含义。(1) An act or a course of action that is required of one by position, social custom, law, or religion: *Do your duty to your country.* a. Moral obligation: *acting out of duty.* b. The compulsion felt to meet such obligation. (2) A service, function, or task assigned to one, especially in the armed forces: *hazardous duty.* (3) Function or work; service: *jury duty.* See synonyms at function. (4) A tax charged by a government, especially on imports.... 2. 另据网络版 Law Encyclopedia 的解释(部分含义仅适用于美国法律中),Duty: A legal obligation that entails mandatory conduct or performance. With respect to the laws relating to customs duties, a tax owed to the government for the import or export of goods. A fiduciary, such as an executor or trustee, who occupies a position of confidence in relation to a third person, owes such person a duty to render services, provide care, or perform certain acts on his or her behalf.

In the context of negligence cases, a person has a duty to comport himself or herself in a particular manner with respect to another person.[2]

很明显,从这个解释中我们可以看出 duty 的含义主要指称:(1) 由于所处地位、社会习惯、法律以及宗教信仰而要求人们必

---

[2] 参见 http://www.answers.com/duty(最后访问于 2009 年 5 月 1 日),该网站上对 duty 的语源、哲学、伦理学解释尤其值得读者参考。

须进行的行为或者行为过程;(2) 安排给某人的服务性工作,职能及任务,特别用于军队中;(3) 职能或者工作;(4) 政府税收,尤其用于进口方面税收。归纳起来,duty 的中文对应语有:责任、本分、义务、任务、税、关税等。

Obligation: 1. Law Encyclopedia(部分含义仅适用于美国法律语境中):A generic term for any type of legal duty or liability. In its original sense, the term *obligation* was very technical in nature and applied to the responsibility to pay money owed on certain written documents that were executed under seal. Currently obligation is used in reference to anything that an individual is required to do because of a promise, vow, oath, contract, or law. It refers to a legal or moral duty that an individual can be forced to perform or penalized for neglecting to perform. e. g. , *absolute obligation*, *contractual obligation*, *express obligation*, *implied obligation*, *joint obligation*, *several obligation*, *moral obligation*, *primary obligation*, *penal obligation* ... 2. Wikipedia: An **obligation** is a requirement to take some course of action. It can be legal or moral. There are also obligations in other normative contexts, such as obligations of etiquette, social obligations, and so on. In terms of politics, obligations are requirements that are to fulfill. These are generally in the form of legal obligations, which incur a penalty for lack of fulfillment, although certain people are obliged to carry out certain actions for other reasons as well, which can be due to tradition or social reasons. Obligations vary from person to person, for example, a person holding a political office will generally have far more obligations than an average adult citizen, who themselves will have more obligations than a child. Obligations are generally granted in return for an increase in an individual's rights or power. In legal field, common obligations of citizens include a requirement to participate as a juror if called upon and to pay taxes, which is seen as a return for the right to participate in the electoral process and the financial and physical protection by the state. Another example, though not a common law obligation, is the US Constitutional requirement to participate in a census every ten years, which, like many legal obligations, often incurs a fine if not completed....[3]

从上述引文中可以看出,依 Law Encyclopedia 的解释,obligation 是法律义务(duty)和法律责任(liability)的通称,其原初的含义是指"对已盖好印章的、待履行的书面文件所负担之金钱给付义务"。现在的适用范围已经不限于那种要式的书面文件了,而是广泛涉及承诺、书面的/口头的誓言、合同以及法律要求必须承担的义务。而依 Wikipedia 的解释,obligation 是指必须采取某种行为,其适用范围主要在法律和道德方面,但不限于此,还可适用于其他规范语境中。在政治学领域,该词是指必须达到的要求。法律上的 obligation 则是指由于各种原因,包括传统或者社会因素,当事人有义务履行某行为但却没有履行,则该当事人会因该不履行行为所要承担的惩罚。Obligation 的承担因人而异,担任政治职务者所承担的义务就比普通人要多,而普通成年人则要比未成年人承担的义务要多。在美国法上,宪法上有个法定的 obligation 甚至还包括公民有义务参与十年一度的人口普查,如果没有履行该义务,则有可能遭到罚款。总结起来,obligation 的中文对应语应该是"义务、债务、职责"。在适用上,它比 duty 要正式些,尤其在法律领域;在使用范围上,它涵括了 duty 和 liability 所具有的部分内容,但又有其独特的所指。

Liability: 1. 根据 Columbia Encyclopedia 的解释:In law, an obligation of one party to another, usually to com-

---

〔3〕 参见 http://www.answers.com/topic/obligation,最后访问于2009年5月1日。

pensate financially. It is a fundamental aspect of tort law, although liability may also arise from duties entered into by special agreement, as in a contract or in the carrying out of a fiduciary duty. Liability is not always the result of an intentionally damaging act or of some proven fault like negligence. The affixing of liability may once have been simply a peace-preserving alternative to the practice of an injured party taking vengeance. Further, the law's emphasis has long been that one who is able to pay (who, in modern terms, has "deep pockets") should pay one who has lost something through an action of the payer, even if that action was blameless.... 2. Law Encyclopedia(部分含义仅适用于美国法律语境中): A comprehensive legal term that describes the condition of being actually or potentially subject to a legal obligation. In law, a **legal liability** is a situation in which a person is liable, such in situations of tort concerning property or reputation and is therefore responsible to pay compensation for any damage incurred; liability may be civil or criminal. Compensation for damages usually resolved the liability. Vicarious liability arises under the common law doctrine of agency-*respondeat superior*-the responsibility of the superior for the acts of their subordinate. In commercial law, **limited liability** is a form of business ownership in which business owners are legally responsible for no more than the amount that they have contributed to a venture. If for example, a business goes bankrupt an owner with limited liability will not lose unrelated assets such as a personal residence (assuming they do not give personal guarantees). This is the standard model for larger businesses, in which a shareholder will only lose the amount invested (in the form of stock value decreasing). Manufacturer's liability is a legal concept in most countries that reflects the fact that producers have a responsibility not to sell a defective product.[4]

根据 Columbia Encyclopedia 的解释，liability 是指一方对另一方所承担的义务，并且通常是指对另一方的金钱赔偿义务。从上面两种词典的解释我们可以看出，在法律上，liability 不仅可以是民事上的责任，而且还可以是刑事上的责任，中文对应语可以是"义务、负债、责任、赔偿责任、损害赔偿责任"。

而对于 responsibility，根据 Antonyms 网络词典提供的同义词，主要有 accountability 和 blame 两个，都有"负责任"和"有义务"的意思。accountability 这个词在本书中出现的频率也非常高，有一节更是以"Accountability through Liability"（通过损害赔偿责任来归责）为题，不过笔者认为此处的 accountability 主要是指"责任归咎"或者"执行责任"。下面，我们再看看其他权威词典对 responsibility 的解释。

Responsibility: 1. Philosophy Dictionary 的解释: Socially, peoples' responsibilities are those things for which they are accountable; failure to discharge a responsibility renders one liable to some censure or penalty. A job, or profession, or social role will be partly defined in terms of the responsibilities it involves. The extent of responsibility not just for oneself but for others is a central topic for political and ethical theory ("Am I my brother's keeper?"). Understanding the nature of our causal responsibility for our own thoughts, natures, and actions is the main problem in any theory of action. 2. Law Dictionary 的解释: Responsibility, the obligation to answer for an act and to repair any injury caused by that act, 426 P. 2d 828, 835; the state of being answerable for an obligation, 316 S. W. 2d 662,

---

[4] 参见 http://www.answers.com/liability，最后访问于 2009 年 5 月 1 日。

671; as used in statutes such as those governing awards of local public contracts to "responsible bidders," the term refers to "the characteristic the absence of which would cause fair-minded and reasonable men to believe it was not in the best interest of the municipality to award the contract to the lowest bidder," 432 A. 2d 564, 566, and may involve experience, financial ability and adequate facilities. 149 A. 2d 228, 234.[5]

从上面 Philosophy Dictionary 及 Law Dictionary 的解释来看，responsibility 就是指人们必须承担的责任，不履行其责任者，就有可能遭到责难或者惩罚。对于担任一定工作、从事一定职业或者社会角色者，responsibility 就意味着"职责"。当然，responsibility 也意味着对某行为作出回应，并对该行为所造成的伤害进行修复（这个含义与 liability 的通常含义接近）。当然，在英美法语境中，responsibility 还有其他一些含义。总而言之，在法律上，responsibility 的中文对应语可以有这么几个：职责、责任、义务、负担等。

综合上述考证，笔者认为，在本论文语境中，将 liability 翻译成"赔偿责任"或者"损害赔偿责任"是非常恰当的；而 responsibility 翻译成"职责、责任、义务"则比较妥当些。

（二）state liability v. state responsibility

state liability 这个词其实并没有什么太久远的历史，它产生于欧盟法（European Union Law）当中。因为，在欧盟法当中，欧盟成员国都有义务来实施并执行其共同创制的欧共体法律（EC law）。侵犯欧共体法律授予个体的权利，包括雇佣及劳资关系等领域的权利，则必须承担国家责任，当然其执行还得通过成员国的内国法庭来实施才是。也就是说，当欧盟成员国违反欧盟法律，并且导致成员国公民遭受损害，则该国家应该对其违反欧盟法律的行为承担国家责任（state liability）。让成员国承担责任的结果就是让个

---

[5] 参见 http://www.answers.com/responsibility，最后访问于 2009 年 5 月 1 日。

体公民遭受的损害得到填补。欧盟法律指令赋予了个体以权利，这些权利尤其体现在雇佣关系及劳资关系方面，并且这些权利是根据欧盟指令的直接法律效力原则（the doctrine of direct effect）[6]来强制实施的，没按规定实施欧盟指令的国家以及受国家控制的公共服务机构（emanations of the state）都得承担损害赔偿责任。但是，对于这些相关指令的影响也不要夸大，其影响有限，因为欧洲法院一直坚持这些欧盟法律只会让国家承担垂直责任（vertical responsibility of the state），也就是说这些相关法律只具有垂直的直接法律效力（vertical direct effect），其强制实施对象是国家，而不是私的个体（private individuals），也就是说这些欧共体指令不具有平行的直接法律效力（horizontal direct effect），即便这些欧盟法律对这些私的个体强加了责任。

国家责任原则（the principle of state liability）的直接渊源是来自意大利工人弗朗科维奇与伯尼法西诉意大利共和国（Francovich and Bonifaci v. Republic of Italy）案[7]。在该案中，意大利政府由于没有妥善实施欧盟第80/987号指令，依据该指令，当企业雇主破产时，政府应该为此类破产企业所雇佣的工人制定最低补偿方案，而在该案中，原告方不仅失业了，而且也没有得到该发给他们的工资。欧洲法院（European Court of Justice, ECJ）判决认为意大利政府违反其法定义务，要对违法行为给工人所造成的损失进行赔偿。欧洲法院作出如此判决的理由是：国家没有执行欧盟指令，就得承担国家责任（state liability），但是原告方则必须举证欧盟指令授予了其特定权利，并且此种授权措辞是可以

---

[6] 根据欧共体和欧盟一系列条约之规定，那些直接为个体创设可以立即生效的权利的条款被称为"具有直接效力"（directly effective）的法律，这些法律包括欧共体的基本法律（Primary Community laws）及规定（Regulations），反之，其他的规范均被称为"具有间接效力"（indirectly effective）的法律。

[7] Cases C-6 and 9/90）[1991] ECR I-5375. 对于该案的具体渊源及结果笔者在后文第二章（Tort Law Abounding: Liability, Sanction, and the ECJ）注释[49]中有详细介绍。另可参见http://eur-lex.europa.eu/smartapi/cgi/sga_doc? smartapi! celexapi! prod! CELEXnumdoc&lg = EN&numdoc = 61990J0006&model = guichett, 最后访问于2009年5月1日。

进行确认的,此外,成员国没有实施欧盟指令与其所遭受的损害之间还得有因果联系。这个判决理由后来被总结成了Francovich原则,即要让一个成员国承担国家赔偿责任必须具备以下三个条件:(1)有违反欧盟法律的行为;(2)违法行为系欧盟成员国所为;(3)违法行为导致个体受到损害。此外,如果这些要素已经具备,在诉至欧洲法院之前,原告须先在成员国内国法庭提起损害赔偿之诉才行。

后来还发生了几起讼案,即 Brasserie du Pêcheur v. Federal Republic of Germany 及 R v. Secretary of State for Transport ex parte Factortame Ltd 案[8]。在审理这两起案件过程中,国家责任(state liability)原则得到进一步的修正。为此,欧盟法院就国家责任(state liability)确立了新的标准:

(1)被触犯的欧盟法律必须已经授予个体一定权利;

(2)触犯欧盟法律的行为必须相当严重;

(3)成员国的违法行为与受害者所遭受的损失之间存在直接因果关系。[9]

在这三个条件中,要确立直接因果关系存在最模糊的标准就是所谓的行为严重性必须达到的程度。根据1996年欧洲法院对 Dillenkofer and others v. Federal Republic of Germany 案[10]作出

---

〔8〕 (Cases C-46 and C-48/93)〔1996〕ECR I-1029,Brasserie案的原告是一家法国啤酒制造商,因为其生产的啤酒没有达到德国法律规定的纯净标准,被拒绝进入德国市场。当时欧洲法院就判决德国法律与禁止采取数量限制及同等措施的欧共体法律第30条之规定相抵触,据此判决,法国公司在德国联邦法院提起了诉讼(Bundesgerichtshof, German Federal Court of Justice),要求德国政府对该公司所遭受的损害给予赔偿。两案的裁判要旨可详见:http://eur-lex.europa.eu/smartapi/cgi/sga_doc? smartapi! celexapi! prod! CELEXnumdoc&lg = EN&numdoc = 61993J0046&model = guichett,最后访问于2009年5月3日。

〔9〕 原文为:1. The EU law breached must have been intended to confer rights on individuals, 2. The breach must be sufficiently serious, 3. There must be a direct causal link between the state's breach and the loss suffered。

〔10〕 (Cases C-178, 179, 188, 189 and 190/94)〔1996〕ECR I-4845,details available at http://eur-lex.europa.eu/smartapi/cgi/sga_doc? smartapi! celexapi! prod! CELEXnumdoc&lg = EN&numdoc = 61994J0178&model = guichett,最后访问于2009年5月3日。在此案中,欧洲法院判决指出:欧盟成员国没有在规定期限内将欧盟指令转化为国内法就足以构成严重违反欧盟法律,因此要承担国家责任(state liability)。

的裁决可以看出,这种行为严重性的标准就是,没有执行欧盟指令就等于是存在相当严重的违法行为。否则,根据欧盟法院就 *R v. Ministry of Agriculture, Fisheries and Food, ex parte Hedley Lomas (Ireland) Ltd* 案[11]作出的判决,要达到另一个标准,那就是,原告方必须得证明成员国的违约行为已经足够严重到适用国家责任(the breach is sufficiently serious to justify state liability)。[12]

有必要指出的是,国家责任原则对于欧盟劳动法的强制实施具有极为深远的启示作用。如果依据欧盟劳动指令的规定,某一个体拥有确定的、受保护的利益,但是国家没有采取行动保护个体的利益,当个体遭受损害时,则国家应该承担国家损害赔偿责任(state liability)。欧盟指令中,那些涉及工人健康与工作安全、男女平等待遇的指令,以及不断增加的调控工人个体与集体利益的指令,都是国家损害赔偿责任原则得到广泛使用的领域。

对于 state liability 原则的适用,在欧盟委员会、欧盟法学界及实务界都是颇有争议的热点问题,本书就是专门就这一问题进行探讨的最新专著之一。在本译者导言的第二部分,笔者将对作者的主要观点进行一些简要介绍、评论。

state responsibility 或 responsibility of state 则不一样,该术语是一个国际法上的词汇。所谓国家责任法(the laws of state responsibility)是指当国家违反国际义务时,规定何时以及如何让国家承担责任的国际法律原则的总称。国家责任规则不仅仅只规定特定的国家义务,从总体上来讲,该规则还具体规定了当国家违反其国际义务时所应该承担的法律后果。不过,这里所讲的国家责任规则通常是国际法上的"次级"(secondary)规则,所谓"次级"规则涉及国家在违反国际法上的"初级"(primary)规则或称实体规则(诸如国际法上关于使用武力的实体法规定)之

---

[11] (Case C-5/94) [1996] ECR I-2553, details available at http://eur-lex.europa.eu/smartapi/cgi/sga_doc? smartapi! celexapi! prod! CELEXnumdoc&lg = EN&numdoc = 61994J0005&model = guichett,最后访问于 2009 年 5 月 3 日。

[12] Cf http://www.answers.com/topic/state-liability? cat = biz-fin,最后访问于 2009 年 5 月 3 日。

时,如何让国家承担责任以及提供救济方面所做的一些基本规定。因为国家责任具有一般性,故而可以在国际义务主导规则之外对其规则展开独立研究。国家责任规则由以下几部分构成:(1) 某行为构成国际不法行为的条件;(2) 政府官员、私的个体及其他实体的行为归咎为国家行为的情形;(3) 国家承担损害赔偿责任的一般抗辩;(4) 国家承担损害赔偿责任的结果。

国家责任法理论直到近年才得到很好发展。这种状况的改变源于2001年8月国际法委员会(International Law Commission, ILC)通过的《国家对国际不法行为承担责任的条款草案》(Draft Articles on the Responsibility of States for Internationally Wrongful Acts)[13],该条款草案是相关国际立法及渐进发展的综合体。相关规则已经得到国际法院(International Court of Justice, ICJ)的引用[14],总体上已得到该法庭的广泛接受。

尽管这些条款涉及面广,但是并不必然适用于所有案件当中。在有些特定的国际条约,比如在《关贸总协定》(General Agreement on Tariffs and Trade)以及《欧洲人权公约》(European Convention on Human Rights)等当中,都设置了特别的责任承担规则。[15]

从上面的考证中,我们发现state liability与state responsibility的适用语境迥异,前者是仅仅适用于欧盟法语境中的语汇,而后者则是国际法的重要原则之一。其实确切地说,state liability完全可以翻译为"国家赔偿责任"或"国家损害赔偿责任",而state responsibility则可翻译成"国家责任"或"国家职责"。鉴于

---

[13] See UN GAOR, 56th Sess, Supp No. 10, p. 43, UN Doc A/56/10 (2001).

[14] 国际法院(ICJ)在 *Gabčíkovo-Nagyamaros Project* (*Hungary/Slovakia*)案中援引了该条款草案的初期文本,see *ICJ Reports 1997*, at 7.

[15] See http://www.answers.com/topic/state-responsibility? cat = biz-fin(最后访问于2009年5月1日),该网站就国际法上的国家责任说展开的研究颇多,进一步阅读材料有:Daniel Bodansky and John R. Crook, "Symposium: The ILC's State Responsibility Articles," (2002) 96 *American Journal of International Law* 773; The ILC's Draft Articles on State Responsibility;赵建文:《国际法上的国家责任——国家对国际不法行为的责任》,2004年中国政法大学博士论文。

法律人对 liability、responsibility 的一般认识及前文的简要考察，笔者在翻译本著作标题时为了简便起见，还是将其译成了"国家责任"。在本译作中，译者对于 liability、responsibility 的区分一般都有标注，如果没有标注，通称"责任"，则一般应认为是"国家赔偿责任"或"国家损害赔偿责任"。不过，state liability 与 state responsibility 也不是没有任何联系，通过阅读我们会发现，state liability 是国家违反其国际法义务时承担国家责任（state responsibility）的一种重要的具体表现形式。

在此，需要特别强调的一点是，以上对 state liability 及 state responsibility 的界定只是语源及字义上的考察。对于欧盟法中的 state liability 的法律属性到底属于一般性的侵权法责任（ordinary law of torts）、行政侵权责任（administrative torts liability）、国际法中的国家责任（international law of state responsibility），还是宪法侵权责任（constitutional tort liability），都是非常有争议的，欧盟法学界一直在探讨中。

二、本书导读

从前文对 state liability 与 state responsibility 的比较我们可以看出，state liability 首先是一个在欧盟法中得到适用的法律语汇。这一点说明，要对本书作者的写作意图有所了解，读者必须先具有相关欧盟法律的知识铺垫。大概了解一下前文引述的、与 state liability 有关的几个欧洲法院判决，尤其是 Francovich 案、Brasserie du Pêcheur 案以及 Factortame 系列案——这些案情涉及不同领域，判决要旨存在差异。这是进行本书阅读的基础。

（一）内容概览

在翻阅本书"目录"时，读者会发现，本书作者的演讲思路非常清晰。在"导言 无法解决的问题"部分，作者开门见山地指出"国家责任"问题是一个非常棘手的问题。在第一部分"目前框架中的矫正正义"当中，作者主要探讨的是在一国国内范围所发生的、涉及国家机关或称公共机构"不作为"或"不当作为"或者没有尽到"注意义务"所引发的诉讼案件,这些案件大多因为意外事故所致。作者在这部分所探讨的国家责任仅仅限于一国政府对本国国民所承担的损害赔偿责任。有必要指出的是,这里的国家责任类似大陆法系经常探讨的国家赔偿法中的国家赔偿责任,但又不是那种行政侵权责任,更多的是一种一般侵权责任,案件中的被告通常不是公共机构的职员,而是国家机关或者公共机构本身。

第二部分"侵权行为法的丰富性"将侵权行为法的特征描述为扩张性,很明显,作者此处集中探讨的是国际化语境中的国家责任问题,也就是本导言引言部分所介绍的在欧盟法律语境中探讨国家责任问题。简言之,作者在这一部分主要思考的是全球化对国内侵权行为法所产生的影响。

在第三部分"行政赔偿:开辟了一个新天地吗"中,作者以新西兰的意外事故赔偿方案(ACS)为范本,就其运作到如今的是是非非进行了探讨,其中主要就这种行政损害赔偿方式取代传统的侵权诉讼解决方案所存在的问题进行了多角度的分析,并且对英国现有的一些损害赔偿制度及其运作实效进行了实证分析,并且发表了其个人见解。在接下来的部分,作者探讨了涉及《人权法案》的损害赔偿问题,人权案件方面的损害赔偿金及普通侵权案件方面的损害赔偿金之区别问题,对英国行政法院在审理涉及人权诉讼的案件中的作用发挥,以及是否要制定一般的损害赔偿原则问题也进行了探讨。

在本文的结论部分"总结 集体消费的恢复",作者就行政补偿以及侵权损害赔偿之间的界限明确提出了自己的意见,对于国家责任问题的解决,作者也明确提出了自己的观点,那就是通过侵权行为法的路径来解决比较合适,不宜通过公法规则来解决。

附录"国家责任与法国行政法"中,作者还特别就法国行政法院中国家责任制度的演化进行了简要描述和评价,对法国行政法院和民事法院之间就侵权诉讼案件存在的管辖权以及裁判原则、标准之争也做了简要描述。同时,作者在最后部分也谈到了欧盟一体化给其成员国家法院管辖权的复杂化所造成的影响。

(二) 本著作中的作者的主要立场、观点

本书虽然集中探讨的是欧盟法语境中的国家责任问题,作者援引的诸多案例也大多属于英联邦国家的曾经发生的典型案例,但是作者对于国家责任问题以及那些经典的判例的探讨,对我们思考该如何构建我们自己的侵权法体系或者真正高效的损害赔偿责任制度来说都是非常具有借鉴意义的。另外,对于侵权法中没有规定的不法侵害类型,受害者是否可以通过公法或者文中提到的人权法途径来解决也是值得我们认真思考的问题。

众所周知,英国是老牌的资本主义国家,法律极为发达,在这个被称为福利国家的国度里,一样存在着这样那样的法律难题,不过它所面临的法律难题和我们所面临的存在天渊之别,因为它有着数百年的普通法传统,拥有完备的法律体系,法治观念深入人心,而我们则还是处于不断摸索、学习阶段,有中国特色的现代法制体系正在形成之中。对于正在发生的一切,作者在"导言"中如是说:

> 在我们所生活的这个时代,人们对于国家的态度正在发生剧烈变化。在这个福利国家,分配正义,在更为公平和资源分配更为平等这层广泛意义上讲,它已经成为一种为大家所接受的集体目标。由此也形成了一种背景,这种背景与下面情形刚好相反,即国家意外事故赔偿也许正好是另一种公共服务,其主旨是将事故的受害者排除在国家救助这个安全网之外。意外事故赔偿方案在学术界曾引发广泛热议,但是这种热议并没有逾越政治可能性的边界,即便如此,这种方案实际上尚未列入英国政府的政策议程中来。但是,正如我所写的那样,在那种"从出生到死亡"(cradle to grave)一揽子全包的福利时代当中,医疗服务、教育以及社会救助都被视为涵盖面广的贝弗里奇社会进步政策(Beveridge policy of social progess)中必不可少的组成部分,可是,这种时代很大程度上

已经一去不复返了。国家,至少在观念上正在经历衰落。国家直接干预市场、指导经济发展、主要公用事业都属于公有这样的日子已经屈指可数了。公有(publicly owned)服务行业一个接一个地走向解体;私有化以及立约外包(contacting out)已俨然成为今天的新秩序。这股潮流与分配正义背道而驰。

这种情形说明,原先的福利国家现在正在变得让人们失望,国家干预无处不在,公用服务逐渐走向解体、衰落,私有化浪潮一波接一波,在作者看来这些都是令人丧气的现状。而对于一些所谓的公共福利服务,诸如通过实际利益方式对资源进行再分配的住房以及教育服务等,有学者认为:

> 这种实惠利益代表了为整个社会利益而设计的一种集体消费形式,绝非为个体利益而设计。因此,从某种意义上来讲,分配正义这种理念没有为个体获得补偿权提供正当性支持。

但是,另有观点强烈认为在涉及国家及公共机构的案件中探讨分配正义问题完全逾越了侵权行为法的界限。因为侵权行为法自有其客观目标,其调整的纯粹是矫正正义涉及的关系问题,对那些涉及社会效用或者经济效益之类的问题完全应该置之不理。不管是公共机构当事人存在问题,还是私的个体当事人存在问题,审判机关所应该做的是"对被告的所作所为进行责任追究,而不应该在被告是什么人上纠缠不清"。作者认为,在当下的英国,在这个福利国家提供的福利越来越少的时候,侵权行为法在逐渐衰退的福利服务中正在发挥那种填补空缺的"最后手段功能"。"侵权行为法已成为福利国家的最后一个岗哨。"这种现象使得我们开始深思一个问题:虽然我们所处的发展阶段与很多老牌的资本主义国家或者说福利国家迥异,但是,侵权法的重要作用不断回归,说明我们在制定侵权行为法时一定要眼光长远,对他国的立法经验以及损害赔偿文化都应该深入研究之后,再来借鉴其经验。而仅仅是文本上的借鉴,没有考虑本国国情的照搬,只会让人感觉是"东施效颦"。不过,按照经验主义"摸着石头过河"的路径来前行也未尝不可,但是这种经验得是"科学的"才行。

引言中作者还谈到:

> 这个政府管制型的国家是在治理一个人人都有风险规避(risk-averse)心理的社会,其中,政府管制已经普遍渗透到了我们社会生活的方方面面,渐渐地,那些为了社会控制而创造出的管制术语及程序工具成为人们的日常用语。这一点反映出,这些与管制有关的表述已为人们所接受,并且还蛮符合民众口味的。要是政府未能对风险进行规制,出现了损害事故,人们就会将责任归咎到政府头上,要政府承担责任,让政府对相关的权利被侵害者给予救济。分配正义正在逐渐延伸到安全(security)领域,而安全也不再是一种集合利益,而是俨然已成为一种可分配的利益了。

在后文中,作者还多次反复谈到"安全"、"安全权利"问题,将其甚至提升到法律价值的高度,已经成为"保护个体免于危险或者不会暴露于危险之中的一个条件",这在某些涉及人权的案件中得到认可。[16] 这种趋势对我们思考侵权行为法乃至人权法的立法宗旨都是有借鉴意义的。

在本系列讲座中,作者反复强调他是站在一个毫不掩饰的实效主义者(functionalist)的立场就国家责任从本质上属于侵权行为法上的问题展开探讨的。作者指出:

> 我深知,实效主义(functionalism)其实跟通过法律的运作来有目的地理解法律差不多。我在此不自觉地选择了"实效主义"这个术语,这种偏好缘于我不太喜欢"工具主义"(instrumentalism)这种表述,因为工具主义对我来说意味着:为社会控制之目的而谨慎地运用法律。实效主义者就侵权行为所提出的问题,对我来说好像就是立刻出现的问题,

---

[16] D. Oliver, "The Underlying Values of Public and Private Law," in M. Taggart (ed), *The Province of Administration Law* (Oxford: Hart Publishing, 1999), p.226.

这么说不仅意味着这些问题现时普遍存在，而且还意味着它们事关重大。实效主义呼吁对侵权行为法的社会价值以及经济效益进行审核；……侵权行为法不具有经济性，并且没有效率，这就意味着花费在损害修复方面的开支已经大大超过了损害赔偿金的数额，这样，侵权行为法的两个主要目标——补偿和威慑功能，二者当中任何一个的效果实际上就相当值得怀疑了。

我认为那种无效率的侵权行为制度是迫不得已才最后使用的救济手段。但是，我对集体责任和社会团结一致表示深信不疑。我还深信那种及时、自愿提供的补偿措施是社会团结一致所必不可少的因素。在我看来，那种法定赔偿或者行政赔偿为侵权行为法提供了一种切实可行的并且通常是更可取的替代救济手段，此外，对于断案法官来说，这种法定赔偿或者行政赔偿无疑也是必需的，因为它可以让法官们更加深刻地理解其他各种替代救济措施的价值所在。

对于本系列讲座，作者的目标非常明确，"这些讲座其实探讨的只是一种新的合约，在这份合约当中，立法者、法官、政策制定者，甚或学术界人士，基于社群以及社会团结一致的价值，他们走到了一起，共同构建一个崭新的并且主动性不太强的国家责任体系。这就可能意味着，我们要对制裁与威慑功能所蕴含的传统理念进行再思考，因为传统理念倾向的是正义的另外一个视角——主要是那种恢复性正义"。从目前笔者收集到的材料来看，专门就 state liability 进行阐述研究的著述还非常少，大多流于对该原则的介绍、定性，而本书的不同之处在于，作者对 state liability 原则在成员国内的侵权行为法、抑或行政法连接点，该原则对欧盟成员国国内法制的影响，特别是对侵权行为法、行政法的影响，全球化导致侵权行为法的不断扩张、丰富，人权立法以及侵犯人权的公法保护，等等，都有深入探讨。尽管欧洲人权法院以及欧洲法院等跨国法院对国内法律管辖权的介入不断增多，给成员国国内法制形成了一定压力，但是，作者认为这种走向理性的倾向是不受人欢迎的。她认为赔偿问题非常重要，最好还是留待国内法院解决。

概括来说,通过阅读本书,您可以:

1. 对普通法系国家损害赔偿文化的可持续性进行一番检视;

2. 见识到法律全球化是如何对以受害者为导向的侵权行为法产生影响的;

3. 看到作者在努力倡导更加广泛地采用那些法庭之外的救济途径来解决涉及国家责任的法律问题,使得损害赔偿问题不再由法庭来控制。

本书的读者对象包括对国家责任、侵权行为法以及侵权损害赔偿感兴趣的法学研究人员、法科学生、法官以及其他法律实务界人士。

由于 state liability 是欧盟法中一个非常新的领域,目前国内尚无专门著述探讨。译者偶尔见到若干案例之探讨,但是介绍性的内容居多,毕竟这个选题属于域外制度,所以这种研究状况可以理解。但是,好在网络资源易得,相关的英文资料可以通过很多英文数据库获得,这方面的资料为我们进一步研究 state liability 问题大开快捷之门。由于笔者也是从翻译这本著作开始接触 state liability 问题的,不一定比那些长期研究此问题者有何优势,对于文中出现的很多问题的理解也会存在囫囵吞枣之处,还请读者指正。译者的 MSN:tuyongqian@hotmail.com 及 jiachangm@hotmail.com。

在此有必要提及本书的翻译分工,涂永前负责本书"致谢"、"导言"、"第一章"、"第二章"及"词条索引"部分的翻译整理,马佳昌负责本书第三章、总结及附录的翻译整理,全书最后由涂永前统校。

最后,我们要向本书的责任编辑薛颖女士表达谢意,其细致认真的工作使本书增色不少,本书的推出她的卓越工作功不可没!

涂永前　马佳昌

2009 年 5 月于法大蓟门桥

致　　谢

在写作这些讲座内容的时候,其中就有一个版本于2003年10月在牛津大学克拉伦登(Clarendon)讲座系列中推出过,这给了我极大帮助和鼓舞。在此,我首先要感谢克拉伦登讲座系列托管事们的盛情邀请,还有该讲座系列的组织者,特别要感谢彼得·伯克斯(Peter Birks)教授以及牛津大学万灵学院(All Souls),感谢他们的热情接待。我还要感谢牛津大学出版社及其学术编辑约翰·罗斯(John Louth)的支持和敦促,而后者一直负责本书的组织以及随后的出版。

这个系列讲座使我有幸在侵权法视野中探讨政府责任这个主题。这一主题也是我博士论文(1980年通过答辩)的选题。从那以后,这一主题变化良多。我对这一主题一直志趣不移。其实,我对涉及相关主题的书籍以及文章一直都在不时地给予关注,但是遗憾的是,我一直没有机会对这个不断发生变化的领域做持续研究。现在对这一主题的持续研究可能要归功于莱维哈姆(Levehulme)基金会以及琼·凯特尔(Jean Cater)夫人的慷慨支持,他们分别对我进行资助并且让我享受了旅行研究人员(a traveling Fellowship)的待遇。有了这笔资助,我来到了澳大利亚。我要感谢澳大利亚国立大学(Australian National University)及其所属社会科学研究院(Research School of Social Sciences),他们的资助使我有机会能在堪培拉多待了一个月。在此,尤其要感谢彼得·凯恩(Peter Cane)。其时,澳大利亚国立大学法学院以及格里菲斯大学(Griffith University)举办了一些研讨会,在这些研讨会中参与者提交的一些"探索性"论文也使我受益匪浅。书中涉及的欧洲部分内容主要是在位于佛罗伦萨的欧洲大学研究院（European University Institute）写就，那段时光里，我要特别感谢系主任雅克·齐勒尔（Jacques Ziller）；而在法国巴黎高等政治学院（Science-Po）停留期间，是雷诺·德胡斯（Renaud Dehousse）做了一些前期的准备工作并负责接待了我，在此也向他表示谢意。要感谢凯斯·文森特（Keith Vincent），凯特·普理查德（Kate Prichard），雪莉·布朗里（Shelly Brownlee），还有在新西兰的大卫·多比（David Dobbie），他们的研究很出色，使我受益不少。最后要感谢许多参与探讨、阅读、聆听、提出见解以及提供信息的同事们。我要向马克·阿伦森（Mark Aronson）、彼得·凯恩以及简·斯特普尔顿（Jane Stapleton）致以最深的谢意，感谢他们的慷慨帮助、支持以及建议。彼得·凯恩非常热心地阅读了本书的最后样稿。感谢科林·斯考特（Colin Scott）以及约翰·布拉特维特（John Bratwaite）对管制（regulation）以及恢复性司法（restorative justice）提出的见解，塔基斯·特雷迪马斯（Takis Tridimas）对欧盟法提出的见解，以及邓肯·菲尔格雷夫（Duncan Fairgrieve）就法国法提出的见解。就 Stovin v. Wise 这个存在诸多不同意见的案件，我曾经同莱斯利·齐曼斯（Leslie Zimans）进行过无数次的争论。本书第二讲就是同帕沃斯·埃莱夫塞里迪斯（Pavols Eleftheriadis）、詹姆斯·彭纳（James Penner）以及伊丽莎白·吉尔德（Elspeth Guild）等人之间进行无数次没有结果的争论所得到的产物。这些探讨对于本书的成形是大有裨益的。

我对理查德·罗林斯（Richard Rawlings）的感谢应该放在单独的位置。我们彼此之间的友谊、相识以及卓有成效的合作已经很久，因此，我要把这些讲座深情地献给他。

案 例 索 引

A and others v. The National Blood Authority [2001] 3 All ER 289 .... 35*
AB v. South West Water Services [1993] 1 All ER 609 51
"Agent Orange" Product Liability Litigation, In re 100 FRD 718 (EDNY
　1983), affirmed 81 F 2d 145 (2d circuit 1987) 46
Ahearn v. Fibreboard Corporation 162 FRD 505 (ED Tex 1995) 48
Akenzua v. Home Secretary (2002) ECWA Civ 470 131
Aksoy v. Turkey [1996] 23 EHRR 553 71
Alcock v. Chief Constable of S. Yorkshire Police [1991] 3 WLR
　1057 50
Alden v. Maine 527 US 706 (1999) 63
Alexandrou v. Oxford [1993] 4 All ER 328 73
Anns v. Merton London Borough Council [1978] AC 728 18,37
Anufrijeva v. Southwark LBC [2003] EWCA Civ 406 .... 113—115,118
Arizona Tobacco Products, CE 28 Feb 1992 [1992] Rec 78 52,60
Ashby v. White (1703) 14 St. Tr. 695 130
Ashingdane v. United Kingdom (1985) 7 EHRR 528 74
Aydin v. Turkey (1998) 25 EHRR 251 77
Barrett v. Enfield LBC [1999] 3 WLR 79 29,73
BAT v. Cowell (2002) VSCA 197 53
Bernard v. Enfield LBC [2001] EWCA Civ 2717 112
Biret International SA v. Council, Case T-174/01 [2002] ECR II-17 66
Biret International SA v. Council, Case C-93/02P 66
Etablissements Biret et Cie SA v. Council, Case C-94/02 P, Opinion
　of A-G Alber, 15 May 2003 Judgment of 30 September 2003 66
Bivens v. Six Unknown Named Agents of the Federal Bureau of
　Narcotics 403 US 388 (1971) 24,80

* 指本书边码,下同。

Blanco TC 8 February 1873, Rec 1er supplement 61 ································ 135
Botrill *v.* A [2001] 3 NZLR 622 (NZ CA); [2003] 1 AC 449 ··· 131—132
Brinckmann Tabkfabriken *v.* Skatteministeriet, Case C-319/96 [1998]
    ECR I-5255 ·· 52
Burmah Oil *v.* Lord Advocate [1965] AC 75 ································ 24
Burnie Port Authority *v.* General Jones Pty Ltd (1994) 179 CLR 520 ········ 18
Caparo Industries plc *v.* Dickman [1990] 1 All ER 568 ················ 18,73
Capital & Counties plc *v.* Hampshire County Council [1997] 2 All
    ER 865 ·· 139
Cattanach *v.* Melchior [2003] HCA 38 (16 July 2003) ··············· 139
Chorzow case (1928) PCIJ Ser A, no 17, at 29 ························· 54
City of Kamloops *v.* Nielsen [1984] 2 SCR 2 ································ 18
Clubb *v.* Saanich (District) (1996) 46 LR 4th 253 ························ 78
Cocks *v.* Thanet RDC [1983] 2 AC 286 ·································· 119
Commission *v.* France, Commission *v.* Greece, González Sánchez *v.*
    Medicina Asturiana Cases C-52/00, C-154/00, C-193/00 [2002]
    ELR I-3827 ·· 140
Commission *v.* Greece, Case C-45/91 [1992] ECR I-2509 ············· 64
Commission *v.* Greece, Case C-387/97 [2000] ECR I-5047 ··········· 64
Commission *v.* Spain, Case C-278/01 (judgment of 25 November
    2003) ·· 65
Commune de Hannapes, CE 29 April 1998, RDP 1998.1012 ········· 139
Connaughton *v.* Council, Case T-541/193 [1997] ECR II-549 ········· 67
Consorts N'Guyen, Joaun, Consorts Pavan, CE 26 May 1995 (Ass)
    RFDA 1995.748 ·· 140
Cooper *v.* Wandsworth Board of Works (1863) 14 CBNS 180 ············ 22
Couitéas, CE 30 November 1923, Rec 789 ································ 60
Crimmins *v.* Stevedoring Committee (1999) 200 CLR 1 ················ 37
Dangeville, CAA Paris 1 July 1992 [1992] Rec 558; CE (Ass) 30
    Oct 1996 [1996] Rec 399 ·· 60
De Wilde, Ooms and Versyp *v.* Belgium (No 2) (1972) 1 EHRR
    438 ·· 69
Deep Vein Thrombosis, In Re [2003] 3 WLR 961 ····················· 45
Denmark *v.* Turkey, Application No 34383/97 (judgment of 5 April
    2000) ·· 70
Dixon *v.* Metropolitan Board of Works (1881) 7 QBD 418 ············· 31
Doe *v.* Metropolitan Toronto Board of Commissioners of
    Police ·· 27,77,112

案例索引 | 5

Donoghue v. Folkestone Properties Ltd [2003] 2 WLR 1138 ············ 11,128
Donoghue v. Stevenson [1932] AC 562 ·· 15
Dunlop v. Woollahra Municipal Council [1981] 2 WLR 693 ·············· 117
East Suffolk Catchment Board v. Kent [1941] AC 74 ························ 37
Entick v. Carrington (1765) 2 Wils. KB 275 ···························· 23,135
Fairchild v. Newhaven Funeral Services Ltd [2002] UKHL 22;
　[2002] 3 WLR 89 ·· 14
Florida Prepaid Postsecondary Education Expense Board v. College
　Savings Bank 527 US 627 (1999); College Savings Bank v.
　Florida Prepaid Postsecondary Education Expense Board
　527 US 666 (1999) ·· 63
Francovich and Bonafaci v. Italy, Joined Cases 6, 9/90 [1991]
　ECR I-5357 ·· 56,118
Frost v. Chief Constable of S. Yorkshire Police [1998] 3 WLR 1758 ·········· 50
Georgine v. Amchem Products Inc 157 FRD 246 (ED Pa 1994) ·············· 48
Germany v. European Parliament and Commission, Case C-376/198
　[2000] ECR I-8419 ·· 52
Glossop v. Heston and Isleworth Local Board (1879) 12 Ch. D. 102 ·········· 32
Goldman v. Hargrave [1967] AC 645 ·· 11
Governor Wall's Case (1802) 28 St. Tr. 51 ·· 23
Hartmann v. Council and Commission, Case T-2094 [1997] ECR
　II-595 ·· 67
Hedley Byrne v. Heller [1964] AC 465 ·· 18
Heil v. Rankin [2000] 2 WLR 1173 ·· 104
Herrington v. British Railways Board [1972] AC 877 ························ 11,34
Hill v. Chief Constable of Yorkshire [1988] 2 All ER 238 ············ 29,73,78
Home Office v. Dorset Yacht Co. Ltd. [1970] 2 WLR
　1140 ··· 17—19,37,129
James v. United Kingdom (1986) 8 EHRR 123 ································ 73
JD and others v. East Berkshire Community Health Trust and others
　[2003] EWCA Civ 1151 ··· 29,84
John Munroe (Acrylics) Ltd v. London Fire and Civil Defence
　Authority [1996] 3 WLR 988 ··· 139
Jolley v. Sutton LBC [2000] 1 WLR 1082 ································ 21,128
Junior Books v. Veitchi [1983] 1 AC 523 ·· 17
Kampffmeyer v. Commission, Joined Cases 5,7,13-24/66 [1967]
　ECR 245 ·· 60
Kechichin, CE 30 Nov 2001 AJDA 2002.133 ···································· 139

Kent v. Griffiths [2000] 2 All ER 474 ·················· 73
Kirkham v. Chief Constable of Manchester [1989] 2 QB 283 ·········· 73
Knightley v. Johns [1982] 1 All ER 301 ·················· 73
Könle v. Republic of Austria, Case C-302/97 [1999] ECR I-3099 ········ 63
Kuddus v. Chief Constable of Leicestershire Constabulary [2001]
 2 WLR 1789 ·················· 130—131
Laboratoires Pharmaceutiques Bergaderm and Goupil v. Commission,
 Case C-352/98 P [2000] ECR I-5291 ·················· 67
Lagrand (Germany v. USA), judgment of 27 June 2001 ············ 55
Leach v. Money (1765) 19 St. Tr. 1001 ················ 23,135
Leakey v. National Trust [1980] 1 All ER 17 ················ 34
Leander v. Sweden (1987) 9 EHRR 433 ·················· 122
Lister v. Hesely HA [2001] 2 WLR 1311 ················ 84,130
Marc Rich & Co v. Bishop Rock Marine Co Ltd [1996] AC 211 ········ 36,108
Marcic v. Thames Water Utilities Ltd [2002] QB 929 (CA);
 [2003] 3 WLR 1603 (HL) ·················· 31—35
Marcic v. Thames Water (No 2) [2002] QB 1003 ·············· 31
Mostyn v. Fabrigas (1774) 1 Cowp. 161 ·················· 23
Mulder I, Case 120/86 [1988] ECR ·················· 67
Mulder II, Case C-104/89 [1992] ECR I-3061 ·············· 67
Musgrave v. Pulido (1879) 5 App Cas 102 ·················· 23
Northern Sandblasting Pty Ltd v. Harris (1997) 146 ALR 572 ········ 21
O'Reilly v. Mackman [1983] 2 AC 237 ·················· 119
O'Rourke v. Camden LBC [1997] 3 WLR 86 ············ 118—119
Osman v. Ferguson and another [1993] 4 All ER 344 ············ 72
Osman v. United Kingdom (1998) 29 EHRR 245 ········ 29,71—75,125
Overseas Tankship (UK) v. Morts Dock and Engineering Co. (The
 Wagon Mound No.1) [1961] AC 388 ·················· 19
Overseas Tankship (UK) v. Miller Steamship Property Co. (The
 Wagon Mound No.2) [1967] 1 AC 611 ·················· 19
Perre v. Apand Pty Ltd (1999) 198 CLR 180 ·················· 18
Perruche, Cass Civ, Ass Plen 17 Nov 2000, D. 2001 Juris 332 ········ 139
Phelps v. Hillingdon LBC [2000] 3 WLR 776 ·············· 29,120
Philips v. Eyre (1867) LR 4 QB 225 ·················· 23
Powell and Rayner v. United Kingdom (1989) 12 EHRR 287 ········ 74
Pyrenees Council v. Day (1998) 192 CLR 330 ················ 18
R v. Chief Constable of N Wales ex p AB (1998) 3 WLR ········ 27,57,78

R v. Criminal Injuries Compensation Board ex p Lain [1967] 2 QB 864 94
R v. Dytham (1979) 2 QB 722 131
R v. McGillivray (1990) 56 CCC (3d) 304 79
R v. North and East Devon Health Authority ex p Coughlan [2000] 2 WLR 622 115
R v. Secretary of State for Transport ex p Factortame (No 2), Case C-213/89 [1990] ECR I-2433 62
R v. Secretary of State for Transport ex p Factortame (No 3) [1992] 3 WLR 288 62
R v. Secretary of State for Transport ex p Factortame (No 5) (1999) 3 WLR 1062 65
R (Bernard) v. Enfield LBC [2002] EWHC 2282 112,120
R (Cowl) v. Plymouth City Council (Practice Note) [2002] 1 WLR 803 115
R (KB and others) v. Mental Health Review Tribunal and Health Secretary [2003] EWHC 193 112
Reeman v. Department of Transport and Others [1997] 2 Lloyds Rep 648 108
Rees v. Darlington Memorial Hospital NHS Trust (2003) 3 WLR 1091 139
Regnault-Desrozier, CE 28 March 1919, S 1918. III. 25 138
Robinson v. Workington Corporation (1897) 1 QB 619 31
Romeo v. Conservation Commission of the Northern Territory (1998) 151 ALR 263 20,128
Roncarelli v. Duplessis (1959) 16 DLR (2d) 689 130
Rookes v. Barnard [1964] AC 1129 24
Rudolph Wolff & Co Ltd and Noranda Inc. v. The Crown [1990] 1 SCR 695, 69 DLR (4th) 392 38
S, W (Children) Re, (Care Order. Implementation Care Plan) [2002] 2 WLR 720 ...... 81—82
Saint and Murray v. Council and Commission, Case T-554/93 [1997] ECR II-563 67
Seminole Tribe v. Florida 517 US 44 (1996) 63
Simpson v. AG (Baigent's case) [1994] 3 NZLR 667 80
Smeaton v. Ilford Corporation [1954] Ch 450 31
Smith v. Eric Bush, Harris v. Wyre Forest District Council [1995] 1 AC 831 108

Smith v. Littlewoods Organisation Ltd. [1987] AC 241 ············ 19
State of New South Wales v. Ryan and Graham Barclay Oyster
　Properties Ltd (2002) HCA 54 ·· 17,20
Sté Anonyme des Produits Laitiers "La Fleurette", CE (Ass) 14
　January 1938 Rec 25 ·· 60
Stovin v. Wise (Norfolk CC, third party) [1996] 3 WLR 388 ········· 38
Strettons Derby Brewers v. Derby Corporation (1894) 1 Ch 431 ········· 31
Stubbings and others v. United Kingdom (1996) 23 EHRR 213 ········· 74
Sutherland Shire Council v. Heyman (1985) 157 CLR 424 ············ 18
Swinney v. CC of Northumbria Police Force [1996] 3 WLR 968 ········· 73
Thompson v. Commissioner of Metropolitan Police [1998] QB
　498 ·· 24,104
Three Rivers District Council v. Governor and Company of the
　Bank of England [1996] 3 All ER 558; [2000] 2 WLR
　1220 ··· 36,130,139
Tomlinson v. Congleton Borough Council [2003] 2 WLR 1120 ········· 11,128
Trotman v. N Yorkhire CC [1999] LGR 584 ·························· 84,130
U (A Child), B (A Child) (Serious Injury Standard of Proof)
　[2004] EWCA Civ 567 ··· 29
US v. Philip Morris and BAT (Investments) 2003 EWCA Civ 3028 ········· 53
US v. Philip Morris Inc 116 F Supp 2d 131 (DDC 2000), 156 F Supp
　2d 1 (DDC 2001) ·· 52
Van Oppen v. Clerk to the Bedford Charity Referees [1990] 1 WLR
　235 ··· 129
Von Deetzen, Case 170/86 [1988] ECR 2355 ························ 67
Vowles v. Evans [2003] 1 WLR 1607 ································ 129
W and D v. Meah [1986] 1 All ER 935 ································· 102
Watson v. British Board of Boxing Control [2001] 2 WLR 1256 ········· 36,129
Wells v. Wells [1999] 1 AC 345 ··· 104
Wilkes v. Wood (1763) 2 Wils. KB 203 ·································· 23,135
X v. United Kingdom, App. no 7154/75, 14 DR 31 (1978)········· 86,125
X (Minors) v. BedfordshireCC, M v. Newham LBC [1995]
　2 AC 633 ·· 23,27,80,81
Z and others v. United Kingdom (2001) 34 EHRR 97 ············ 75—77,125
Zuckerfabrik Schöppenstedt v. Council, Case 5/71 [1971] ECR
　975 ·· 58

导 言

无法解决的问题?

1995年,当我开始着手写作国家责任时,我想到了我以前的一篇名曰《无法解决的问题》的投稿。[1] 毫无疑问,这个悬而未决的问题一直萦绕在我的脑海中。然而,必须指明的是,除了大卫·科恩(David Cohen)[2]这个富有勇气的例外,其他的研讨会(会上我提交了那篇带有悲观色彩的论文)论文撰写者都不太愿意提出理论涉及面广的主题——国家责任。在过去的10年中,虽花费了大量精力研究本克拉伦登讲座的系列主题,但是我不能说对这方面的理论研究有什么过人之处。我的研究可能部分带有普通法国家的律师处理法律问题时所选择的实用路径之色彩,对普通法世界中的国家责任研究也部分带有这种色彩。实际上,有一点自相矛盾的是,本讲座系列的主题对普通法国家的律师来说,有些不相干。因此,我们更愿意谈及国家机构(public authorities)以及王国政府(the Crown)的责任。但是,我选择这个题目作为本讲座系列的主题是经过深思熟虑的。"国家"(state)这个术语,与王国政府以及国家机构这两个常见的术语形成对比,但是这个术语对于从事侵权案件的律师来说,却没有形成技术上的以及法律上的一致认可,因此就没有什么思想包袱,至少在国内法律体系中是这样的。

好好反思一下,一直以来不爽的是,国家责任问题老是萦绕在我脑海里,挥之不去,这其中既有情感上的,也有思想上的。在

---

[1] C. Harlow, "State Liability: Problem Without Solution" (1995) 6 *NJCL* 67. 该论文与其他一些稿件一样,在一个学术研讨会上公开发表。该学术研讨会是加拿大政府专门为改革加拿大君主责任法(Crown liability)而召集的。该文载于《国家宪法杂志》(*National Journal of Constitutional Law*)专号。

[2] David Cohen, "Responding to Governmental Failure" (1995) 6 *NJCL* 23.

我们所生活的这个时代，人们对于国家的态度正在发生剧烈变化。在这个福利国家，分配正义，在更为公平和资源分配更为平等这层广泛意义上讲，它已经成为一种为大家所接受的集体目标。由此也形成了一种背景，这种背景与下面情形刚好相反，即国家意外事故赔偿也许正好是另一种公共服务，其主旨是将事故的受害者排除在国家救助这个安全网之外。意外事故赔偿方案在学术界曾引发广泛热议，但是这种热议并没有逾越政治可能性的边界，即便如此，这种方案实际上尚未列入英国政府的政策议程中来。但是，正如我所写的那样，在那种"从出生到死亡"（cradle to grave）一揽子全包的福利时代当中，医疗服务、教育以及社会救助都被视为涵盖面广的贝弗里奇*社会进步政策（Beveridge policy of social progess）中必不可少的组成部分〔3〕，可是，这种时代很大程度上已经一去不复返了。国家，至少在观念上正在经历衰落。国家直接干预市场、指导经济发展、主要公用事业都属于公有这样的日子已经屈指可数了。公有（publicly owned）服务行业一个接一个地走向解体；私有化以及立约外包（contacting out）已俨然成为今天的新秩序。这股潮流与分配正义背道而驰。

分配正义这个术语通常被法律人用得太宽泛了，他们把这个词用于区分被其视为侵权行为法正当主题的和其认为应该留待政治行为解决的这两类收入再分配类型。因为这个术语会反复出现在本讲座中，所以有必要及早澄清其内涵。很明显，分配正义隐含着某种分配，而且通常涉及对资源的分配。对于伊斯塔

---

* 威廉·亨利·贝弗里奇（William Henry Beveridge，1879—1963），英国经济学家。他以对社会问题进行广泛调查以及针对政府服务所发表的诸多文章而著称。1942年，他向英国政府提交了一份名为《社会保险与相关服务》（*Social Insurance and Allied Services*）的报告，在该报告中他提出要为全体英国公民建立一种"从生到死"一揽子全包的社会保障体系。1944年，他的另一著作《自由社会的充分就业》（*Full Employment in a Free Society*）出版，其中倡导有计划的公共开支，控制私人投资，以及采取其他措施来保障充分就业。贝弗里奇倡导国家管理要对个体能动性提供补足，而不是要取代它。更多信息请参见 http://www.answers.com/William%20Henry%20Beveridge（最后访问于2009年2月10日）。——译者注

〔3〕 *Social Insurance and the Social Services*，Cmnd 6404（1942）（The Beveridge Report）.

克·昂格拉尔(Ishtak Englard)来说,分配正义"旨在根据一定的价值标准在不同的人之间分配既定的对象"[4],而对于罗伯特·卡恩沃斯(Robert Carnwarth)爵士来说,这个词则仅意味着"分享一个蛋糕"[5]。在这两种情形中,他们都关注的是蛋糕以及吃蛋糕者,而切蛋糕者的行为就显得不那么重要了。在这个意义上来讲,得到国家资助的意外事故或者刑事损害赔偿并不是基于国家的过失或者国家的法定责任,而是属于分配正义的范围之内。因此,科恩提出的国家责任之"权利理论"(entitlement theory of state liability)视这种赔偿为分配正义的一种边缘形式,它好像寄生(parasitic)于那种范围更广的资源共享型分配原则中。[6] 在本系列讲座中,分配正义一词通常都是在那种宽泛意义上使用的。

对于这一点,政治哲学家布莱恩·巴里(Brian Barry)划分了一条稍微有些不同的界限。根据是牵涉到集体利益还是个体利益,巴里区分了"分配性"(distributive)政治原则与"集合性"(aggregative)政治原则。[7] 集合性原则就是与商品的集体消费有关的原则,这些商品为社群或其中大多数人所享受并受益。另一方面,分配原则指的是对集体商品的共享,当然,这里所指的集体商品是个体为其自己准备的。在探讨公法中的责任时,彼得·凯恩是通过引入"公共(的)"与"私人(的)"这两个术语来进行类似立论。他采用"分配正义"这个术语来描述"公共利益"

---

[4] I. Englard, *The Philosophy of Tort Law* (London: Dartmouth, 1993) at 11. 尚有争论余地的是,价值是无形的;分配正义通常特别针对那些弱者,跟价值没有干系。

[5] R. Carnwarth, "The Liability of Public Authorities in Tort—Corrective and Distributive Justice"(未发表论文)。

[6] D. Cohen, "Tort Law and the Crown: Administrative Compensation and the Modern State's in K. Cooper-Stephenson and E. Gibson(eds)," *Tort Theory* (York: Captus University Publication, 1993) at 361. 下面的第三讲对该理论有陈述并进行了探讨。

[7] B. Barry, *Political Argument* (London: Routledge, 11965) ch. 3. 还可参见 D. Miller, *Social Justice* (Oxford: Clarendon, 1976), at 18—20; P. McAuslan, "Administrative Law, Collective Consumption and Judicial Policy" (1983) 46 *MLR* 1。

与"私人利益"的对立平衡,他认为这是一项重要的公法功能[8]:

公法是根据其宗旨来确定哪些是公共职能的;政府在推进公益事业发展的过程中,如何通过履行其公共职能来平衡公共利益?公法上的责任原则可以为这一具有分配性质的问题提供答案。但是政府所履行的这些公共职能与公民的行动自由、人身和财产安全,以及改善他们作为个体或者社会中某些团体的成员(与整个社会相对应)时所享有的福利是背道而驰的。

尽管彼得·凯恩没有就此进行深入探讨,但毫无疑问的是,人们会广泛认为这种类型的平衡功能是那些涉及国家和公共机构的案件所固有的特色。从传统上来讲,这种观点一直受到英国司法界的青睐。这样一来,就有可能把公共福利服务,诸如以实惠利益方式对资源进行再分配的住房以及教育服务等,就会被视为"集合"形式的分配正义。巴里就是在这个意义上使用("集合"形式的分配正义)这种表述的。这种实惠利益代表了为整个社会利益而设计的一种集体消费形式,绝非为个体利益而设计。因此,从某种意义上来讲,分配正义这种理念没有为个体获得补偿权提供正当性支持。[9] 但是,另有一种观点同样强烈主张,前面这些问题完全逾越了侵权行为法的界限。侵权行为法应该是客观的;它仅仅调整矫正正义所涉及的各种关系,对那些社会效用或者经济效益之类的问题应该完全置之不理。不管是公共机构当事人还是个体当事人存在问题,应该做的都是"对被告的所作所为进行责任追究,而不应该在被告是什么人上纠缠不清"。[10] 与这种观点的分歧则体现在法官们审判许多案件时对公/私加以区分。

对于这个问题,有一部分一直让我不得其解,就像我在1995年所写的那样:我以前对集体的理想(collective ideal)的理解非常有把握,但是现在突然一下子对这个问题又有些满腹狐疑了。

---

[8] P. Cane, *Responsibility in Law and Morality* (Oxford: Hart Publishing, 2002), at 252.

[9] 对此问题,我在第三讲有进一步深入探讨。

[10] Fletcher, "Fairness and Utility in Tort Theory", 85 *Harv. LR* 534, 537—538 (1972). 该问题在第一讲会进行更为充分的探讨。

虽然福利国家在逐渐"缩水",但是我已经注意到,分配中所存在的理念并没有当然与这种趋势一起式微。我们已经开始看到一种"补偿文化(compensation culture)"正在不断蜕化嬗变。从语言学角度来讲,私有化的公共服务机构正在走向商业化;它们一下子就会获得相应的"消费者"和"市场"。"公民宪章"一词变成了某种质量担保证明而流行起来[11],其实跟那种伪饰的"公共消费者宪章"相差无几,同时还为准点列车以及及时的医疗服务创造了一些虚假的"权利"。其影响旨在对消费者的思想观念进行鼓动(consumer ideology),这一点在消费者保护法中已经有明显体现,而且,这种影响已经突破了公/私的边界,并开始潜入到公共服务领域。

当福利国家提供的福利越来越少的时候,侵权行为法在逐渐衰退的福利服务中正在发挥填补空缺的那种"最后防线(last ditch)"功能。对于分配正义来说,它已经成为一种机制。侵权行为法正在为少数人所利用,使得公共机构不再为人民大众提供服务。这种情形我觉得可以用这么一句话来概括:"侵权行为法已成为福利国家的最后一个岗哨(outpost)。"但是,稍微有些不同的是,某种相反的情形正在显现,那就是:人们感觉司法机关有责任保护那些"社会弱者"[12]。诚如澳大利亚首席大法官史比格曼(Spigelman)所言:

> 有一种观念认为政府应该通过某种方式为所有民众的福利负责——也就是说"从生到死"一直负责到底,这种观念包含着一种强烈的父爱主义(paternalism)因子,而这种父爱主义现在已经被一些高度发达的工业国家所摒弃,因为它被视为政府干预社会以达到其政策目标的根据所在。福利国家的父爱主义因子,一旦被同样的怜悯之情驱使,就会出现在我们日常的司法裁决当中。比方说,当我们在裁断侵权索

---

〔11〕 *The Citizen's Charter*, *Raising the Standard*, Cm 1599(1991).

〔12〕 J. J. Spigelman, "Negligence: the Last Outpost of the Welfare State"(2000) 76 *ALJ* 432,本文还可以从 www.lawlink.gov.au/sc 网站上查询到。

赔案时,我们就会有这种考虑,即便我们现在的侵权法制度是以过错责任为基础的。

于是,这种路径就为不断扩张的、以受害者为导向的侵权行为法打开了一条通道。

人人都想规避风险的社会正在逐步形成,在这种社会当中,人们会认为国家公共服务能够将每一位公民都包裹在国家为其编织的、能确保其人身安全的毛毯之中。[13] 科恩指出存在这样一种"普遍依赖"(generalised reliance)的情绪,这种情绪使得"那些成长于国家总是积极、主动干预社会生活这样的环境中的个体民众,曾寄希望这个国家会很仁慈,能够如父母那样拥抱、呵护他们,而且他们对这种期望通常是以一种无法言传,也有可能是一种下意识的方式表达出来的"[14]。人们不断要求公共机构针对风险准备好应对方案,并且风险已然成为一种标准,来检验国家和政府的所有行动[15]:比方说,人们会要求在一个管理水平良好的医院不应该出现医疗事故,并且病人死亡也不应该发生;在一个治安良好的街区不应该出现暴力犯罪。但是,正如安全的另一面是警察的巡回监督一样,我们为无风险环境所付出的代价就是加强管制(regulation)。我现在所身居并在其中著书立说的这个现代国家,其特征就是政府管制功能表现突出。这个政府管制型的国家是在治理一个人人都有风险规避(risk-averse)心理的社会,其中,政府管制已经普遍渗透到了我们社会生活的方方面面,渐渐地,那些为了社会控制而创造出的管制术语及程序工具成为人们的日常用语。这一点反映出,这些与管制有关的表述已为人们所接受,并且还蛮符合民众口味的。[16] 要是政府未能对风险进行规制,出现了损害事故,人们就会将责任归咎到政府

---

[13] V. Roussel, "Changing Definition of Risk and Responsibility in French Political Scandals" (2002) 29 *JLS* 461.

[14] Cohen,前引注释[2]。

[15] Fisher, "The Rise of the Risk Commonwealth and the Challenge for Administrative Law" [2003] *PL* 455.

[16] R. Baldwin, C. Scott, and C. Hood (eds), "Introduction", in *A Reader on Regulation* (Oxford: Oxford University Press, 1998),第2页。

头上,要政府承担责任,让政府对相关的权利被侵害者给予救济。分配正义正在逐渐延伸到安全(security)领域,而安全也不再是一种集合利益,而是俨然已成为一种可分配的利益了。"权利革命"(right revolution)已经为我们现在的赔偿文化打下基础,这种文化呈现出一种几乎无法避免的发展态势,但是这种发展态势是那些"意识到权利本质"的政治人士所不愿看到的,所以他们对此都是想方设法视而不见。他们这些人以前可能没有听说过扩张主义者对国际法所持的心态,而目前那种普遍深入的人权话语中已经充满了尊法主义(legalism)。跨国法庭已经屈服于那种非常流行的"我也需要一个"的消费者心态,匆匆忙忙地往他们的工具箱中塞进一些引人注目的新型救济药具,这现象已经为侵权行为革命增添了无穷动力。

在我看来,国家责任仍旧属于侵权行为法领域内的问题,因此侵权行为法必须提供一种概念性的答案。我认为,在一个民主的以及推定政府负责任的时代,戴西(Dicey)所倡导的法律面前人人平等原则[17]不需要任何辩护,因为该原则的吸引力非常直接而且属于本能的那种,并且它与"广泛秉承的那种政治理想"[18]相符合。平等(equality)要求国家责任必须通过某种方式融入普通的市民法(civil law)制度当中去,这样由有"直接管辖权的法庭"(ordinary courts)来管辖相关案件就顺理成章了;而平权(parity)则要求国家及其官员都要服从民事责任中的普通原则。那些宣誓忠于平权及平等的人们必须坦然面对各种接踵而至的问题。要是这种情形一旦由专家来裁断,这些专家就会设计

---

[17] A. V. Dicey, *Introduction to the Study of Law of the Constitution* (10th edn by ECS Wade, London: Macmillan, 1959).

[18] P. Hogg, *Liability of the Crown* (2nd edn, Toronto: Craswell, 1989),第 1 页。

出一种特定的公法上的责任[19],此时这种情形也就不会成为,并且一直都不是一种政治操纵。

在此我要说明白的是,在这些讲座中我是站在一个毫不掩饰的实效主义者的立场来展开的。我深知,实效主义(functionalism)其实跟通过法律的运作来有目的地理解法律差不多。[20] 我在此不自觉地选择了"实效主义"这个术语,这种偏好缘于我不太喜欢"工具主义"(instrumentalism)这种表述,因为工具主义对我来说意味着:为社会控制之目的而谨慎地运用法律。实效主义者就侵权行为所提出的问题,对我来说好像就是立刻出现的问题,这么说不仅意味着这些问题现时普遍存在,而且还意味着它们事关重大。实效主义呼吁对侵权行为法的社会价值以及经济效益进行审核;在这一点上,我对两位侵权行为法大家帕特里克·阿提耶(Patrick Atiyah)[21]以及已故的约翰·弗莱明(John Fleming)[22]所提出的观点还是非常推崇的。在我看来,他们已经明确指出,侵权行为法经常会让任何合理的"3E"*审核无法发挥作用;侵权行为法不具有经济性,并且没有效率,这就意味着花费在损害修复方面的开支已经大大超过了损害赔偿金的数额,这样,侵权行为法的两个主要目标——补偿和威慑功能,二者当中任何一个的效果实际上就相当值得怀疑了。

---

[19] 该情形是由 J. Mitchell 提出的,其阐述非常有见地,参见 J. Mitchell, "The Causes and Effects of an Absence of the Absence of a System of Public Law in the United Kingdom" [1965] *PL* 95。我对今天大多数人所持观点的回应可以在接下来这篇论文中找到,参见 C. Harlow, "'Public' and 'Private' Law: Definition Without Distinction" (1980) 43 *MLR* 241,此文对 G. Samuel(G. 塞缪尔)的论文"Public and Private Law: A Private Lawyer's Response" (1983) 46 *MLR* 558 予以尖锐的反驳。在此,我已经将这个问题归入到本书的附录当中(具体参见本书第 134 页以下)。

[20] 可比照 E. Weinrib, *The Idea of Private Law* (Boston, Mass.: Harvard University Press, 1995),第 3 页。

[21] P. S. Atiyah, *Accidents, Compensation and the Law* (London: Weidenfeld and Nicolson, 1970)。

[22] 也就是著名的 J. Fleming, *The American Tort Process* (Oxford: Clarendon, 1987)。

* 指 economy, efficiency, and effectiveness,即经济性(节约)、效率性和效果性三个方面的内容。——译者注

这样一来，大家就可能就会感到有些惊讶了，因为我要选择从侵权行为法的概念基础来开始我的第一次讲座内容。但是，我认为，要理解侵权行为法，对于其目标的关注非常重要；与此同时，我对法律的象征功能以及标准设定功能也是表示接受的。因此，我对简·斯特普尔顿（Jane Stapleton）的观点——"侵权行为法需要呈现出一种公正的、明智的以及专注的（focused）外表"——深表赞成。[23] 在第一讲中，我将探讨我一直以来隐约谈及的那种稳定的（即使其中存在断断续续的情形）扩张过程，这种扩张过程已使得侵权行为法在其概念框架中的位置变得非常尴尬。但是实效主义却提出了更加深入并且更重大的问题。从根本上讲，正如我们会看到的那样，侵权诉讼通常都是通过个体形式展开的。但是，如果侵权行为法要达到效率性、效果性以及公正性的目标，那么审案法官在解决这些明显涉及私人的诉讼时就需要采纳一种更加广阔的视角。这一点，我会在第三讲中明确提出，实际上那些法官们已经开始这样做，尽管我将质疑他们的那种做法，即偏好把那种实效主义推理隐藏在模糊不清却又无所不包的形式主义术语——"公共利益"——之后。

这些讲座内容一直都会围绕对侵权行为法进行制约以及尽量减少滥用损害赔偿金作为一种救济手段来展开探讨。但是，这并不意味着我会对关注分配正义的呼声充耳不闻，也不意味着我会倾向于支持司法简约行为的"纳税者宪章"（a taxpayer's charter）。说真的，我为现在的诉讼策略感到痛惜，因为这种策略已经明摆着置国家于律师的视野监控之下，而这些律师一个个明显对国家——这个永远无法确知其深浅的金库——垂涎欲滴。正如我所指出的那样，我认为那种无效率的侵权行为制度是迫不得已才最后使用的救济手段。但是，我对集体责任和社会团结一致表示深信不疑。我还深信那种及时、自愿提供的补偿措施是社会团结一致所必不可少的因素。在我看来，那种法定赔偿或者行政

---

[23] Stapleton, "In Restraint of Tort", P. Birks(ed), *The Frontiers of Liability* (Oxford: Oxford University Press, 1994) II, 第 83 页(其中对我的观点进行了强调)。

赔偿为侵权行为法提供了一种切实可行的并且通常是更可取的替代救济手段,此外,对于断案法官来说,这种法定赔偿或者行政赔偿无疑也是必需的,因为它可以让法官们更加深刻地理解其他各种替代救济措施的价值所在。同样,对于官场人士来讲,采取得体的态度也是大有裨益的,因为此时正好是政治人士意识到其责任的最佳时间。这些讲座其实探讨的只是一种新的合约(concordat),在这份合约当中,立法者、法官、政策制定者,甚或学术界人士,基于社群以及社会团结一致的价值,他们走到了一起,共同构建一个崭新的并且主动性不太强的国家责任体系。这就可能意味着,我们要对制裁与威慑功能所蕴含的传统理念进行再思考,因为传统理念倾向的是正义的另外一个视角——主要是那种恢复性正义。选择这个主题一点都不轻松,因为有些读者可能会毫不犹豫地直接将其弃置在一边,认为我所探讨的这个主题太过于理想了。

第一章

目前框架中的矫正正义

矫正正义	23
赔偿：要不要往征收侵权税方向发展呢？	28
可归责性与威慑	38
严肃地看待戴西的观点	46
结论	57

矫 正 正 义

矫正正义是当前为侵权行为法正当性进行辩护的最常见理由,而且自从侵权行为法开始以来,矫正正义就与其紧密联系在一起,这种巧合使得侵权行为法理论具有了合法性。极端支持矫正正义理论的欧内斯特·温瑞布(Ernest Weinrib)将这种矫正正义概念解释为"(它)是在原告与被告两极私法关系中隐藏着的那种(彼此权利义务可以通过对方所享有的法定权利义务来得到证实)理性证成连贯模式(the pattern of justificatory coherence)"。[1] 对于下面的侵权行为法定义,他认为其中没有什么特别新颖之处,该定义如下:侵权行为法

(i) 本质上上是两极性的;

(ii) 是以双方当事人之间的人际关系为前提的;

(iii) 是一种权利义务关系,或者如更早的作者所描述的那样,"(它是)一套权利与义务相互关联的体制"。[2]

在温瑞布看来,如果从矫正正义是侵权行为法的唯一正当理由这个意义上来讲的话,那么矫正正义的概念不仅是规范性的,而且也是决定性的。对侵权行为法的关注完全是对其本身的关

---

[1] E. Weinrib, *The Idea of Private Law* (Boston, Mass.: Harvard University Press, 1995),第 10 页(着重号为笔者所加)以及第 19 页。温瑞布认为矫正正义可用于对所有民事责任进行解释,不过他所集中研究的领域是侵权行为法。

[2] 参见 H. Street, *Street on Torts*(7th edn, London: Butterworths, 1983),第 3 页,其中指出"侵权行为法牵涉到这样一些情形:一方当事人的行为导致他方当事人的利益受到损害,或者威胁要造成他方利益损害"。但是斯特里特(Street)从本性上看是一个实效主义者,因为他讲过"侵权行为法的功能/实效和目的"比其定义要"重要得多"。

注,其规则是因为基于融贯性才显得正当合理[3];在这种情况下,实效主义者可能会反驳道:这种主题明显与温瑞布的期待相去甚远。但是这种反驳没人会去理会:温瑞布断定,尽管实效主义目前很受追捧,但是它很明显是"错误的"。[4]

我们应当牢记一点,凯恩坚决认为,基于任何单一原则或者理论就认为能够把侵权行为解释清楚是不可能的[5],他的这种观点我甚为赞成。与此同时,我对他提出的"矫正正义概念是一种有用的分析工具"观点也深有同感。凯恩本人还是避开了从实效主义角度对侵权行为法进行批判,尽管他很擅长这一手[6],因为这种批评无非是从是否适合侵权行为法的目的来对该法进行评估。

温瑞布的分析侧重侵权行为法的客观性(objectivity),这种视角在本系列讲座中具有重要意义。他"提出了一种侵权赔偿的两极架构……这种架构不看重双方当事人的地位、财富以及功过。要是不参照一下这些考虑因素,那么再来探讨收益与损失就没有什么意义了"[7]。我们应该注意一点,这种说法从来都不只是一种半真半假的陈述:损害赔偿金经常会被原告视为没有价值的东西给否掉[8],而新近的一些案例在权衡被告所承担的注意义务(duty of care)时,通常会将被告所拥有的资源及具体侵权情节纳入考量范围。[9] 对于司法机构来说,要调查清楚被告所拥有的资源在当前明摆着是一个特别困难的问题,非常不容易做

---

〔3〕 Weinrib,前引注释〔1〕,第3页。

〔4〕 同上。

〔5〕 P. Cane, *An Anatomy of Tort Law* (Oxford: Hart Publishing, 1997),第224页。

〔6〕 参见 P. Cane(ed), *Atiyah's Accidents, Compensation and the Law* (6th edn, London: Butterworth, 1999)。

〔7〕 R. 拉宾(R. Rabin)曾针对凯恩和温瑞布的作品写过一篇联合书评,参见"Law for Law's Sake" 105 *Yale LJ* 2261, 2264。

〔8〕 最初是基于"非法或不道德行为不能取得诉因"(ex turpi causa non oritur actio)的拉丁文法律格言;现在这种说法通常被认为不合法:参见 *Pitts v. Hunt* [1990] 3 ALL ER 344。还可参见 Law Com Consultation Paper No. 160, *The Illegality Defence in Tort* (2001)。

〔9〕 有一个趋势由 *Goldman v. Hargrave* [1976] AC 645 案以及 *Herrington v. British Railways Board* [1972] AC 87 案所引领。

到，特别在涉及国家责任时麻烦更大。尽管如此，我们必须牢记一点：矫正正义理论侧重侵权行为法的自治，置侵权行为法于一些实际的考虑之上，这些实际的考虑涉及资源分配、保险，另外，尚有一些其他问题也会涉及其中，而在污浊的法庭环境中，前述这些实际的考虑经常会在该如何进行责任分摊时作为参考因素；同时需要强调一点，实效主义者从来都不会接受的是：侵权行为法的"间接外在功能"（indirect extrinsic functions）[10]与强加侵权责任之间没有关系。

凯恩对于"保守的戴西式的政治思想意识"所产生的影响特别大加挞伐，因为他认为这种思想意识没有能够使法院考虑到"在公共官僚机构统治下的特定经济环境"。[11] 探讨资源的分配以及法官在确定个体侵权案件时将当事人掌握的资源状况纳入考量范围之内是否妥当，是本系列讲座中反复出现的一个主题，对于这个主题，我们跟法官一样会经常反复遇到它。

矫正正义的基础解释力在于其能够进行细微的区分。[12] 对于一些侵权法作者来说，受害者的赔偿请求权有赖于被告所实施的不法行为，这一条件非常重要，因为强调这一点可以为限制以及类似控制措施找到正当性。这些措施大概涉及以下几个方面：普通法强调因果关系，普通法强调在作为（act）与不作为（omission）或不法行为（misfeasance）与不履行义务/不守法（non-feasance）之间厘清难以区分的界限，以及基于同一主题所出现的各种变化形式，此外还有当案件牵涉到公共机构时，司法机关多次面临的痛苦抉择。对于矫正正义，另有一个明确的表述："矫正正义意味着它是存在于确定当事人之间的、彼此密切相关的一种权

---

〔10〕 Cane，前引注释〔5〕，第226—231页。

〔11〕 Cohen, "Tort Law and the Crown: Administrative Compensation and the Modern State", in K. Cooper-Stephenson and E. Gibson(eds), *Tort Theory* (York: Captus University Publication, 1993), 第361页。

〔12〕 参见 S. Perry, "Loss, Agency, and Responsibility for Outcomes: Three Conceptions of Corrective Justice", 载上注所引书, 第24页。

利义务制度,而且它只缘于特定的事件。"[13]该表述明确指出因果关系这个棘手主题位于侵权责任架构图的前沿地带。

其他侵权行为法的矫正正义模型倾向于集中关注原告所遭受到的损失,认为只要不法(wrongful)损害已经造成[14],那么侵权行为法就能够,或者说可能应该演变成诉讼。以损失作为起点,那么侵权行为法所及之处就可以延伸到分配正义领域,这种关注焦点的变化已经打破了主题与行为人之间的连接关系。如此一来,赔偿就不再是不法行为人的唯一责任形式,而是变成一种共担责任抑或社会责任形式了。虽然这种情况并不需要通过侵权行为制度来实现,但是需要通过赔偿制度或者强制性的无过错保险计划来实现。[15]而"不法的"这个限定形容词则表明,从理论上来讲(而不是经常从实践上来判断),它极大地限制了侵权行为法的领域。这个形容词通过把赔偿纳入侵权行为法的伦理及矫正正义框架之内,从而指向一种平衡过程,在这个过程中对原告、被告双方的利益都必须进行权衡。对损失的强调也突出了侵权行为法的补偿功能,它标志着向目前以受害者为导向的案例法迈进,在这种案例法中,过错与可预见性中的弹性因素已经几乎延伸到了尽头。对于这一点,我们可以通过一些过错侵权案例,看出知情同意抗辩(consent defense)的逐渐侵蚀的端倪,这种状况已经使得那些明知自己的行为显得愚笨的原告也可以得到补偿,比如说一个游泳爱好者一头跳进自己不熟悉水域导致自损的情形[16];对于这一点,我们也可以从因果关系链条中存在的不确定性,以及这种因果关系链通常被难以置信地延长当中看得

---

[13] A. Morris, "On the Normative Foundations of Indirective Discrimination Law: Understanding the Competing Markets of Discrimination Law as Aristotelian Forms of Justice" (1995)15 *OJLS* 199, 205.

[14] J. Coleman, "Tort Law and the Demands of Corrective Justice" (1992) 67 *Indiana LJ* 349.

[15] S. Perry, "Loss, Agency, and Responsibility for Outcomes: Three Conceptions of Corrective Justice",载前引注释[11],第 24—27 页。

[16] Cane,前引注释[5],第 121—122 页。但是参见 *Tomlinson v. Congleton Borough Council* [2003] 2 *WLR* 1120; *Donoghue v. Folkestone Properties Ltd.* [2003] 2 *WLR* 1138(下文还将深入探讨此案)。

出来。[17] 这些都是现代过失侵权行为法的典型内容，而且对于那些行使监督和管制功能的公共机构来说，这些内容已经开始造成特定问题，对于这一点我会在稍后的讲座中再次详细提及。

　　阿提耶从实效主义角度对侵权行为法进行了强有力的批判，认为该法在兑现意外事故赔偿方面的机制既无效率也不经济。[18] 与他观点不一样的是，矫正正义其实隐含着一个道德维度。凯恩实际上已经根据矫正正义理论，为他提出的侵权行为法再细分找到了合理理由，不过，他的这种侵权行为法再细分是基于回归侵权行为法的道德维度之必要性而提出来的。[19] 从另一方面来讲，按照温瑞布那种脱离实际的象牙塔路径，侵权行为法的目标就仅仅是侵权行为法[20]，那么这种路径就可以让他避开回答侵权行为法的主要目的是补偿还是威慑等次要问题，这样一来，就犹如开启了对侵权行为法目的之适当性的实效主义评价之门。[21] 这种情形掩盖了这样一个事实：在侵权行为法的矫正正义模型当中，补偿和威慑这两种目标很不融洽，并且有可能引发公开的冲突。在下一部分，我会探讨一下近年来侵权行为法的扩张趋势，这种趋势是由于人们对赔偿的关注引发的。之后，我会转向探讨侵权行为法的威慑功能，有时也会涉及对其惩罚功能的探讨，因为侵权行为法的这些功能已经渗透到涉及国家责任的主要公法理论当中。这一点在我的第二讲会有集中强调，届时我将会对大陆法国家的公法传统进行介绍。

---

[17] *State of New Southwales v. Ryan* [2002] HCA 54，此案在注释[44]会有探讨。

[18] 前引注释[6]。还可参见 *The Damages Lottery*（Oxford：Hart Publishing，1997）。

[19] 关于这一点凯恩感受非常强烈：参见 P. Cane, *Responsibility in Law and Morality*（Oxford：Hart Publishing, 2002）。

[20] Weinrib，前引注释[1]，第3页。

[21] Weinrib, "Understanding Tort Law"（1989）23 *Valparasio University Law Review* 485，492.

赔偿:要不要往征收侵权税方向发展呢?

至于侵权行为法的整体目标,诚如宾厄姆勋爵(Lord Bingham)最近所言,"旨在确定在什么情况下一方当事人能够正确地(*justly*)援引法律来负责赔偿另一方"[22]。毫无疑问,此断言肯定会得到很多来自司法界以及普通人的支持。但是,请注意一下那个限定副词"justly",该词确定了一个标准界限。即便近些年来所有普通法世界的法官们已经总体上意识到补偿是侵权行为法的根本目标,但是他们也会识别出矫正正义之束缚作用所带来的各种限制。这种情形使得我们要是不以矛盾的形式就很难破解这个虚伪的简单目标。司法机构对受害者态度的改变,以及人们对保护"弱者一方当事人"的热望已经给侵权行为法的传统界限带来了压力。这已经成一种广泛蔓延的现象,尤其被美国评论人士所提及。20世纪60年代和70年代的美国侵权行为法学界以加利·施瓦茨(Gary Schwartz)为时代标签,在他这个时代,产品严格责任制度稳固建立起来了,从而使得这十年间该词成为"原告使用频率最高的词汇"。这个领域的创新一直延续到20世纪80年代,从那时起,他就思考,"法院已经对学界邀请其适用侵权责任方面的革新成果表示拒绝;更为甚者,他们还对前些年提出的一些革新理念已经采取了多多少少有些保守的态度"[23]。休伯(Huber),这位曾经对波斯纳及卡拉布雷西进行过批判的侵权行为法专家,指出他们二位研究得出要将事故成本强加在制造者身上所产生的影响很坏[24],而他自己则以一种论辩

---

[22] *Fairchild v. Newhaven Funeral Ltd* [2002] UKHL 22;[2002] 3 WLR 89,第9段(着重号为笔者所加)。

[23] G. Schwartz, "The Beginning and the Possible End of the Rise of Modern American Tort Law" 26 *Georgia L Rev.* 601, 603 (1992).

[24] R. Posner, *Economic Analysis of Law* (Boston, Mass.: Little Brown, 1973, 现在是第5版,1998); G. Calabresi, *The Cost of Accidents* (New Haven, Conn.: Yale University Press, 1970).

性的语言提出了所谓的"无所不在的侵权行为税"(omnipresent tort tax)主张。他是这样说的[25]:

> 这个主张在 20 世纪 50 年代就开始构思,到了 60 年代和 70 年代这个主张开始被新一代的律师和法官提出。在过去 20 年内,法律界的情形发生了变化,他们主张一些大规模的新权利应该是可以提起诉讼的……但是他们所倡导的革命从来都没有发生过,如果他们在其中没有掺杂某种理想主义成分的话,情况也许会有不同。人们广泛而又热情地认为侵权行为法是一个具有公共精神的法律制度,因为设计这种法律制度的目的就是为了保护普通消费者和工人、不幸的事故受害者以及那些"小人物"。

从大西洋彼岸那个"不太辉煌"的侵权行为法年会上反映出一点,史密斯(Smith)和伯恩斯(Burns)将现代侵权行为法的持续发展直接归功于阿特金勋爵(Lord Atkin)在多诺修诉史蒂文森(*Donoghue v. Stevenson*)[26]这个具有开创性的案件中所提出了著名的"邻居法则"(neighbor principle)。这些侵权法作者们认为,该判决提供了一个杠杆以推翻过失侵权案件中的举证责任,于是,一旦原告证明因被告疏忽导致自己损害,被告就极有可能判赔支付损害赔偿金,除非被告能够证明此种情形属于过失侵

---

[25] P. Huber, *Liability, the Legal Revolution and its Consequences* (New York: Basic Books, 1988),第 4 页。

[26] *Dononghue v. Stevenson* [1932] AC 52.
在该案中,多诺修夫人的朋友送给她一瓶史蒂文森公司生产的姜汁啤酒,当她喝完啤酒时,发现瓶底有一只小蜗牛的尸体,结果多诺修夫人因此受到了精神上的打击并且染上肠胃病,于是她向酒商史蒂文森要求赔偿。法官阿特金勋爵裁定制造商对消费者负有确保其产品不会造成损害的谨慎责任。该判决可以说解除了既有规则的束缚,颠覆了固有的产品责任制理论,开创了"过失侵权"(Negligence)的先河。他在判词中说:"你必须采取合理的谨慎措施,以便避免在合理预见下有可能伤害你邻居的行为或错漏。那么,谁是我法律上的邻居呢?答案看起来是那些人——他们受我行为的影响是如此的密切而直接,所以,当我决定采取那些行为或不行为时,我应该合理地把他们纳入我考虑的范围。"在那个时代,他虽然仅仅只获得了极其微弱的多数赞同票,但他所开辟的这一片领域却造就了今天过失侵权的蓬勃发展。——译者注

权法律规定不予适用的例外情形之一。[27] 在列举了若干例外情形或者豁免之后,当时有许多情形就开始面临威胁,而且有几种情形现在已经判定属于非例外或者非可豁免的情形,于是侵权法作者们就开始将他们的注意力转向探讨作为与不作为之间的差异上,并借此为侵权责任承担找到合理理由。他们还认为下面这种情形是合理的:在作为时要注意那种已经一般化的注意义务原则,这样才可以避免对他人造成损害;另一方面,那种行得通的一般化原则——将不履行义务/不守法或者不作为归入作为之中——会包含这样一个无法接受的命题:"每个人都有义务采取积极行动来阻止给他人造成伤害。"[28] 但是这个被史密斯与伯恩斯嘲弄为具有专利性的荒谬命题,的确反映出人们对这个人人都有风险规避心理的社会所做的假设,那就是在这种社会背景下,公权执行者或者说国家机关应该有义务去规划如何应对风险以及对风险进行规制。[29] 因此,我们法庭所面临的一些最难办的案件应该涉及因为没有采取预防措施(由于不作为导致作为)而导致要承担责任的情形,或者,当事涉国家公共机关时,它们却没有充分行使其法定权力,其失职可能会涉及它们没有采取预防措施(由于不作为导致作为)而导致要承担责任的情形。其实,前述情形都是可以预见到的,并且非常重要。

对于那种过失侵权原则得到"贯彻实行"并且将其应用于新领域的路径,斯特普尔顿在对其经过一番质疑之后,对过失侵权责任的一些现代发展进行了批评。她列举的批评对象有:将责任建立在因一方当事人没有"控制"另一方当事人基础之上的发展倾向;对不作为所应承担责任态度的改变;对财产所有者的责任采取一种崭新的态度,从而拓展了其所负义务的范围和界限;因为没有警示风险存在(有时这些风险根本就无法明显看出来)而强加责任的司法倾向;那种不断增多的、允许第三方中间人"走蛙

---

[27] J. C. Smith and P. Burns, "*Donoghue v. Stevenson—the Not So Golden Anniversary*" (1983) 46 *MLR* 147, 150.

[28] 同上注,第158页。

[29] 同上注,Introduction,文本见该书注释[13]。

跳式路径"(leapfrogging)的做法。此处斯特普尔顿所借用的"蛙跳式"隐喻是指在侵权和合同关系之间发生了重大变化,已经导致合同相对性的废除[30];但是,我此处要更加笼统地使用一下这个术语,将其表征为:责任由主要作为者向次要作为者转移这种趋势,不过这种情形与替代责任(vicarious liability)规则的变化存在关联;雇主主要责任与次要责任的合并;强加给法人实体以及国家公共机构之不可替代的注意义务。[31] 通过锁定过失侵权制度而非过失行为人这个目标,斯特普尔顿所提出的这些令人信服的要点使得侵权行为法的匿名化(anonymize)和制度化趋势增强。这些趋势存在一个共同特征:它们"都偏离了当事人要直接并且主要对损害承担责任这个重心"[32],结果导致矫正正义范式中的过错及责任归咎要素最终大打折扣。

现在,让我们及时回头来思考一下另一个"不太辉煌"的侵权行为法年会,该次会议的主题是多希特游艇案(the Dorset Yacht Case)。[33] 在该案中,对于给予多希特游艇公司拥有的游艇所造成的损害,英国内务部明摆着要承担潜在责任。这艘游艇

---

〔30〕 参见 *Junior Books v. Veitchi* [1983] 1 AC 523,对这个挺麻烦的案件,凯恩进行过探讨,参见 P. Cane, *Tort Law and Economic Interests* (Oxford: Clarendon, 1991),第232—234 页。还可参见 S. Whittaker, "Privity of Contract and the Tort of Negligence: Future Directors"(1996) *OJLS* 191; J. Adams and R. Brownsword, "Privity and the Concept of a Network Contract" (1990) 10 *Legal Studies* 12。

〔31〕 这种趋势得到 E. 麦肯祖克(E. McKendrick)的确认,参见 E. McKendrick, "Vicarious Liability and Independent Contractors—A Re-examination" (1990) 53 *MLR* 770。

〔32〕 J. Stapleton, "Duty of Care: Peripheral Parties and Alternative Opportunities for Deterrence" (1995) 111 *LQR* 301, 312。

〔33〕 *Home Office v. Dorset Yacht Co. Ltd.* [1970] 2 WLR 1140. 我当时对该案的看法,请参见 C. Harlow, *Compensation and Government Torts* (London: Sweet and Maxwell, 1982),第 56—57 页。

在该案中,英国普尔港某个岛上的少年教养院发生了一起少年犯脱逃事件。为了逃跑,这些少年犯偷了多希特游艇公司的游艇,于是多希特游艇公司起诉负责管理少年教养院的英国内务部,要求其赔偿脱逃的少年犯给他们造成的损失。英国上议院判决:英国内务部对岛上的多希特游艇公司负有侵权法上的注意义务,应赔偿对方的损失。这就是轰动一时的多希特游艇案,它提出了政府要为被监管者行为承担过失责任的原则。里德(Reid)法官在解释上议院的立场时,表达了"原则优于先例"的观点,即过失侵权规则不应再固守于先例的框框,而是应依赖一些原则(如"邻居法则")来判断是否存在一般性的注意义务。——译者注

被露营在普尔(Poole)港一个小岛上的几个教养院的青少年罪犯所盗窃,并且被用做逃跑设备。我认为这个案件是我研究生涯中遇到的最重大的、与国家责任有关的案件,可以说该案已经为侵权责任革命准备好了场景,如果没有言过其实的话,该案的重大意义通常可以与多诺修诉史蒂文森案相提并论[34],该案的潜在影响被一个事实所进一步提升,这个事实就是:所涉议题中的侵权行为对财产造成损害从而导致经济损失出现(在该案中有一个独特的问题:纳税人是否应该为原告保险人所承保的保险损失买单呢?因为针对逃犯逃离监狱过程中造成财产损失或者损害的情形,内务部有一个专门的自愿赔偿方案,而当这些损害是发生在与监狱紧靠的邻里时,这种损害是不在保险赔偿范围之内的[35])。从根本上讲,斯特普尔顿所列举的一些扩张因素在多希特游艇案中都有体现:"控制"概念具有不确定性,这一点对于国家公共机关来说尤其危险,因为它们跟私人行为者不一样,它们拥有诸多可以控制第三方的法定权力;从积极采取不法行为变为不能够采取适当行动,就为史密斯和伯恩斯所谴责的不作为行为可能要承担广泛责任之情形大开通道;责任承担从原来的不法行为者(逃脱者)身上转移到了外围当事人(国家)。

尽管如此,多希特案件运用了阿特金勋爵在多诺修诉史蒂文森案中所提出的"邻居法则",并将其视为"民事责任的一般原则",根据里德勋爵所言,这种"民事责任的一般原则"仅仅在那些例外情形存在某种合理理由或者有效解释时才可以得到适用。[36] 诚如前面所言,该案产生的影响推翻了原先的责任承担推定,这种变化在后来发生的安斯诉墨顿伦敦市政委员会(*Anns*

---

[34] 尽管 Rubinstein, "Liability in Tort of Judicial Officers" (1964) 15 *UTLJ* 317, 329,将这个值得质疑的美誉归因于 *Hedley Byrne v. Heller* [1964] AC 465 案,在该案中正式提出"官方的过失侵权行为"是可诉的。

[35] 参见 Report of the PCA, HC 42 (1973/4),第 112 页,重印载 C. Harlow and R.W. Rawlings, *Law and Administration* (London: Weidenfeld and Nelson, 1984),第 409—410 页。

[36] [1970] 2 WLR 1140, 1146.

v. Merton LBC)[37]一案中明确得到判决支持。在这个让人不满意的案件中,"两个阶段标准"(two-stage test)得到应用,从而使得法官在碰到过失侵权的情形就会询问,要是近因和可预见性已经确定的话,是否存在某种政策性因素来推翻这种责任承担? 把注意义务当作一种控制手段之效用实际上已经被淘汰。正如戈夫勋爵(Lord Goff)就史密斯诉利特尔伍兹(Smith v. Littlewoods)[38]案发表评论时所指出的那样,史密斯案是极少直接援引多希特游艇案的案件之一,多希特游艇案的作用现在已经变成了这种情形:与其说其可用于确定那些要承担责任的案件,倒不如说其可以用于确定那些不需要承担责任的案件。在瓦贡·蒙德(Wagon Mound)[39]油轮系列案件中,我们可以看出对可预见

19

---

[37] Anns v. Merton London Borough Council [1974] AC 728。对于该标准在今天的地位,参见 Caparo Industries plc v. Dickman [1990] 1 ALL ER568。参照 Sutherland Shire Council v. Heyman (1985) 157 CLR 424; Burnie Port Authority v. General Jones Pty Ltd (1994) 179 CLR 520; Pyrenees Council v. Day (19980192 CLR 330, 第 409 页;以及 Perry v. Apand Pty Ltd (1999) 198 CLR 180。在加拿大有案例 City of Kamloops v. Nielsen [1984] 2SCR 2。还可参见 Neyers, "Distilling Duty: The Supreme Court of Canada Amends Anns'" (2002) 118 LQR 221。

[38] Smith v. Littlewoods Organization Ltd. [1987] AC 241, 281。

[39] Overseas Tankship (UK) V Morts Dock and Engineering Co. (The Wagon Mound No.1) [1961] AC 388; Overseas Tankship (UK) v. Miller Steamship Property Co. (The Wagon Mound No.2) [1967] 1 AC 611. 还可参见 Davies, "The Road from Morocco: Polemis Through Donoghue to No Fault" (1981) 45 MLR 534; Kidner, "Remoteness of Damage: The Duty-interest Theory and the Re-interpretation of the Wagon Mound" (1989) 9 Legal Studies 1。

The Wagon Mound No.1 的简要案情、判决要义及影响如下:海外油轮有限公司为瓦贡·蒙德(WM)轮的光船租船人,WM 靠悉尼港 C 燃油公司码头加燃油(Fuel oil)。由于船员过失导致大量燃油溢入海中,数小时后扩至距墨兹(Morts)船坞码头 600 英尺。而该码头上科瑞莫(Corrimal)轮正在进行焊接修理,当码头主管得知(溢油)情况后中止了施工,并就焊接操作的安全性征询了 C 燃油公司的意见。如其本人所想一样,C 公司给出了否定的意见,即:浮油不具有可燃性。因此,他通知工人继续焊接工作。两天后,浮油起火,船坞码头大面积受损。该案最终由英国枢密院作出判决,浮油着火并损坏码头对被告来说是不可预见的(可预见的只是浮油的污染损害)。因此,海外油轮有限公司对此不承担责任。其要义如下:"在过失行为中,可预见性不仅是(判断)是否存在(谨慎)义务的标准,而且也是衡量(因果关系)密切程度的尺度。"

该案于 1961 年作出最终判决。在该案中,新南威尔士最高法院否定了在波密斯(Polemis)案确立的对加害人过于严格的规则("the Polemis was wrongly decided"),或

性损害承担责任的条件,该案随后为那些涉及经济损失案件的侵权制度打开缺口[40],从而为经济损失的适用提供了广泛而又快速的扩张背景。它反映了公众的共同期望,即那些遭受损失的人("受害者"),其损害应该自动得到填补;而律师们"最擅长的莫过于设计各种专业技巧来达到为受害者实现损害补偿之目的"。[41]可以说,同样情形也会发生在法官身上。因此,我们发现库克勋爵(Lord Cooke)在反思了过失侵权中的"纯粹"经济损失补偿之后,指出"没有不可动摇的逻辑能够强迫我们得出这种结论:品质上的瑕疵在过失侵权中是无法得到补偿的"。[42]但是,是否真有那种"不可动摇的逻辑"暗示着相反的结论呢?

在多希特游艇案中,里德勋爵采取了那种类似的不松动论点,同时他还认为,要是公众就那种已经无人支持的论点("女王陛下的那些公务人员都是由严格筛选的材料做成的!")作出决

者说其对直接后果及预见可能性的不当界定(西蒙德(Simond)法官认为这将导致无限循环),确立了更公平意义上的预见能力规则作为损害密切程度(remoteness of damage 国内有学者译为遥远损失,显属误解)的衡量标准,并在主体上确立了"理性人"标准。

The Wagon Mound No.2 是前述案件的后续诉讼,于1967年作出最终判决,司法机关在该案中进一步提出了"可预见程度"(degrees of foreseeability)的问题。其案情大致如下:因浮油引燃码头而殃及正在码头上进行修理的原告米勒汽船公司的两艘船舶。因此,原告以海外油轮有限公司过失侵权及侵扰(negligence and nuisance)为由起诉。新南威尔士最高法院判定,被告应对侵扰负责而不是对过失侵权负责。理由是侵扰不以预见为必要。被告对侵扰问题提出上诉,而原告对过失侵权问题提出交叉上诉。英国枢密院基于以下两点,最终判定预见能力只是判定损害类型的相关因素而不是损害发生的具体方式。或者说,对损害危险的预见只要求达到可能的程度,而不论这种可能性的大小。预见能力是确定侵扰责任的一个必要条件。对被告轮机长的要求是一个具有(相应)知识和经验的人,他应当知道浮油确实有着火的危险。——译者注

[40] 进一步参见 P. Cane, *Tort Law and Economic Interests* (Oxford: Oxford University Press, 1991); B. Feldthusen, "The Recovery of Pure Economic Loss in Canada: Proximity, Justice, Rationality and Chaos" (1996) 24 *Manitoba LJ* 1; B. Feldthusen, *Economic Negligence: The Recovery of Pure Economic Loss* (2nd edn, Toronto: Carswell, 1989).

[41] Stapleton,前引注释[32],第302页。

[42] Sir Robin Cooke, "The Condition of the Law of Tort", in P. Birks(ed), *The Frontiers of Liability* (Oxford: Oxford University Press, 1994), II,第51页。

策,但又虑及可能会因此产生的"寒蝉效应"(chilling effect)*,从而使民众有承担责任的可能。尽管有前述众多顾虑,然而,这道闸门很快就会开启。[43]

　　法律职业人士已经越来越多地不仅介入到将损失分担落实到实处这种值得尊敬的活动当中,并且还介入到因其客户先前缺乏胆识而极力通过法律救济使其得到充分补偿等活动之中。那些"有钱的"政府和地方权力机构,它们明显有税收以及公共资金作为其用之不竭的资金来源,当它们作为发言者就《王室诉讼法案》进行辩论的时候,它们可能会意识到它们已经对诉讼当事人成为一种无法抗拒的诱惑……这种过失侵权的类型化其实一直都没有中止过,而且公共权力机构则正在根据它们的(或者我们)成本来掌握这种类型化的。

　　我想知道的是,里德勋爵对于澳大利亚最近出现的那个案例——新南威尔士州诉瑞安案(State of New South Wales v. Ryan)[44]——是如何看待的。在这个案件里面,原告在吃了携带了有肝炎病毒的牡蛎之后生病,这种牡蛎是一位亲戚从某个私人牡蛎养殖商那里购得之后送给他的,那么此时里德勋爵该如何断案呢?这个案子是否带有多诺修诉史蒂文森案的影子呢?但是,此案中的牡蛎是由新南威尔士州所有的一个湖泊里养殖的,该州政府对于牡蛎产业拥有控制和管理权力,尽管州政府的这种权力有限。大湖区理事会(the Great Lakes Council)作为一个公共机构,在污染以及环境事务上承担着广泛的责任,其地位也相当重要,尽管如此,但是州政府在大湖区理事会的管理委员会上仍是

---

　　* "寒蝉效应"指在讨论有关言论自由或集会自由时,人民害怕因为发表言论遭到国家刑罚制裁,或是必须面对高额的赔偿,而不敢发表言论,如同蝉在寒冷天气中噤声一般。寒蝉效应的发生将导致公共事务缺乏人关心,被视为过度压制言论自由或集会自由的不良后果。——译者注

　　[43] Harlow,前引注释[33],第49—50页。
　　[44] *Graham Barclay Oysters Pty Ld v. Ryan*; *Ryan v. Great Lakes Council*; *State of New South Wales v. Ryan* [2002] HCA 54. 该诉讼在一审时获胜,在上诉时也得到部分支持,但是在高等法院(High Court of Australia)最后被推翻。

有代表发言权的,并且州政府有权禁止从该湖区捕捞牡蛎。因此,原告针对两边的外围当事人提出了一些"蛙跳式的"诉讼主张,这些诉讼主张的根据是这些当事人都没有行使其法定权力。要是没有发生多希特游艇案,这个诉讼会被深思熟虑吗? 更不要说得到澳大利亚高等法院的五位资深法官的重视了。

在此我想再一次提起罗密欧诉北方领土保育委员会案(*Romeo v. Conservation Commission of the Northern Territory*)[45],在该案中,一位年轻妇女在公共停车场瞎忙活,不巧被悬崖上的一个坠落物给严重砸伤。这么一个理由不充分的案件,最后还是没有能够说服高等法院那些声名显赫的法官们,他们判决保育委员会败诉,因为是保育委员会在管理停车场那一带风景区。该案判决的理由是:没有能够警告他人危险存在,即便这种警告很可能是没有效果的,澳大利亚高等法院就是这样作出最后判决的。当然,我们大家可能都会认为这个案件对于法官来说必然是一个非常难以作出判决的案件,但是对我个人来说,这个案件的判决不是我愿意接受的那种。跟在本系列讲座中所提到的许多案例一样,这个案件是针对"弱势受害者"的,这些受害者没有购买保险以保护他们抵御严重伤害之风险,他们所要面对的是该如何在明显非弱势的公共机构那里获得保护,而这些公共机构却面对着一个令人不快的前景:它们要构筑耗资巨大的安全篱笆——就拿刚才那个案件来说,将那些漫长的悬崖岩面包裹起来,说得更加通俗些,它们将要面临的工作就是使那数百万英亩的公共休闲地带变得不再具有任何风险。这个案件中所作出的判决与乔利诉萨顿伦顿市政委员会(*Jolley v. Sutton LBC*)[46]迥然不同。在乔利案中,英国枢密院推翻了上诉法院的判决,枢密院的判决认为地方公共机构要对该案中那种不太可能发生的情形负责,该案中那个年轻人因为要弄位于该地方当局管辖地盘上的一艘废弃船只,造成事故并且给自己造成伤害。这个案件的判决同样给人带

---

[45] *Romeo v. Conservation Commission of the Northern Territory* (1998)151 *ALR* 263.
[46] *Jolley v. Sutton LBC* [2000] 1WLR 1082.

来一个噩梦般的未来前景:公共管理机构要对其管辖范围内的、公众能够接触到的地方之安全负责,使这些地方不存在风险。这些案件中真正审查的是我们政府现在提供给民众的健康服务尚不完善,我们所生活的这个时代,技术进步可以使那些严重受伤害者的生活变得更加容易,然而他们要享用这些高技术服务却代价昂贵,可以说,这些个体根本就没钱去享受。[47]

斯特普尔顿不容置疑地指出,侵权行为法的成功之处在于"其外观上显得公正、明智并且非常**集中**(focused)"[48],我认为,她这么说,意指侵权行为法在其概念框架结构中应该是自得其所的。她所描述的侵权行为法新发展已经扭曲了矫正正义框架,通过将责任追究到较远一些的行为者身上,紧缩因果关系与近因之间的纽带直至突破其断裂点,从而淡化双边关系的根本不同。在现代管制国家,危险逐渐增加,因为国家在某些时候可以说已经全面介入人类活动,尽管这些人类活动看起来是私人性质的;此话的另外一番表述就是,每一项人类活动可能都会被政府规制。A. 利普斯廷(A. Ripstein)指出,"损害赔偿(金)要回归到其本来应该所处的位置,也就是说,由负责任的一方当事人来承担"[49];然而,这种策略的成功有赖于我们最终确定谁才是真正的责任人。援引阿提耶的话来说就是,"如果公众认为——正如我们当中一些人所认为的那样——最后应该由政府来对社会上发生的任何事情负责,那么政府就会(以及其他公共机构)很容易遭到起诉,不管它们是尽了义务还是没尽义务"。这种结果性的"归责文化"(blame culture)由一种"强大的经济动机——责成其他人对损失、死亡或者不法伤害承担责任——所驱动"[50]。多希特游艇案明摆着将国家至于这种责任框架之中。在今天的社会中,国家干预行为已经被认为具有广泛的合法性,要是国家没有尽到

---

[47] Lunz, "Liability of Statutory Authority for Omission" (1998) 6 *Torts LJ* 107, 111,评介了 *Romeo, Northern Sandblasting Pty Ltd. v. Harris* (1997) 146 *ALR* 572 以及其他涉及公共管理机关的案例。

[48] Stapleton,载 Birks,前引注释[42],第 83 页(着重号为笔者所加)。

[49] A. Ripstein, "Some Recent Obituaries of Tort Law" (1998) 48 *UTLJ* 561, 573.

[50] P. S. Atiyah, *The Damages Lottery* (Oxford: Hart Publishing, 1997),第 139 页。

干预义务就会被认为是一种失职并且要承担责任,其效果不啻于向那些经济抢劫者——主要是那些私人保险商——大开国家这个"最深的金库"之门,可以说,这些私人保险商犹如潜伏着的鲨鱼,蛰伏于各种侵权诉讼的深水之中,一俟时机到来就会立刻(向国家金库)发动攻击。[51]

可归责性与威慑

尽管在侵权诉讼律师之间有这么一个比较一般性的一致意见——损害赔偿是侵权行为法的主要目标,但是这种意见在公法律师之间并达成没有共识。对于这些公法律师来说,戴西的法治(rule of law)理论当然属于那种具有开创性的理论,他提出的法律面前一律平等原则,不管看起来是否可以接受,都必须被解读为规范性的原则。跟研究政府责任的当代主要权威霍格(Hogg)一样,我认为戴西对政府持有一种根本性的态度,并且反映了"广为人们支持的政治理想"。[52]

单个公务人员与社会个体之间是一种私人关系,基于此,个人责任原则完全适合矫正正义的范式。对于现代侵权事务律师来说,尽管他们非常强调个人责任,但是这种套路已经明显有些老套。詹宁斯(Jennings)在第二次世界大战期间曾写过文章专门对戴西的观点进行过批评,他指责戴西掩盖了法律授予国家官员的法定权力一直在不断增加这个事实。[53] 今天,这种进程比以前走得更远;国家官员不再是公众的仆人,而是我们想要其负起责任来的公众服务机构以及政府当局,我们想得到的是它们所拥有的雄厚资金。我觉得再怎么反复强调国家功能变化的程度

---

[51] T. Weir, "Governmental Liability" [1989] *PL* 40.

[52] P. Hogg, *Liability if the Crown* (2nd edn, Toronto: Carswell, 1989),第1—2页。

[53] I.W. Jennings, *The Law and the Constitution* (5th edn, London: University of London Press, 1959),第54—56页。同样可参见 E.C.S. Wade, "Introduction", in A.V. Dicey, *Introduction to the Study of the Law of the Constitution* (10th edn, London: Macmillan, 1959),第 lxxvi—lxxxvi 页。

都不为过。国家拥有为国民提供福利的功能。同时,国家也是个干预主义者。因此,其监督和管制权力在不断增大。这种国家权力的稳健扩张之势与现代侵权行为的发展之势几乎是同步的,对于各种系统、社团以及社会公共机构既得的各非授权性义务(non-delegable obligation),我一直都主张用那套非私人的非授权性义务来取代个人责任。要是在侵权行为法的威慑语境中来考察,戴西的观点就有些值得质疑了。

在司法审查进行现代系统化之前,戴西曾就此发表过一些观点,他认为侵权诉讼是让官员对其行为负起责任来的主要方式。[54] 尽管他当时没有说得这么清楚明白,但是他已经明确假定,向法庭承担个人责任所带来的威胁会对国家公务人员滥用权力形成威慑。就像我们1995年公职人员行为标准委员会所提出的诺兰标准(Nolan standard)一样[55],戴西提出的个人责任理论对人们所期待的国家公职人员及政府官员的行为进行了重要的规范陈述。还有必要提出一点,戴西的论述是在多诺修诉史蒂文森案尘埃落定之前就已发表的。对于戴西来说,典型的侵权行为就是非法侵入(trespass)[56],它强调的是故意不法行为以及对"合法权力"的抗辩。在其论述中,他还有意识地言及政府公务人员在采用压制性的、武断的以及违宪行为时承担惩罚性赔偿之长久传统——这种做法在我们的公法传统中仍然部分得到延续,

---

[54] 经典案例 Cooper v. Wandsworth Board of Works (1863) 14 CB(NS) 180 中有述及。

[55] 参见 First Report of the Nolan Committee on Standards in Public Life, Cm 2850 (1995)。

[56] Ebtick v. Carrington (1765) 2 Wils, KB 275; Leach v. Money (1765) 19 St. Tr. 1001; Wilkes v. Wood (1763) 2 Wils. KB 203 (the "General Warrant Cases")。此外,戴西还参考了案例 Mostyn v. Fabrigas (1774) 1 Cowp. 161; Wusgrave v. Pulido (1879) 5 App. Cas. 102; Governor Wall's Case (1802) 28 St. Tr. 51; Philip v. Eyre (1867) LR 4 QB 225,这些案件都是非常特别的侵权诉讼案。

并且在某种程度上被法律委员会(Law Commission)所采纳。[57]
但是,尽管戴西的论述毫无疑问是在讲述侵权责任的威慑理论,
然而,其中的威慑功能却是象征性的。

在侵权行为威慑理论方面,有一个更加崭新的观点,它是由
彼得·舒克(Peter Schuck)提出来的[58],他认为由政府公职人员
来支付损害赔偿金会造成一种"荒谬的动机"。法律应该威慑的
是政府机构的行为,而非个体政府官员的行为,并且对侵权行为
承担责任的应该是政府机构。[59] 在思考舒克提出的理论时,必
须记住一点:他的观点是以美国在联邦层次上存在着大量的国家
行为豁免传统为背景的。[60] 尽管如此,他的分析却非常适合现
代侵权行为法的大方向,强调以系统性(systemic)崩溃作为过失
侵权责任的根据,并以此为特征。舒克提出的理论事实上一种政
府的公共服务责任,其理论是建立在经济理性主义推理之上
的。[61] 他认为公法具有六种目标:(1)威慑不法行为;(2)推动
强有力的决策;(3)补偿受害者;(4)树立道德规范;(5)制度具
有合理性和合法性;(6)通过整合基本目标从而实现系统效率。
尽管有些脱离了矫正正义的范式,但是这些目标,正如舒克所认
为的那样,将会通过扩大责任而得到加强。

---

[57] 在 Rookes v. Barnard [1964] AC 1129 案中,该立场明显被戴弗林勋爵(Lord Devlin)所保留,后来该立场在 Thompson v. Commissioner of Metropolitan Police [1998] QB 498 中被上诉法院限制适用,后来该立场被法律委员会出版供咨询,载法律委员会咨询报告"Aggregated, Exemplary and Restitutionary Damages", Law Com No 132 (1993),第5.4—5.26及6.6—6.8段。对于最终的推荐意见,参见"Aggregated, Exemplary and Restitutionary Damages", Law Com. No 247 (1997)。法律委员会希望惩罚性赔偿立法较为严格一些,并且希望未来将其限制适用于故意以及残暴的不法行为。

[58] P. Schuck, *Suing Government: Citizen Remedies for Official Wrongs* (New Haven, Conn.: Yale University Press, 1983),第16—25页。

[59] 同上注,第106—201页。

[60] 在第3章,舒克对美国法律的历史以及当代的法律状况进行了非常有价值的概括描述。规制这种情形的法律是1946年《联邦侵权索赔法》。大范围的豁免很大程度上鼓励了"宪法上的侵权行为"(constitutional torts)概念的发展:参见 *Bivens v. Six Unknown Named Agents of the Federal Bureau of Narcotics* 403 US 388 (1971)。

[61] 巧合的是,舒克的分析跟法国法上的行政责任很相似,后者是基于公务过失(faute de service)这个客观概念,对这个概念的论述可进一步参见 D. Fairgrieve, *State Liability in Tort* (Oxford: Oxford University Press, 2003),第17—18、21—23页。

不过，有三个主要的论点可以用来反驳舒克的观点。有点讽刺意味的是，第一种论点是来自经济理性主义者的回答，他们认为在公共服务领域是不考虑威慑的，其根据是国家是那种"不会屈从于外来经济约束的被告"。因此，法院裁决由国家来承担责任结果无异于"增加公共税负"。[62] 正如我们将在本讲座稍后部分会讲到的那样，这种情形完全是一种不切实际的景象，完全没有考虑到现代公共财政责任系统是如何实际运作的。税收的增加并非如有些人提出的那样，只是为了提供责任判断。大多数公共机构，特别是医院和地方政府，它们可能会感受到大多数损害赔偿请求带来的压力，因此不得不对其责任进行保险，从它们精打细算的并且已经是非常吃紧的财政预算中拨出一部分款项作为保险费之用。财政官员以及公共审计官员会提供"外部经济制约"，而保险商则会对公共机构的责任记录非常感兴趣，就像它们对私立学校以及医院的董事会非常感兴趣一样。

第二个论点是来自实效主义者，他们提出反对是因为侵权行为法的威慑属性之证据不可信。有一个非常重要的实证研究，其目的就是要检验侵权制度在五个能够产生混合信号(mixed signals)的单独活动领域当中的实效性。[63] 所有情形最后归结为一点：侵权行为法的威慑属性在交通事故侵权方面实效性最强，而在与环境相关的侵权事故方面实效性最弱，还有，侵权制度作为一种补偿机制是非常失败的，目前只在交通事故方面运作得尚还不错，在环境侵权事故方面就表现得稍差一些，在医疗侵权事故方面则表现最差。总而言之，该研究进一步使人们对下述结论深信不疑：侵权行为法的威慑功能是没有效力的。诚如写过管制方面论文的布雷斯韦特(Braithwaite)所指出的那样："想要对滥用

---

[62] Feldson,前引注释[40]，第 16 页。D. Cohen, "Regulating Regulators: The Legal Environment of the StateA" (1990) 40 *UTLR* 213,其中另外增加了一点：政府可以重新分配受害者的损失，就像 *Burmah Oil v. Lord Advocate* [1965] AC 75 案中所做的安排那样。

[63] D. Dewes, D. Duff, and M. Trebilcock, *Exploring the Domain of Accident Law, Taking the Facts Seriously* (New York: Oxford University Press, 1996). 这些研究领域包括：交通事故，医疗过失，产品责任，环境事故以及工作场所事故等。

权力进行威慑,不管是私的权力还是公的权力,都不是我们所擅长的。警察腐败问题、有毒废物倾倒问题以及公司欺诈问题在一波接一波的丑闻和改革之后仍旧会故态复萌,反弹回来。"[64] 警方的经验是,一担责任确定,就会得到陪审团裁决以及长期以来形成的判处惩罚性赔偿金传统的支持,因此,警方肯定地认为侵权行为法作为一种调节工具是不妥当的。其中有一个原因就是,庭外和解的做法已经使一些不法行为者被掩藏起来,从而免于承担责任。警方特别能够在没有询问太多问题的时候,帮助和解结案,尽管他们为帮助和解所支出的所有费用加起来并不少。

跟舒克的观点不一样,还有一种观点强烈认为:政府机构在面对责任威胁的时候,不像私人机构那样能够"适当地作出回应",它们的回应更像是带有那种"大量的官僚惰性"。[65] 侵权行为法所做的就是制造"决策陷阱"(decision traps),这种决策陷阱能够使决策者向竞争性的压力屈服,从而对行政行为形成一种严重的寒蝉效应。将责任决定(liability decision)穿插进决策过程,会使得政策决策以及策略决策变得更加困难,效率更低,并且肯定还会产生不太"理性"等效果,因为将一些不相关的因素(诸如:害怕公开,或者说最怕涉及诉讼威胁)考虑进来,就有可能推翻那些更加相关的因素。只有在人们相信——对于这一观点我是不相信的——侵权行为法作为调节工具是有效率的之后才会接受这种结果。我们以警察安全服务为例,警方的警惕可能来自在其负责区域有那么一个挂了号的性侵犯者存在[66],或者也可能因为该区域存在一个连续强奸犯而产生警惕[67],此时,是否发布公共警示就是一个让警方非常伤脑筋的问题。警方既要考虑非常重要的人权保护问题,同时,他们还要权衡采取突然行动可能

---

[64] J. Braithwaite, "On Speaking Softly and Carrying Big Sticks: Neglected Dimensions of a Republican Separation of Powers" (1997) 47 *UTLJ* 305, 360.

[65] Cass, "Damages Suits Against Public Officers" 129 *University of Pennsylvania L. Rev.* 1110 (1981).

[66] *R. v Chief Constable of North Wales ex p AB* (1998) 3 *WLR* 57.

[67] *Doe v. Metropolitan Toronto Board of Commissioners of Police* (1989) 58DLR (4th) 396 维持原判(1990)74 OR (2d) 225。此案在下文还将进一步探讨。

带来的风险以及不采取任何行动可能带来的风险。要是不考虑诉讼风险作为一个复杂因素,这种状况其实已经相当复杂了。而且,在这些案件中,所判处的损害赔偿金通常直接就是惩罚性的,并且对于策略决策可能产生的"寒蝉效应"是不予考虑的。[68] 这种情形还涉及"多中心决策"(polycentric decisions)这个更宽泛论点的一部分,这种多中心决策对于判决来说是不合适的,因为它们存在潜在的"副产品"(spin-off)效应。[69]

因为决策本身存在困难,加上对"决策陷阱"现象的敏感性,这种状况就会引导司法机关接受以下观点:为了公共利益,对警方介入犯罪调查过程中的过失侵权追究责任[70],以及社会工作者根据儿童保护法行使法定权力和义务过程中的过失侵权追究责任,就显得不那么"公平、公正和合理"了。这种情形在某某(未成年人)诉贝德福德郡案(X (Minors) v. Bedfordshire)[71]中已经讲得明明白白了,该案非常复杂,不巧的是此前枢密院已经审理过两组相关的案件了,但是这些案件在特征上非常不同。对于第一组案件来说,枢密院认为判处由公共机构责任承担是可能的,其判决结果后来被拿来检验地方教育当局因为没有系统判断并处理某些人的特殊教育需求而承担责任。而第二组案件没有达到过错侵权的"公正、公平以及合理"标准,它们处理的是社会工作者在行使一系列儿童保护法律规定当中,为保护儿童而为其设计的法定权力时,由于其行为不当可能造成潜在责任承担的

---

〔68〕 此处可比照蔡尔兹(Childs)与西森思(Ceyssens)提出的冲突性观点,参见 Childs and Ceyssens, "*Doe v. Metropolitan Toronto Board of Commissioners of Police* and the Status of Public Oversight of the Police in Canada" (1998) 36 *Alberta L Rev*, 1000 以及 L. Hoyano, "Policing Flawed Police Investigations: Unravelling the Blanket" (1999) 62 *MLR* 912,其中提到了 *Osman* 案,详见下文注释〔73〕。

〔69〕 L. Fuller, "The Forms and Limits of Adjudication" 92 *Hard. L. Rev.* 353 (1978)。还可参见 J. Allison, "The Procedural Reason for Judicial Restraint"〔1994〕*PL* 452 以及 "Fuller's Analysis of Polycentric Disputes and the Limits of Adjudication" (1994) 53 *Cambridge LJ* 367。

〔70〕 *Hill v. Chief Constable of Yorkshire* [1988] 2 ALL ER 238.

〔71〕 *X (Minors) v. Bedfordshire Country Council, M V Newham London Borough Council* [1995] 2 AC 633.

情形。

尽管这些案件所涉案情迥异,但它们之间存在一个关联因素:它们都包含了非常复杂的多中心问题,并且集中于资源与"决策陷阱"。教育资源是有限的,而特殊教育需求则更是极为有限,所以不得不实行定量配给;因校方不能提供充足的设施,很多学生饱受办学条件不足之苦。更为甚者,当一个没有被确诊患有诵读困难症的小孩失去了难以估量的确诊机会时,她也许可能,也许不可能,从她本来能够得到或无法得到的适当救济帮助中获益。其中存在诸多可能性与不确定性。但是,一旦发现要对此承担责任,教育当局就会不得不考虑是否要多支付些钱来购买保险;或者解聘相关教师,聘任另外的教育心理学家或者关闭教育设施。依照传统,法院会想方设法回避这些问题,其理由是法院缺乏经验和专业知识,说得通俗些,他们缺乏信息。然而,一些现代案例却唤醒了无限制的财政承诺之幽灵,它们的表现形式要么是对一群遭受类似损害的人进行赔偿,要么是给已经一塌糊涂的公共服务注入新的活力。

有关侵权行为法对公共决策如何产生影响的方面所做的研究非常少见,尚无确定结论,有些研究并不可信,不过我们所拥有的这些信息都是零碎的、不完整的。美国环境保护署的一项研究还是蛮有启发性的,即便其研究不能进行直接转化。该署的研究人员发现法院的判决现在已经反映到该署的政策议程上了,但结果却不能算是积极的。"在资源相当有限的环境下,再加上一些不切实际的以及数不清的法令",她断言道,"美国环保署已经被迫对各种优先事项进行决策了。除了少数例外,法院指令已经成为这些优先考虑事项中的'赢家'"[72]。要是司法决策非常科学并且确定,这种情形就值得接受了。但是,现代侵权法的发展是一个滴水穿石的过程。比如在经历了奥斯曼案件(Osman Case)

---

[72] R. O'Leary, *Environmental Change: Federal Courts and the EPA* (Philadelphia, Penn.: Temple Press, 1993), 引用于 D. Rosenbloom and R. O'Leary, *Public Administration and Law* (2nd edn, New York: Marcel Dekker, 1996), 第 315 页。

之后[73],欧洲人权法院(ECtHR)坚持认为:诉讼当事人必须基于案件的是非曲直进行一定考量,而一小部分案件就是依此来办理的[74],在养父母、孩子、亲生父母以及社会服务部门雇员的行为产生损害的可能性已经被无数次地反复检验。这些案件中,最近一次上诉至上诉法院的案件——JD 等诉东伯克郡案(*JD and other v. East Berkshire*)[75]当中,法院在检索了诸多案例之后,作出裁决:某某诉贝德福德郡案不适用人权法。因此,从法律上来讲,涉嫌虐待儿童的主体对儿童不负有义务是因为每个案件都是基于其个案事实而作出判决的,以后法院要进行前述判决就不再合法了。这样一来就会出现任何判决都会看起来不是最终确定的了;通常,每个案件都有不同的被告,不同的案件事实,而这些不同的被告,他们可能是来自不同的服务机构或者来自不同的政府部门——他们可能是社会工作者,也可能是学校,来自警方,医生以及医疗诊所等。东伯克郡案件牵涉到一大群儿童受虐待案,有些诉讼是因父母虐待儿童而提起的,有些诉讼是由那些被送进教养院的儿童提起的。法院在这些孩子与其父母亲之间进行了明确区分:对于这些孩子,他们到底由谁负责;对于那些涉案父母,他们则属于那种没有充分尽到直接照顾义务者。但是,根据最近披露的、有关儿童虐待案件在科学证据方面并不可靠的论述,有谁敢说这种明确划分是终极性的划分呢?[76] 因为最终情

---

[73] Osman v. United Kingdom (1998) 29 EHRR 245.

[74] 例如:*W v. Essex CC* [1998] 3 WLR 534;*Barrett v. Enfield LBC* [1999] 3 WLR 79. 关于这些案例及其他案例评述,请参见:P. Craig and D. Fairgrieve,"Barret, Negligence and Discretionary Powers" [1999] *PL*626;W. Murphy,"Children in Need: the Limits of Local Authority Accountability" (2003) 23 *Legal Studies* 103。还可参见:*Phelps v. Hillingdon London Borough Council* [2003] 3 WLR 776,该案曾提到于 D. Fairgrieve and M. Andenas,"Torts Liability for Educational Malpractice: the Phelps Case" (1999) 10 *KCLJ* 210。

[75] *JD and others v. East Berkshire Community Health Trust and Others* [2003] EWCA Civ 1151,第 84 段。

[76] 因为质疑当时存在的"通过代理形成的虚夸综合症"("Munchausen's syndrome by proxy"),结果上诉法院对几起误判有罪的母亲最终宣判无罪。这种结果使得数以千计的看护指令及收养规定再次变成有效的了。但是参见 *Re U (A Child)*;*Re B (A Child) (Serious Injury. Standards of Proof)* [2004] EWCA Civ 567。

形是要根据事实来进行区分的。新的案件毫无疑问已经处于等待状态,它们可能要冲破原来的规则,但是,问题仅仅在于这种等待过程将会持续多长时间。

通过阿提耶所采用的术语(在那些已经成功或者接近成功的案例之间进行[77])"选择性比较"(selective comparison)所形成的递增型扩张进程,我们可以看出,决策者们会被置于一种无望的窘境之中。因为他们要推测该如何对一些尚未发生的、无法预测的事件作出可能的司法回应,而法官们作出司法回应的可靠、确定知识来源却通常是得益于事后的认知以及最后定论。而且,这种立场已经被"公平、公正和合理"标准的不确定性及无法预测性所腐蚀,而这个标准不过是描述现实中那种尚未系统化的司法裁量权的一种委婉表述而已。有时,为了保护所有小孩免受伤害威胁,法官会借用侵权行为法中的"弱势受害者"标准,支持那种(对小孩负有)接近普遍义务的立场。但是,有时法官们清楚记得:普通法中的注意义务会"超出所有为处于危险之中的小孩提供法律保护的制定法系统",支持那种保护型的决策使得本身已经恶化了关系中憎恨陡增,从而使得公共教育机构将金钱和资源从"其已经提供的社会服务"中转移出去。[78] 我想多说一句,损害赔偿之诉作为检验公共机构行为优劣的武器是非常差劲的。对于那些处于审计官员以及专司调查舞弊情况、政府官员监督之下的公共服务机构而言,它们工作的展开本身就比较困难,并且又短缺长期组织活动经费,要让它们承担责任的话,那么这种司法迂回路线的推论就存在非常严重的问题了。

严肃地看待戴西的观点

第三个反对舒克威慑理论的观点更为宽泛,这种观点反对那些将国家视为特殊主体、对其进行特殊对待的所有规则和责任原

---

[77] Atiyah,前引注释[50]。
[78] *S v. Gloucestershire County Council* [2001] 1 Fam 313,329.

则。比方说,科恩认为"现代国家的监管与财富再分配功能的不断增加"见证了"20世纪的政府,不管其政治色彩如何,它们最后都介入了一系列的干预活动,这些干预活动是没有(相对于国家而言)私的对等体能够介入的"。[79] 从这一点,他推导出,要根据个人之间的关系来确定责任就应该"对国家不予理睬"。但是众所周知,国家和政府不是静止的概念[80],同样,公共与私人的固定边界也不是永恒不变的。实际上,每一个指明系"公共性"服务以及每一项与国家紧密相关的功能(国家安全可能是个例外)都曾经被私人付诸实施。对于这一点,弗里曼(Freeman)说得非常尖刻,他曾指出在当前的美国,火灾防护、福利保障、教育以及治安维持都是重大侵权诉讼的主题词;公路、桥梁、铁路以及下水道工程主要是由私人承包商承建,他们希望从这些业务中赚取利润。[81]

当前情形的演进可以很好地通过最近的一个案例——马尔西克诉泰晤士河排污工程公司案(*Marcic v. Thames Waters*)[82]——得到例证。马尔西克花园是那种由下水道水源定期冲洗的花园,并且这些水是由泰晤士河排污工程公司免费提供的,而这家公司是个私有化的商业机构,专门提供公共服务。因为已经厌倦了泰晤士河公司的不作为,马尔西克花费了大量金钱用在设备改良上,为此,他要求被告对于他因此无法享受舒适宜人环境给予赔偿,而且还要对其财产因此而产生的价值降低承担赔偿责任。在翻阅大量具有相似情节的先例之后,泰晤士河排污工程公司总结认为水务当局都会免于承担因侵扰而产生的严格

---

[79] D. Cohen, "Tort Law and the Crown: Administrative Compensation and the Modern State", in K. Cooper-Stephenson and E. Gibson (eds), *Tort Theory* (York: Captus University Publications, 1993),第 366 页(着重号为笔者所加)。

[80] M. Taggart, "The Nature and Functions of the State", in P. Cane and M. Tushnet (eds), *The Oxford Handbook of Legal Studies* (Oxford: Oxford University Press, 2003).

[81] J. Freeman, "The Private Role in Public Governance" 75 *NY Univ. L Rev.* 543, 552—553 (2000).

[82] *Marcic v. Thames Waters Utilities Ltd* [2002] QB 929 (CA); [2003] 3 WLR 1603 (HL).对于损害评估,参见 *Marcic v. Thames Water* (No. 2) [2002] QB 1003 (Judge Haverey QC)。

责任[83],因此拒绝赔偿原告,也拒绝停止其侵扰行为。上诉法院很乐意停用责任豁免来了结此案,裁定被告公司没有执行所需工程来防止原告的物业屡次发生水浸和由排污系统倒流污水,已经构成侵扰,故被告公司应该对此给原告造成的损害负有责任。法院还排除了对成本、优先权以及有效资源配置所持的有关反对意见,认为"公正、公平以及合理"标准在适用过程中不知为何,并且总是存在这样或者那样的问题。对于"应该向那些利用该排水系统的人收取足够的费用,以补偿排污公司赔偿给那些因利用该排水系统而遭受损害的少数人所支出的费用"[84]这一点,法院认为至少是存在争议的。

对于支持公/私边界划分的人来说,这种变化可以被看成是完全正当、合理的。有一个例外——基于"为了社区总体利益"的观念,但是这种例外在排污及水资源供应属于水务局(现实中,通常属于地方当局)的责任时就已经非常确定了。只要存在公共所有权,一旦让政府机构承担责任,那就肯定会消耗公共资金。自从1991年开始,水务部门进行了私有化改造,因此从那时开始相关规则就应该重新考虑了。这种推理路径已经反映在尼科尔斯勋爵(Lord Nicholls)的演讲当中,他认为对侵扰行为判处承担责任完全与现代立法体制不相容。那些旨在调整相邻土地所有者之间关系的陈旧规则是不能适用于为整个社区供水以及那种为全国性的污水处理体系而制定的系统计划的。同样的推理路径也为霍夫曼勋爵(Lord Hoffmann)所采纳,不过,在他的推理中再次引述到了那个简单的公/私明确分界线,并他经常以此明确分界线为基础进行推理。他认为,法定公用事业的资金支出所要考虑到的问题与相邻土地所有者之间两极关系所提出的问题,

---

[83] 参见 *Glossop v. Heston and Isleworth Local Board* (1879) 12 Ch. D 102; *Dixon v. Metropolitan Board of Works* (1881) 7 QBD 418; *Strettons Derby Brewers v. Derby Corporation* (1894) 1Ch. 431; *Robinson v. Workington Corporation* (1897) 1 QB 619; *Smeaton v. Ilford Corporation* [1954] Ch. 450。正如这些案例所暗示的那样,水务局从19世纪末期开始实际上就是属于地方当局管辖。一般可参见 M. Brazier(ed), *Clerk and Lindsell on Torts* (17th edn, London: Sweet and Maxwell, 1995),第18章。

[84] [2002]QB,第114段。

是不一样的。对于后者所牵涉到的问题,不管有多难,法院都有义务去行使其通常的职能,那就是要在双方当事人之间裁定怎样的结果对双方才是合理的[85]:

> 但是,当一方所支配使用的资金是来自提供大规模公用事业服务的法定企业时,具体运用情形就非常不同了……如果某位顾客得到了一定层次的服务,与其情况相同的其他个体就应该享受同样层次的服务。因此,一个污水处理企业为原告做些什么才是人们认为合理的呢?要是能够就这一点作出决断,那么其影响就会延伸到全国各地。

在此,我们将这种推理再往前深入一些。必须承认一点,即便那种私有化了的水务管理部门仍然主要是营利性的实体,其范围仍然是有清楚界限的。比较倾向于让水务部门承担责任的巴克利(Buckley)在一次评论中认为,"这些组织机构的资源不是没有限制的;在水务管理办公室的监督之下,在这些组织运作范围之内的、那种一直延续下来的法定框架就会突出强调一点:它们的投资决策有时既要讲究经济性和社会性,也要讲究商业性"[86]。供水是一种集体形式的消费。水务当局以及一些其他的公用事业供应商,它们一起执行公共服务功能,而且在输送服务时要注意平衡集合性的、分配性的或者个体性的利益。还有一些不太明显能感觉到的因素,诸如环境保护等,也必须考虑进去。特征非常突出的是,这些私人经营的营利机构是靠利用大量公众资金以及私人资金来维持其运作的。它们会受到监管机构的督导和监控,以水务行业为例,它们在收费时就需要得到监管者的许可。进行这方面的投资计算必须一体考虑股东分红以及社区利益。

为了使其观点更有说服力,巴克利认为那些营利性的组织应该服从"私法规则的严厉性"[87]。这个结论的得出似乎是建立在

---

[85] 同上注,第63段。
[86] R. A. Buckley, "Nuisance and the Public Interest" (2002) 118 *LQR* 508, 510.
[87] Ibid.

两个潜在假设之上:首先,公共机构没有或者通常没有对"私法的严厉性"负起责任来,这一点明显违反了平衡原则;其次,公共机构通常是在为公共利益展开活动,而私人实体则通常只是以营利为动机,这样看来,在霍夫曼勋爵所进行的推理中也就存在着潜在的逻辑谬误了。霍夫曼勋爵所发表评论的案例法则是与此密切相关的。在利基诉国家信托公司(Leakey v. National Trust)[88]一案中,国家信托公司被发现对撒克逊地区某地一个坟墩发生的自然塌方负有责任。作为具有重大考古价值遗迹的监护人,国家信托公司在为公共利益行使其职能,让其承担责任极有可能会对其保护遗迹的活动产生令人遗憾的影响。既然如此,试想那些处于相同境地的小土地所有者面临此种境况,他们的情形也应该大抵如此,所以我们能否不就此进行争论呢?多年以前,上议院考虑土地所有者对非法侵入其土地者该承担何种(程度的)义务时,早就对国有化的铁路行业强加了截然不同的义务。在那种情形下,平衡规则得到遵守,而人们期待的注意标准据说可以根据被告的规模以及财力发生变化。[89]

然而,巴克利论点最核心的地方就在于它牵涉到可归责性(accountability)。作为一个公共实体,在法律上可以通过两个单独的路径来让该机构承担责任:通过申请司法审查;在民法上,则可以通过侵权诉讼来达到此目的。明显大不相同的是,要是侵权行为法最后证明不能达此目的,那么这种"私的"标签就有可能意味着责任豁免。当水务当局仍属于公共部门时,它们的决定就有可能受到司法审查的挑战;要是它转化为私人机构,那么那种司法审查程序就不能适用了。在前文那个马尔西克案件中,议会是这样作出答复的:站在马尔西克先生的立场上,作为住户,他可以启用法定控诉程序寻求损害赔偿,但是他却寻求回避法定执行规则;事实是在议会上议院准备作出对他不利的权衡之前他早就

---

[88] Leakey v. National Trust [1980] 1 ALL ER 17.
[89] Herrington v. British Railways Board [1972] AC 877.

拒绝适用法定程序了。[90] 在其他案件中，因为没有其他替代措施，此时就会形成一种责任承担空缺。虽然前述观点获得一致同意，但是我们就可以肯定地判断其目的未能实现可归因于司法审查的介入吗？基于此，一些评论人士非常有说服力地指出，在这种情况下司法审查的范围应该有所拓宽。[91]

将公共服务部门"立约外包出去"的现象已经逐渐增多，私有化现象已经变得越来越复杂，这种现象主要表现为部分公共服务部门向私人部门转换；商业企业有可能会被委托行使部分公共职能，比方说让私人经营监狱以及青少年感化中心。要是是由专司囚犯护送业务的第四特别行动组（Group 4）而不是内务部来经营监狱或者移民服务，责任承担就应该有所变化吗？不同部门之间人员时常变换，而且这些人员会同时在两个部门执行工作，他们所做的工作其实跟医疗服务部门的普通医师、专门医师以及外科医师相类似，但是，在这些医疗机构中其实是那些护理人员在支撑着整个国民健康服务体系（NHS）。疫苗以及药品由私营商业公司供给，但是却用于公共服务项目，而这些公共服务项目是由国家草拟的合同管制的，因为这些公共服务项目是要对公众开放的；比方说，要是输血过程中出现的瑕疵血液是来自国民健康保险系统，抑或是来自商业企业，据此情形就应该让它们承担不同的责任吗？[92] 我们也不应该假设商业企业必然是完全由私人出资经营的。比方说，铁路就是从私人部门起家的；后来被国有化，移交给政府；到后来又被私有化。今天，它们正在悄悄地进行再次国有化：英国铁路网络（Network Rail）实际上就是要打造

---

[90] [2003] 3 WLR, 第 21—22、35、43、51—52、79—82 段。1991 年《水法》第 18 节就如何向水务行业管理者提起控诉进行了规定，之后，水务行业管理者可以依据具体情节启动执行程序。

[91] 我提出过一些有关系统化重新调整的建议，在某种意义上，与我观点相同的论点还可以在 J. 布莱克（J. Black）的文章中见到，参见 J. Black, "Constitutionalising Self-regulation"（1996）59 *MLR* 24。

[92] 参考下面案例：*A and Others v. The National Blood Authority* [2001] 3 ALL ER 289，该案在下面的参考文章中有提及，见 G. Howells and M. Mildred, "Infected Blood: Defect and Discoverability, A First Exposition of the EC Product Liability Directive" (2002) 65 *MLR* 95。

一个国有化的行业部门,50%以上的列车运营者都接受了国家的大幅度补贴;并且25%的列车都是由独立自治机构——铁路战略规划署(Strategic Rail Authority, SRA)运营的。站在另一边来看,欧洲之星(Eurostar)*是一个私人经营的商业公司,所负债务沉重,时常要依靠大笔大笔的公共资金投入方才能够解脱资金紧张局面。鉴于这种状况,目前尚不适宜将那种"特殊"的责任承担规则大张旗鼓地适用于国家。

同样的,制定规则作为政府的传统职能之一,也可能会由私人实体来实施。这一点可以通过下面例子看明白,英国拳击运动管理委员会(British Boxing Board of Control)在行使其规则制定职能时,因为其过失没有确定适当的拳击地点以及主张足够的拳击安全规则而被判处承担责任。[93] 对标准制定或者规则制定所承担的责任就应该仅仅因为管制者是行使法定职能的法定机构——英国保健与安全执行局(Health and Safety Executive)而会有所不同吗?

与此更加相关的是银行部门,自治银行——英格兰银行(Bank of England)对于私人银行活动的监管责任就可以通过最近发生的三河(Three Rivers)案件进行检验,该案牵涉到公共机构的不法行为。[94] 这些职能其实与贸易和工业部(Department of Trade and Industry)所行使(或没有行使)的职能没有太大差

---

* "欧洲之星"是由英国、法国、比利时三国铁路部门联营的,列车车速达300 km/h。该列车连接伦敦的滑铁卢车站和巴黎北站。该列车从伦敦市中心出发仅仅花3个小时的时间就可抵达巴黎市中心。伦敦到布鲁塞尔更是只需2小时40分。——译者注

[93] *Watson v. British Boxing Board of Control* [2001] 2 WLR 1256,该案由J. 乔治(J. George)所提及,参见J. George, "*Watson v. British Boxing Board of Control*: Negligence Rule-making in the Court of Appeal" (2002) 65 MLR 106。*Marc Rich & Co. v. Bishop Rock Marine Co. Ltd* [1996] AC 211,该案给了我们一个更加满意的回答。

[94] *Three Rivers District Council v. Governor and Company of the Bank of England* [1996] 3 ALL ER 558;[2002] 2 WLR 1220。参见M. Andenas and D. Fairgrieve, "Misfeasance in Public Office, Governmental Liability, and European Influences" (2002) 51 ICLQ 757。该案还在继续,并且其听审好像还要花上一年时间,耗资数百万英镑。类似问题在法国也有发生,参见本书附录部分。

异,该机构多年前曾经介入对巴洛·克洛斯(Barlow Clowes)事件*的调查,该事件影响重大,最后导致政府监察官员介入调查,并且在那个私人"债券洗售"(bond washing)交易商出事之后导致国家赔偿方案出台。[95] 纯粹基于管制功能的公共属性从而使得责任承担方面的单独规则复杂化,这种做法是在故意抛弃我们灵活、单一的司法权所拥有的优势。

至于公共机构要履行法定权力并承担法定义务这个问题在逻辑上是否独立,正如一些伟大的法官所坚持的那样[96],前述问题与注意义务问题是两分的。但是,这两个问题已经不可救药地纠结在了一起。有一种趋势是在谈论"让普通法义务附着在法定权力上"——高准法官(Gaudron J)就这个具有误导性的趋势发表意见时指出:在澳大利亚高等法院[97],法令通常是在普通法环境中运作的,因此普通法适用于该机构,除非普通法被排除在外。不过我们可以推导出:前述例外排除问题应该明确留待立法者来确定。但是,非常不巧的是,一代又一代的法官们在此问题上都搞错了,他们的推理是这样的:"即便立法机构不是根据被授予(或者是部分授予的)的权力和职能之本质或宗旨来如此行事,仍有可能会导致如下推论,即普通法应该要么是整体被排除在

---

* 巴洛·克洛斯骗局是英国历史上最臭名昭著的骗局之一。20世纪80年代,巴洛·克洛斯公司吸收了1.8万名私人投资者的资金,这些受骗者都认为自己投资的是没有风险的政府债券。实际上,大笔资金进入了公司的创始人彼得·克洛斯的私人账户,他把这笔钱用来购买私人飞机、豪华汽车、豪华住宅和豪华游艇,过着奢侈的生活,直到被揭发出来,锒铛入狱。——译者注

[95] 参见 Report by the Parliamentary Commissioner for Administration,"The Barlow Clowes Affair",HC 76 (1989/90)。还可参见 Report by the Parliamentary Commissioner for Administration,"The Prudential Regulation of Equitable Life",HC 809 (2002/03),其中探讨了金融服务局(Financial Services Authority)作为保险公司业务方面的"谨慎管制者"所应该承担的责任,特别是公平生活保险公司(Equitable Life)破产后。

[96] 特别是阿特金勋爵就 *East Suffolk Catchment Board v. Kent* [1941] AC 74 案件所发表的不同意见;里德勋爵在 *Home Office v. Dorset Yacht* [1970] AC 1004 案件中所发表的不同意见;以及所罗门勋爵在 *Anns v. Merton LBC* [1978] AC 728 案所发表的不同意见。

[97] *Crimmins v. Stevedoring Committee* (1999) 200 CLR 1,该案在下面参考文章有提及,参见 Bowman and S. Bailey,"Public Authority Negligence on the Waterfront" (2001) 9 *Tort Law Rev.* 7。

外,要么是部分被排除在外"。[98] 有了这些观念之后,法官们会作出下面推论:要对自由裁量权与强制性义务、公法与私法、政策决策与行动决策进行区别,但是这种区别在大多数情况下是极端让人失望的。

38　　因此,为了尝试在公共决策中保护那种自由裁量或者"政策性"成分,在某些案件中,法院导入了"操作性过失侵权行为"(operational negligence)的概念,相比较把政策决策过失作为责任承担的一个领域而言,"操作性过失"这个概念似乎更加妥当些。因为决策更多时候是经过努力后达成的,而不是轻易就能作出的,那种寻求一时冲动作出决策的做法已被证明完全是无效的。诚如 T. 普罗瑟(T. Prosser)所言[99],"不存在那种凭一时冲动就作出决策的情形,所以人们通常说的是'啊哈,政策已经制定出来了',或者是'政策已经贯彻实施了'"。对于科恩来说,所有的行政决策"在本质上既是政策性的,也是操作性的。也就是说,任何特定情形的公共行为都可以看成是在执行上级的决策——而且甚至还可以说成是立法行为,意在使先前行政上已经确定的公共决策选择变得具有可操作性"[100]。但是,这些对于行政决策的描述,其特定公共性是什么呢? 它们可以全面地适用于公共行政系统,同样也可以适用于私人管理机构。比方说,在一些跨国公司中,决策可能形式上是由董事会"作出",但由总经理来具体"贯彻执行",并且公司的广大员工都是由他来差遣,但是同样可以说,董事会只"贯彻执行"那些由总经理向其提出的政策。

费尔苏森(Feldthusen)提醒我们,不同类别之划分通常是很武断的,并且"它们在逻辑上的价值比不上它们在效用上的价

---

[98]　(1999) 200 CLR 1,第 27 段。

[99]　T. Prosser, "Social Limits to Privatizing" 21 *Brook J of International Law* 213 (1995).

[100]　D. Cohen, "Tort Law and the Crown: Administrative Compensation and the Modern State", in K. Cooper-Stephenson and E. Gibson (eds), *Tort Theory* (York: Captus University Publications, 1993),第 363 页。

值"。[101] 公与私的区分其实没有什么不可思议之处,但是,将其适用于侵权行为法中是难以让人信服的。[102] 国家、政府或者王国政府"是不可能与个体等同视之的,因为王国政府代表国家"[103]是不言而喻的常识。此处要传达的信息是:国家由于某种原因显得非常"特殊",但是对于为什么应该是这种情形,目前尚没有进一步的解释。为什么集体政治责任(collective political responsibility)就可以莫名其妙地排除对个体承担法律责任(legal liability)呢? 这只不过是将活生生的生活现实注入那个古老的民间遗训——"为王者人不可为恶"。我们不能从国家代表所有社会成员的利益这个事实逻辑推导出(顺便说一句,我们显然不能推导出)我们口头上所称的平衡规则不应该适用于此。在每一个侵权诉讼背后都藏着同样的政策问题:为什么在这种情形下判处承担责任就是"公平、公正以及合理"的呢? 具体案件中判处承担责任或者不承担责任的要素有哪些? 该如何在这些要素之间进行平衡呢? 是什么因素让该案件特别到足以有理由得到豁免呢? 这些问题需要得到坦率而又直接的回答。尽管公与私的区分已有"样板式的答案",但是形式主义者仍旧对此嗤之以鼻。

为了阐明我一直所表达的观点,我该总结一下本次讲座了,我想通过考量其中一个重大的、公私区分在其中占有重要地位的案件,来做总结陈词。我所要考虑的这个案件是斯托温诉怀斯(*Stovin v. Wise*)[104],该案是一起涉及交通事故的诉讼,起因于第一被告在一个没有出路的交界处转弯疏忽,此交界处早先就被

---

[101] B. Feldthusen, "The Recovery of Pure Economic Loss in Canada: Proximity, Justice, Rationality and Chaos" (1996) 24 *Manitoba LJ* 1,2.

[102] C. Harlow, "'Public' and 'Private' Law: Definition Without Distinction" (1980) 43 *MLR* 241.

[103] *Rudolph Wolff & Co. Ltd. and Noranda Inc. v. The Crown* [1990] 1 SCR 695; 69 DLR (4th) 392.

[104] *Stovin v. Wise (Norfolk CC*,第三方当事人) [1996] 3 WLR 388,在下面参考文章中有提及,参见 J. Convery, "Public or Private? Duty of Care in a Statutory Framework: *Stovin v. Wise* in the House of Lords" (1997) 60 *MLR* 559。

公路管理部门认定为是交通事故多发地段。此前,该委员会作为公路管理局同英国铁路(British Rail)就是否允许将那段公路进行一些整改沟通过,因为英国铁路是土地所有者,但是后来该委员会没有通知英国铁路,它们也没有收到答复,这样一来整个事情就进一步复杂化了。尽管这个错误明显是操作性的,但是法庭并不轻松,因为此案涉及没有执行法定权力。要是一个没有得到实施的、合法的、权宜的、有助于规避麻烦或者针对风险而制定的决策一旦作出,事故仍旧有可能会发生。因此,这个案件可以说是位于"公法与私法的交合处"。对于尼科尔斯勋爵来讲,这不是一个问题;该委员会"没有履行其公法上的义务,其行为就像违反了法定义务一样"。他把公法元素以及"典型的法定框架"视为放慢实施普通法义务的步伐,其方式则是通过帮助创设"一个不存在的近因来实现"。[105] 而代表大多数人意见的霍夫曼勋爵进行了完全相反的推论,他认为:"特定针对公共机构的论点"可能会否定注意义务的存在。他完全抛弃了令人棘手的政策性与操作性之区分,认为这种区分是一种"不适格的工具",他还认为,即便一个明显的操作性差错被发现,但是并不能得出就应该判处相关机构承担责任的结论。[106]

这个案件不会跟早些时候提到过的那些管制型与监督型案件那样,会拉伸矫正正义框架。在这个案件中,保险仍然是非常关键的一环;实际上,跟很多类似案例一样,剩下来的问题仅仅是确定该哪家保险公司来为事故买单了。尼科尔斯勋爵隐约指出,是否将财政损失从公路使用者转嫁到公路管理部门身上才算享用社会福利事业之便呢?[107] 强制性的第三方交通保险已经是一个获得共识的事实,它告诉我们这样一个结论:只要有可能,因公路事故发生的损失,最后都由收取保险费、为事故风险承保的保险商来承担;只有在一些例外情形中,这种损失才应该由公路管理局来承担,并且还仅仅只能适用于公路管理局存在管理松懈以

---

[105] [1996] 3 WLR,第392、398页。
[106] 同上注,第404页。
[107] 同上注,第403页。

及疏忽的情形才适用。这种解决思路,在经济理性主义者看来,就是一种"公平、公正与合理"的解决路径,尽管他们不大可能使用这种术语表述。为什么纳税人要为保险商买单呢?行政系统中的救济措施最适合于对操作失误进行威慑。我们不应该没有合适理由就让国家来为保险商担保,即便我们知道判处私人商业企业支付损害赔偿金在实践中可能会成为一种国家责任,特别在保险商(或者雇主)破产的时候最后由国家来承担责任,这种情形就像保险商或者银行破产时,其所造成的损失最后可能还得由国家来一手承担一样。但是,请勿这么快就轻易下结论!难道尼科尔斯勋爵得出的整个相反结论——社群"有权期待公共当局做得更好"[108]——不就是等于要求"公平、公正与合理"吗?我想,到此为止,完全将侵权行为法的威慑目标放在优先位置这个话题我已经说得够多了。

结　　论

在本讲座当中,我主要阐述了两组平行的论点。第一组论点关涉国家及社会的本质。我前面已经提到过,出现一个充满了消费者主义(consumerism)价值观以及接受过个人主义人权意识(individualist ideology of human rights)洗礼的社会,必然会与侵权行为法产生重大关联。我前面已将这种状态描述为一个进化阶段,它介于剩余状态之间,对于现代资本主义者、干预主义者以及管制国家来说,"通过个人责任实现戴西的平等理论"是适当的,"就提供公共服务的社会主义福利国家而言,通过意外事故赔偿来实现戴西的平等理论"是蛮符合逻辑的。在这个过程中,我已经强有力地批驳了区分公法责任与私法责任的复杂性以及将平衡原则(the parity principle)视为一种规范性的原则。

第二组论点涉及在这些语境中不断发展的侵权行为法。我对矫正正义范式的侵权行为法进行了反思,从中得出我们离主题

---

[108] 同上注,第396页。

太远的做法是不明智之举的结论。我还集中就多希特游艇案进行了探讨,以其作为探讨国家责任的发动引擎,并且对那种置国家于担保人位置的发展路径进行了质疑。在此,我暂时就那些涉及政府当局的案例所发表的全部看法归结到一点,即它们提出的问题毫无疑问都是非常难以回答的。但是,它们在本质上尚不属例外。换一种不同说法就是,它们其实跟侵权行为法一样,本身就存在诸多问题。

第二章

侵权行为法的丰富性

全球化的瀑布效应	61
通过损害赔偿责任来归责	69
义务与损害赔偿责任	75
损害赔偿责任、制裁与欧洲法院	78
斯特拉斯堡法庭与补偿：正义抑或非正义？	92
结论	110

全球化的瀑布效应

讲到这里,我们此前一直谈的都是国家在其本土范围内所发挥的作用,尚没有涉及国际法律制度及其体制。在本国语境中,我将我们的国家主要描述成了那种管制型的国家,尽管它仍然具有福利功能。其中,我将侵权行为法的主要发展趋势描述为扩张性。在第二讲,我想思考一下全球化对国内侵权行为法所产生的影响。故而,我将探讨全球化及其在"加速和深化社会交往的跨大陆(transcontinental)流动与模式方面所发挥的影响"[1],全球化正在制造一种"瀑布效应"(cascade effect),也就是说,一个法律制度的发展将会习惯性地影响并进而引发其他法律制度的变革。

当然,在国际范围内,国家不是唯一甚或说不是最重要的参与者;因为尚有其他很多强有力的全球性的参与者正在急不可耐地等待加入游戏。比方说,世界贸易组织(WTO)、欧盟(EU)以及颇有影响的欧洲法院(ECJ),还有位于斯特拉斯堡的欧洲人权法院(Strasbourg Court of Human Right),它们都把自己设定为仲裁者,利用法律来强化其地位,扩大其参与范围。由于国际法的不断复杂化和延伸,这些国际机构作为仲裁者又有了新的职能等待其来行使,而快速扩散的人权文化已经深植于法律之中,在某些情况下这种情形已经对国内侵权行为法制度产生了重大影响,

---

[1] D. Held and A. McGrew, *Globalization/Anti-Globalization* (Cambridge: Polity Press, 2002),第1页。

43 有时则是在本国法官的敦促下才显现出其重大影响的。[2] 那些支持全球化的人将国际管辖权以及跨国管辖权范围的扩大及影响看成是当今世界进行政治权力重构时所不可或缺的一部分。对于这种观点,我想说的是,它是在贬低并无视全球化所产生的那些并非完全有益的次级影响。

当然,我并不是要说,在这种交换和实验(一些比较语言学研究者更倾向于使用"学术交流"一词)过程中存在什么不健康的情形。[3] 我意识到,在法律思想领域目前尚没有什么新东西。然而,跟那些在全球化方面持更加极端观点的预言者不一样,我对法律移植的实践和范围持保留态度。法律概念与原则正在被当做某种形式的科学技术来对待,可以移植,就像移动电话一样,在不同文化氛围中都可以转换适用。但是,跟移动电话不一样的是,法律秩序深植于宪法和政治体制之中,并且它只会选择通过某个特别的狭小领域与现存的宪法与政治体制相契合。法律秩序拥有自己独特的结构和特质,在转换过程中,它可能会受到意想不到的以及不必要的影响。[4] 一致性、连贯性及稳定性是任何稳定法律制度的根本特征,对于这一点,在思考侵权行为法的矫正正义模型时我就提出过这种看

---

〔2〕 A. Mason, "Human Rights Law and the Law of the Torts", in P. Cane and J. Stepleton(eds), *The Law of Obligations, Essays in Celebration of John Fleming* (Oxford: Clarendon, 1998). 还可参见其他论文,载 C. Scott(ed), *Torture as Torts* (Oxford: Hart Publishing, 2000)。

〔3〕 例如,J. Bell, "Mechanism for Cross-fertilization of Administrative Law in Europe", in J. Beaston and T. Tridimas (eds), *New Directions in European Public Law* (Oxford: Hart Publishing, 1998)。

〔4〕 对于这种观点还有一些进一步的看法,参见 C. Harlow, "Voice of Difference in a Plural Community", in P. Beaumont, C. Lyons, and N. Walker (eds), *Convergence and Divergence in European Public Law* (Oxford: Hart Publishing, 2002)。还可参见 R. Cotterell, "The Symbolism of Constitutions", in I. Loveland (ed), *A Special Relationship? American Influences on Public Law in the UK* (Oxford: Clarendon, 1995)。对于这种观点尚有一个更加极端的版本,认为要想使普通法、大陆法制度和谐起来实际上是不可能的,参见 A. Legrand, "European Legal System Are Not Converging" (1996) 45 *ICLQ* 52,他在文中用到了思想(mentalité)一词来表达法律制度的特质或者说深层价值。

法。在法律移植游戏中,如果不想损害法律制度的一致性的话,甄别是非常必要的;说得形象一点,法律移植就可能像把猖獗的蔗蟾蜍(cane toad)被不加思考地引入到澳洲,或者犹如将日本节草(knotweed)被移植到英国乡村一样,结果会无法控制。

我在第一讲中,曾支持过这样一种观点,即侵权行为法的快速扩张正在扭曲矫正正义模型的理论框架。但是侵权行为法除了既是一组概念外,它还是一种诉讼救济,或者说诉因。在本讲当中,我将放弃概念立场,转而认为全球化正在给希望从国家手中拿到惩罚性赔偿金这种不断膨胀的趋势施加压力。并非每一种司法工具都能给予强制性命令或损害以积极救济,并且这么说是有充分理由的。法律不止有一条规则,而是有很多规则:司法指令与管理制度所涉足的空间并非完全重叠,因此它们也没有必要以同样方式运行。[5] 对于法律救济来说,全球化正在鼓励一种竞争性的态度,特别在涉及人权问题时,全球化同时也在考验法官,促使法官们不断由采取否定行动走向采取肯定行动。否定性救济会设置限制界限,告诉立法者什么时候他们在违规操作。肯定性救济则比较冒进,判处刑罚,如果更冒进一些,则会命令政府主动介入社会以保障肯定性权利。肯定性权利与分配性正义紧密相关[6],它指的是那些"给政府强加积极义务,使政府重新承担起其在社会治理中一直没有履行义务"的权利。这种权利同经济与社会权利紧密联系在一起,在现代涉及人权的文献资料中出现频率越来越高。[7] 有一种感觉正在不断变得强烈,那就是:肯定性权利需要肯定性的救济,并且每一个"实实在在的"法院都应该拥有这种理念。法院正在想方设法拼命完善其"工具

---

[5] 亚伯拉罕(Abraham)提出了一个强烈为法国行政法辩护的论点,参见 Abraham, "Les principe généraux de la protection jurisdictionnelle administrative en Europe: L'influence des jurisprudences européennes" (1997) 9 *European Review of Public Law* 577。

[6] 参见本书"导言"部分的注释[5]。

[7] H. Lessard, "The Idea of 'Private': A Discussion of State Action Doctrine and Separate Sphere Ideologies" (1986) 10 *Delhousie LJ* 197。

箱"。与这股潮流相反,我在本讲座中将指出,救济方式的概括递增其实跟侵权行为法的无序扩张一样,同样不受人们欢迎,我认为有必要对其进行控制。

45 　　全球化的影响首先强烈反映在产品责任案件上,随着全球贸易的不断发展,最后可能使一个或多个生产商生产的单一产品在全球市场上销售,但是,这种情况同时也会引发全球范围内的产品索赔诉讼。产品严格责任在 20 世纪 60 年代及 70 年代早期的美国开始普及开来[8],该制度很快渗透到其他制度当中,并且已导致法定严格责任制度被引入。[9] 因为担心飞机失事或者核事故引发责任,意外事故赔偿也常常会波及全球,从而加速了全球应对方案的出台,其路径通常是通过国际责任公约这个媒介来协调。[10] 可能是因为印度博帕尔化学品爆炸灾难之故,侵权行为法的国际维度开始浮现在公众意识面前,特别是当时美国律师往来于印度与美国之间,一会儿在印度与客户签约,一会又返回美国向美国法庭递交诉状,他们的举动受到广泛关注。这起灾难起因于美国联合碳化公司(American Union Carbide Corporation)在印度的一家子公司的工厂发生爆炸事故,联合碳化公司因此脱不了干系,面临责任承担问题,该案件涉及复杂的公司法律问题

---

〔8〕 W. Prosser, "The Assault on the Citadel (Strict Liability to the Consumer)" 69 *Yale LJ* 1099(1960)以及"The Fall of the Citadel (Strict Liability to the Consumer)" 50 *Minnesota L. Rev.* 791(1966)。还可参见 E. White, *Tort Law in America*, *An Intellectual History* (Oxford: Oxford University Press, 1980),第 168—173 页;G. Schwartz, "The Beginning and the Possible End of the Rise of Modern American Tort Law" 26 *Georgia L. Rev.* 601(1992); S. Sugarman, "A Century of Change in Personal Injuries Law" 88 *California L. Rev.* 2403 (2000)。

〔9〕 对于英国来说,涉及的相关法律是 the Consumer Protection Act 1988;对于欧盟来说,涉及的相关法律是 Consumer Directive 85/374/EEC of 25 July 1985 on the approximation of the laws, regulations and administrative provisions of the MSS concerning liability for defective products[1985]OJ L 210/29。

〔10〕 《华沙公约》(the Warsaw Convention)规定了航空事故中造成人身伤害时针对航空承运人提起索赔诉讼时的一些例外因素。该公约后来并入英国 1961 年《航空运输法》(Carriage by Air Act),并将该公约附在《航空运输法》之后:参见 *In Re Deep Vein Thrombosis*[2003]3 WLR 961。

以及国际私法问题。[11] 事故发生后不久,印度政府开始介入此事:通过《博帕尔法案》(the Bhopal Act),印度政府建立了一套法定的方案,旨在对损害索赔进行规制。该法案授权印度政府在所有事故索赔中拥有代表受害者的唯一身份,并且建立了一套行政赔偿制度,此外还创设了一个基金专门负责财务支持。为了便于集体解决争端,对私人诉讼权利进行了一些限制——据印度最高法院所言,这一诉讼过程已经引燃了人们对宪法的论争(顺便说一句,这个案件后来变成了许多类似争端解决的先例,就像我们看到的那样,现在的类似争端通常情况下都由跨国法庭来审理,这种局面对于此种处在发展中的诉讼文化产生了一种寄生效应)。不满情绪不断蔓延,已经导致进一步的法律论战。这一点我将在下一部分会谈及。

由于全球压力,侵权行为法好像不得不面对大规模侵权行为(mass torts)、团体诉讼(class action)、诉讼合并(consolidation)以及代表诉讼(representative action)等新课题。"挑选法院"(forum shopping)已成为现时的习惯,其宗旨就是让诉讼当事人(及其律师)受益于该诉讼法院地的制度:要么让其获得最高额的损害赔偿金或其诉讼成本降到最低;要么让其获得惩罚性赔偿金;要么是因为该地的责任制度最有利于原告;要么是因为该地的诉讼时效非常长。法官们现在必须得跟诉讼当事人一样关注国际环境才行,并且由于标准化、规范化的压力,法官会想方设法阻止当事人挑选法院,不过他们有时也可能会鼓励当事人挑选法院。首先一点,对于法院和原告律师来说,那些为了方便大规模诉讼而设计的程序是非常受欢迎的,至少对于律师来说是这样

---

[11] P. Muchlinski,"The Bhopal Case: Controlling Ultra-hazardous Industrial Activities Undertaken by Foreign Investors"(1987) 50 *MLR* 545, 550—552.

的。在橙剂案(Agent Orange case)*中,越战老兵们因为军方使用橙色落叶剂导致人身伤害转而寻求损害赔偿,此案牵涉到数百万起索赔诉求,从而使得法庭疲于应付,因此,此案就成了团体诉讼的一个突破口。[12] 然而,到后来,由于团体诉讼的管理存在的固有困难日益显见,加之一系列常人难以弄清的、昂贵而又毫无结果的诉讼程序已经逐渐设计出来,这些程序最后使得诉讼当事人不得不望而却步,思虑再三。[13] 在大西洋的另一端,我们已经见识到这种团体诉讼制度因为严重的内部团体类别纷争而变得异常不稳定,人们对这种诉讼的欲求或曰目标也已开始产生严重

---

* Agent Orange(橙剂)是一种剧毒脱叶剂,在越战时,多种脱叶剂曾被美军广泛用来摧毁丛林野草及农耕作物。因为美军为了减少己方的人员伤亡,且吃够了丛林作战之苦,动用飞机对越南的很多丛林喷洒脱叶剂,这样可以杀死树的上半部,让敌方无以藏身;对农作物喷洒,造成大批农作物死亡,使敌方的给养供不上,至今越南还有很多被污染的土地无法耕种农作物。其中 Agent Orange 使用最多。多数都是美国的道氏和孟山都(Dow Chemical Co. and Monsanto)这两大化学农药公司生产的。

橙剂案是美国历史上采用集团诉讼方式解决的第一个大规模有毒物质侵权案件,该案涉案人数之多、地域之广、时间跨度之长、赔偿额之巨、解决方案之独特都是史无前例的,对以后类似案件的审理产生深远而长久的影响。该案件在 1979 年 1 月 18 日由律师亚纳康(Yannacone)发起,很快波及整个美国以及澳大利亚和新西兰。它由 600 多个个体诉讼,涉及 1.5 万个遍布全美国的具名个人合并在一起组成的一个团体诉讼以及近四百个独立诉讼(从团体诉讼中退出)组成,包括 240 万越战老兵、他们的妻子、已出生和未出生的孩子、澳大利亚和新西兰士兵、一些平民原告和 7 个被告公司以及美国政府。原告代理人由遍布全国的大约一千五百个律师事务所(截至 1984 年 5 月)结成的律师团体构成,他们所花费的有账可查的诉讼费用至上述日期为 1000 万美元并还在不断增加,被告仅为准备诉讼就花去了大约 1 亿美元,雇佣了数百名律师。法院的管理负担也是空前的,一审案件的第二个法官温斯廷(Weinstein)不得不组建了一个行政班子为其服务。该案以历史上最大的侵权和解告结,1984 年 5 月达成的和解协议经二审维持后产生了一个 1.8 亿美元的赔偿金,随着不断增加的利息,总数达到 2.4 亿美元。由于该有毒化学物质造成的损害具有潜伏性,很多当时未能得到赔偿的家庭及受害者一直都在继续进行诉讼,有关该案的一些零星诉讼现在还在继续,目前在越南的平民受害者正在为橙剂所造成的损害进行艰苦的跨国诉讼。——译者注

[12] 该类型在 In Re "Agent Orange" Product Liability Litigation 100 FRD 718 (ED-NY 1983)被确认,后来得到 81 F 2d 145 (2d circuit 1987) 的肯定。还可参见 P. Schuck, *Agent Orange on Trial: Mass Toxic Disasters in Courts*(Boston, Mass.: Harvard University Press, 1986),第 132 页。

[13] S. Issacharoff, "Governance and Legitimacy in the Law of Class Actions" (1999) *Supreme Court Rev.* 337.

分歧。[14]

早在 1987 年,比较侵权行为法方面的老前辈约翰·弗莱明(John Fleming)就曾对侵权制度应对大规模侵权行为的能力表示过怀疑,他是通过对若干个案判决进行逐一研究得出这一观点的,并且其研究前提很大程度上是以"矫正正义"模型为原则展开的。[15] 当他写下那些观点的时候,石棉沉着病诉讼以及烟草诉讼尚处于初期阶段;几年以后,大量此类案件正在全球范围内进入法庭程序,由此也凸显了大规模侵权诉讼的不足之处。全球化对美国法律制度的影响就像一种皮外伤;通过石棉诉讼,有学术评论人士认为美国当下的法律制度既是"讽刺性的",也是"令人痛苦的"。[16] 说它是"讽刺性的",该评论人士的意思是指石棉伤害索赔从根本上讲是一种相对不太复杂的侵权行为,而且"这种侵权行为由民事责任制度来管辖已经有好几百年的历史了",在过去,这种诉讼非常典型地表现在产品致人伤害引起的责任索赔以及雇主致人身伤害引起的责任索赔当中,同样,对于侵权诉讼的回答应该是现成的。说它是"令人痛苦的",是因为它勾起了人们对美国法律制度的重新认识,那就是,面对大量的石棉诉讼,美国法律制度却显得那么无能为力。据统计显示,在过去 40 年里,美国有 50 万石棉工人及家庭通过法庭诉讼寻求损害赔偿;而保险公司已经赔付 200 亿美元。这种石棉诉讼危机据预测一直持续到 2030 年才结束,届时其损害赔偿的最

---

[14] 此处可参考英国对反应停案所做的描述:Sunday Times Insight Team, *Suffer the Children: The Story of Thalidomide* (London: Futura, 1979)。一般还可参见 J. C. Coffee, "Class Action Accountability: Reconciling Exit, Voice and Loyalty in Representative Litigation"100 *Col. L. Rev.* 370 (2000) 以及"Class Wars: The Dilemma of the Mass Tort Class Action"95 *Col. L Rev.* 1343。

[15] J. Fleming, The American Tort Process (Oxford: Clarendon, 1987),第 235 页。还可参见 D. Rosenberg, "The Causal Connection in Mass Exposure Cases: A Public Law Vision of the Tort System" 97 *Harv. L Rev.* 851(1984)。

[16] S. Issacharoff, "'Shocked': Mass Torts and Aggregate Asbestos Litigation After Amchem and Ortiz" 80 *Texas L Rev.* 1925 (2002)。

后金额将会高达 2000 亿美元左右。[17] 侵权诉讼的典型矫正正义模型就是个体化,旨在契合个体诉讼个案审理的形式,此举给人的期待就是:法院将会对每个案件根据其个案特征进行考量。但是石棉诉讼却破坏了这种矫正正义模型,使其变成了一个虚构的神话传说。

在我看来,非常值得关注的是,大规模侵权案件的处理方式目前跟一些法定以及行政赔偿方案相同。比方说,已有资料显示,在一些成功的石棉团体诉讼中,原告得到的损害赔偿金还不到他们索赔金额的 40%;这个结果可能比国家意外事故赔偿所提供的额度要低得多。更为甚者,这些索赔请求导致被告公司团体中有 40% 以上向法院申请破产,这个因素进一步影响了原告方可能得到的赔偿金额。最后,要解决这些索赔请求,不得不从根本上引进一种行政程序,这可以导入一种"伤害网格"(injury grid),这种网格根据不同伤害情形对应着不同的损害赔偿金支付额度。非常值得关注的是,支付惩罚性赔偿金的要求是禁止作为和解解决的条件来谈的。寻求仲裁或者诉讼解决的机会也是有限制的。这种方案听起来有点与行政赔偿计划相似,但它是由法院设计与策划的,并且最后要得到他们同意才行。[18] 正如审判石棉案的法官所坦承的那样,团体诉讼对于国家来说通常不是一个有效率的替代纠纷解决方式。即便如此,想要最终解决争端可能仍然无法实现。因为,并非所有泛美洛克比空难以及纽约世界贸易大厦双子塔事件中的受害者家属都接受那种概括性赔偿。"关键不是钱的问题",事故受害者当事人一方据说通常以

---

[17] D. Hensler, "As Time Goes By: Asbestos Litigation After Amchem and Ortiz" 80 *Texas L Rev.* 1899 (2002); D. Rosenberg, "Individual Justice and Collectivising Risk-Based Claims in Mass Exposure Cases" 71 *NYUL Rev.* 210 (1996); D. Hensler et al. , *Asbestos in the Courts: The Challenge of Mass Toxic Torts* (Santa Monica, Cal. : Institute for Civil Justice, 1985).

[18] Hensler,同上注,第 1899、1907、1915 页。如何安排和解解决争端在 *George v. Amchem Products Inc* 157 FRD246 (ED Pa 1994) 案中有具体涉及。*Ahearn v. Fibreboard Corporation* 162 FRD 505 (ED Tex 1995) 案禁止在和解解决争端时涉及惩罚性赔偿金。

此话为口头禅。"问题的关键是你是否想参与角逐那场旷日持久的诉讼拉力赛,并且发誓最终要从那些知道事故为何发生的人那里得到答案。"[19]

通过损害赔偿责任来归责

对某些观点进行系统化是很有必要的。对于学术界来说,很有必要对其所持侵权行为法系维持矫正正义之法的观点进行系统化;而对于法官来说,对其所持侵权行为法的唯一功能在于损害赔偿,从而使其与刑事司法制度区分开来的观点进行系统化也是很有必要的。当然,公众不一定非要赞成他们的观点。西利亚·韦尔斯(Celia Wells)在一份灾难诉讼研究中提出,死难者的亲人诉诸法律出于多种不同目的,其中包括[20]:

> 发泄愤怒或受挫情绪,或者二者兼而有之,或者寻求报复,或者要求赔偿并且希望阻止未来再次发生悲剧……为了满足其目的,现实中有大量法律制度可以援用,这种寻求满足的过程看似已经超越了纯粹的损害赔偿,并且变成了对"事实真相"或者"正义"的追寻。

有很多很多案件可以归入下面一类:诉讼当事人在寻求其他公共责任救济手段失利之后转而向侵权行为法寻求救济,以确保有人来对决策承担责任。弗莱明对很多大型的团体诉讼表露过惋惜之情。有些时候,政府表现出冥顽不灵才是问题的关键,从而使得"受害者"诉诸法律以期获得假想的独立和公正。当政治行动受阻之时,法律作为一种公众媒体以及"开罐器"也是非常有用的。[21] 最近,有一些索赔请求针对英国国防部提出,据说事

---

[19] 参见 *The Times*, 2003 年 12 月 22 日。
[20] C. Wells, *Negotiating Tragedy: Law and Disasters* (London: Sweet and Maxwell, 1995), 第 158 页。
[21] 对于竞选中法律的运用,参见 C. Harlow and R. W Rawling, *Pressure Through Law* (London: Routledge, 1992)。

关驻扎在肯尼亚的英国士兵强奸妇女事件,该事件表明:要是没有国内政府的支持、外国律师的帮助以及国际新闻舆论撑腰,那些处于弱势地位的受害者的诉求很可能就会如同泥牛入海,杳无音讯。[22]

印度博帕尔灾难之后的 20 年,局面并未从根本上改变。印度政府与联合碳化公司就 33 亿美元的索赔总额达成"不连贯和解"协议,首先约定设立一个 4.7 亿的基金,相当于让灾难受害者每人得到 320 美元的补偿,8000 灾难死亡者每人可得到 1430 美元,但是这笔款项中大多数都没有由其受益人领受。绝望之中,受害者团体开始转而诉诸法律,援引刑法。尽管他们对联合碳化公司董事会主席进行了刑事指控,并尽力想将其引渡过来,但是目前这些努力均告失败,据称此结果与印度政府的介入有关。几乎与此同时,一场团体诉讼正在纽约拉开序幕,其诉因是由于联合碳化公司没有完全清除其废墟,据说该废墟继续恶化,已经变成了一个"毒物堆放场",放射出致癌化学物质并且已经渗透到了居民饮用水当中。[23] 由此我们可以看出,国内政府是多么轻易就被跨国公司以及强势外国政府所收买并屈从于其压力,这种状况使得国内政府可能还会介入人们对跨国公司的抵制行动。因此,对于受害者来说,要在国内直接向外国政府索赔仍旧是件非常艰难的事情。

在国内层面,我们已经经历过希尔斯堡惨案(Hillsborough

---

[22] 这个案件的推进幸亏得到由英国马丁·戴伊(Martin Day)律师所带头的律师团队的帮助,该律师事务所在团体诉讼方面经验丰富。此案通过媒体而被家喻户晓。但是要是参考一下 2003 年 10 月 2 号 14 版的《每日电讯》(Daily Telegraph)就会发现,其中暗示这些诉求很大程度上是带有欺骗性的。后来此案和解解决。

[23] *Socialist Lawyer*, 2003 年 6 月,第 22—23 页。

accident)*,当时体育场上警察糟糕的警务维持能力遭到了公众质疑[24],同时也引发了侵权诉讼。这些案例都暴露出侵权行为法作为一种归责工具,其功能是多么的差劲,同时也暴露出法官制定法(judge-made law)在面对精神震惊事故时所深藏的缺陷。[25] 尤为突出的团体诉讼案件是海湾战争中英国老兵诉英国政府以及国防部案,因为英国政府及国防部全面拒绝承认老兵们罹患了所谓"海湾综合症"(Gulf Syndrome)这种医学症状。在该团体诉讼中,以此为诉因是老兵们的目标之一,并且他们递交国防部的医学报告中就揭示了此种症状的存在。在坎福镇事件(Camelford

---

* 1989年4月15日的希尔斯堡惨案中有96名利物浦球迷丧生。希尔斯堡是谢菲尔德星期三俱乐部的主场,当时利物浦队与诺丁汉森林队在这里进行英格兰足总杯半决赛。

当时,英格兰球场足球流氓肆虐,警察为了便于更好地维护现场秩序,将希尔斯堡西看台站席区用铁丝网分隔成好几个小区。其中位于地下通道出口处的是3号和4号小区,仅能容纳约1600人,但却有3000多人要挤进来。球迷入场时,比赛已经开始,利物浦队一次射门击中对方门柱,引起现场一阵骚动。尚在地下通道内的球迷闻声后更加着急,拼命向前挤,希望尽快入场。而这时3号和4号社区内早就人满为患,大批球迷被死死挤到铁丝网上,有人清晰地听到胸骨断裂的声音。

如果这时在场值勤的警察能尽快打开铁丝网上的小门,放球迷进入场地,还能挽救不少生命。但他们却无动于衷,因为他们赛前接到的命令是:未经允许,绝对不能开门放人。有些球迷试图翻越铁丝网逃离死亡陷阱,却被警察推了回来。一个名叫埃迪·斯皮里特的球迷当时和儿子亚当被迫在4号小区的铁丝网上,在他们面前隔网站着一名警察。埃迪回忆说:"我向他大喊要他开门把亚当放出去,他却站着一动不动。"大批球迷面部发青变绿,开始窒息死去,比赛却在继续进行。场内一些摄影记者兴奋地跑上来对着垂死挣扎的球迷拍照,更多的警察和警犬也冲到了铁丝网旁,但他们是受命来堵截球迷冲入赛场的。尸体开始在看台上堆积。这时警察才如梦方醒,急忙中止比赛,开始救人。但为时已晚,大祸已经酿成。

这就是震惊世界的希尔斯堡惨案。——译者注

[24] Final Report of the Popplewell Inquiry into the Hillsborough Disaster, Cmnd 9710 (1986).

[25] 在 Alcock v. Chief Constable of S. Yorkshire Police[1991]3 WLR 1057 案中,罹难者的家属在起诉精神损失方面未获得成功;在 Frost v. Chief Constable of S. Yorkshire Police[1998] QB 254 案中,参与救助工作的警务人员得到了上诉法院的支持,其理由是基于雇员的注意义务,但是这种不公平做法被上议院所否定;参见[1999] 2AC 455。还可参见法律委员会(Law Commission), Liability for Psychiatric Illness, Law Com No. 137 (1995)以及 No. 249 (1998),此两份报告被特福(Teff), "Liability for Psychiatric Illness: Advancing Cautiously" (1999) 61 MLR 849 一文中所提及。

affair)*中,因其引发的侵权诉讼主要目标其实很简单,就是希望得到一个说法。在该事件中,居民家庭饮用水供给遭到大规模污染,事出居民饮用水库发生了铝泄露,从而导致使用该水库的饮用水用户出现无法解释清楚的怪病。由于缺乏相关信息,受害者感觉无法找到真实的责任承担依据,可能更为重要的是,人们没办法保证水务管理部门是否已经开始了成功的污染清除行动。坎福镇事件中的索赔者大张旗鼓地强调侵权行为法要具有惩罚功能的观点,要求得到惩罚性赔偿,但是他们最后还是没有获得成功。[26] 在所有这些案件当中,借用林登(Linden)的著名比喻来说[27],侵权行为法起到了"政府监察官"的角色,要求给出回答并且迫使行为人为其行为找到正当理由。对于那些希望开启公共管理中的黑暗以及无窗(windowless)领域的压力集团(pressure groups)和具有革新精神的律师来说,侵权行为法是一个非常有用的"开罐器"(tin-opener)。但是,这种类型的诉讼放在矫正正义模型里面是非常不和谐的,并且侵权行为法的创造性运用会提出诸多范围广泛的问题。那么,侵权行为法与责任是什

---

* 1988年7月,一家名为西南(South West)的自来水公司将20吨的硫酸铝意外倒进一处已经处理好、即将可以被当作饮用水的贮水池中,结果造成康沃尔郡(Cornwall)坎福镇的居民饮用了被铝严重污染的饮用水。有关单位延误通知大众,也没有及时发现和解决这个意外的源头。镇上居民抱怨水的气味难闻,后来陆续出现各种症状:肠胃不舒服、皮肤出现疹子、关节疼痛、喉咙疼、记忆退化,以及鱼类大量死亡。这次意外污染事件发生后,两个委员会评估各种信息后提出的总结报告说,没有明确的证据可以证明累积的铝浓度已经达到会造成伤害的程度,受影响的居民也没有出现大规模的健康问题。

不过,其他的研究却发现造成伤害性影响的证据,但是其中有些研究仍遭到批评。在意外发生几年后发表的一篇研究报告指出,被当作研究对象的55名当地居民当中,有42人的心理性肌肉运动(psychomotor)表现不佳。其实这项研究的原始设计有问题,并且已经超出设计者的控制范围。这项研究的结论是:"铝中毒可能导致某些坎福镇镇民出现长期性大脑损伤。"——译者注

〔26〕 *AB v. South West Water Services* [1993] 1 ALL ER 609. 此处涉及的法律问题是,公共当局在过失侵权行为中是否应该就索取惩罚性赔偿金承担替代责任:参见 Law Commission, *Aggregated, Exemplary and Restitutionary Damages*, Law Com No. 247 (1997)。但是请参见第131页以下。

〔27〕 A. Linden, "Tort Law as Ombudsman" (1973) 51 *Can. Bar Rev.* 155.

么关系呢？这种责任，是否就如奥利弗所言[28]，必定包含修正因素呢？或者说，我们是否已经屈从于全球化消费者运动所产生的影响，并且接受其观念——"要是没有经济补偿，责任承担就必定是不完整的"——了呢？

有些大规模侵权案件其实跟个人之间的联系不大，倒是各种活动团体因为其政治动机会充分利用这种大规模侵权案件做文章。最为典型的案例是波及全球的烟草诉讼，这种诉讼已经升级为"烟草战争"了，其目的并非是获得赔偿，而是要将烟草行业驱逐出局。[29] 这场斗争的参与者既有公共机构，也有私人机构，其目的不仅针对相关产业部门，而且还有针对政府的，也有针对公共当局以及管制者的，后者好像都对那种损害发展成为现实的局面已经串通好了，或者说至少是已默许这种现状。比方说，英国的麦克蒂尔案（McTear）[30]的结果很明显已经让欧洲的律师们

---

[28] D. Oliver, Government in the United Kingdom: The Search for Accountability, Effectiveness and Citizenship (Milton Keynes: Open University Press, 1991)，其中在第 22—28 页对责任（还强调了我的观点）进行了界定，其定义是"有责任对行为进行说明或解释，并且在适当的时候，还要对后果承担责任，接受责备并且在出现错误时承诺纠正"。换句话说，责任承担即是解释性的，也是修正性的；但是注意一点，那些损害赔偿金并非确定的。

[29] S. Sugarman, "The Smoking War and the Role of Tort"，载 Cane and Stapleton，前引注释[2]。

[30] Margaret McTear v. Imperial Tobacco；最新信息请浏览网站 www.ashscotland.org.uk。

该案原告为玛格丽特·麦克蒂尔夫人（Mrs. Margaret McTear），她代表其亡夫艾尔弗雷德·麦克蒂尔（Alfred McTear）起诉英国帝国烟草公司（Imperial Tobacco Limited）。其丈夫于 1993 年死于肺癌。在诉状中，麦克蒂尔夫人声称从 1964 年到 1992 年，她丈夫都抽的是帝国烟草公司生产的香烟，其诉由是帝国烟草公司在销售其香烟时在很大程度上存在过失，没有进行适当警示，因此要求法庭判处其支付相应的损害赔偿金。法院在 2005 年驳回起诉。主审法官尼莫·史密斯（Nimmo Smith）在其结论中指出，广告与麦克蒂尔开始吸烟的原因无关，"他开始吸烟是因为在社会上人们对它表示接受，而且，大多数年轻人把开始吸烟作为长大成人的一部分"。法院还认为该案在所有问题上都不成立。但是，法官的结论当然仅局限于麦克蒂尔的案件，但他所说的话与许多烟草业人士的普遍言论相同。"我准备接受麦克蒂尔在开始吸烟之后很难丢弃这一习惯，也就是上瘾的事实，"法官在结论的另一部分说，"我不能接受他基于这一原因而无法戒烟。烟草比可卡因更加具有令人上瘾性的论点没有得到证实"。"我认为，在所有关键的时期，特别是到 1964 年为止，英国包括烟民和潜在烟民在内的公众都对与吸烟有关的健康危害非常了解，特别是意识到吸烟有可能导致肺癌。"法官在结论中谈到帝国烟草公司方面是否失职的问题时说，"如果某人获得了一名有正常

翘首以盼,期待已久,其实该诉讼就是期望为以后的诉讼打开缺口。产品责任已经对生产者直接形成压力,但是同时也给雇主们带来了间接压力,因为雇员可以通过诉讼或者诉讼威胁说服雇主将禁止吸烟作为保持工作场所健康及安全的一项措施。其实最终目标的实现还得依靠作为管制者的政府,以欧盟为例,其终极目标则是富有同情心的欧洲委员会。[31]管制性规定反过来会导致人们向生产商发动索赔行动。[32]政府自己可以决定诉讼游戏该怎么玩才好,比方说,美国政府就曾要求烟草企业对一些与烟草有关的医疗费用支出进行一些补偿,这种做法很明显是在通过明确的威慑动机来要求烟草行业改变其行为。[33]政府声称烟草行业在吸烟有危害健康问题上制造阴谋欺骗公众。然而,要是政府的这种断言是真实的,政府不也与其存在共谋关系吗?为什么政府权力机关没有宣布这种危险做法是非法的呢?这种为了政治目的而不断使利用侵权行为的做法对法律制度已经产生了事与愿违的后果,使得侵权行为法的扩张已超越了其原来的逻辑边界。

理智的人在评估采取行动时所要考虑的信息,因而可以作出一种理智的决定,那么,该人士便获得了足够的信息"。

帝国烟草公司从审判法官的结论中获得大量的帮助,从某种意义上说,它取得了某种胜利。麦克蒂尔案件一直悬挂在它头上,在某种意义上,可以说是悬挂在整个烟草公司的头上,尽管该案一直到 2003 年 10 月才送交法庭审理,但帝国烟草公司的应对活动于 1993 年 1 月便已经开始。在此漫长阶段,帝国烟草公司管理层花费了大量时间来应付这场官司,并且其公司股票价格也因此受到影响。——译者注

　　[31] Case C-376-198 *Germany v. European Parliament and Commission* [2000] ECR I-8419,其中烟草公司与德国一起对欧盟就香烟广告进行管制性规定的合法性提出挑战。

　　[32] Case C-319/96 *Brinkmann Tabakfabriken v. Skatteministeriet* [1998] ECR I-5255,其中涉及的赔偿在丹麦被理解为对欧洲委员会税收管制的一种误读。还可参见 CE 28 Feb 1992 *Arizona Tobacco Products* [1992] Rec 78,其中涉及在法国法庭发生的一起赔偿诉讼。

　　[33] *US v. Philip Morris Inc.* 116 F Supp 2d 131(DDC 2000),156 F Supp 2d 1(DDD 2001)。根据美国《反诈骗腐败组织集团犯罪法》(Racketeer Influenced and Corrupt Organization Law)第 1962 段的规定,所涉索赔额度高达 2890 亿美元。目前的情形是,该诉讼已经到了跨国诉讼阶段,涉及国内档案资料的开示;参见 *BAT v. Cowell* (2002) VSCA 197(Victoria);*US v. Philip Morris and BAT (Investments)* 2003 EWCA Civ 3028(UK)。

义务与损害赔偿责任

由于现在所探讨的问题在国际层面上具有相当的重要性,所以我不得不对相关问题进行一些深入思考。1993年罗莎琳·希金斯(Rosalyn Higgins)法官曾经以《责任承担与损害赔偿责任》(Accountability and Liability)为题进行过演讲,我想今天对此题目进行一番新的考察是很有帮助的。[34] 尽管她的讲座题目将损害赔偿责任与责任承担这两种有关联但却非同一的孪生兄弟联系起来了,不过,希金斯实际上集中探讨的是义务(responsibility)。像那些将侵权行为法与道德责任联系起来的法哲学家一样[35],希金斯将国际法表述为一套伦理规则,允许对人类行为进行客观评估,并将其最后结果与深植于法律中的那些道德标准进行权衡。在欧洲法律制度中,损害赔偿责任的伦理因素通常情况下是缘自过错观念。然而,最近国际法已经表明其自身开始放弃过错原则[36],这一立场已经为希金斯女士所谨慎采纳,她探讨了"当前不断涌现的一种趋势——某些种类的义务要承担'严格责任',也就是说,义务是要根据不同情形来判定"。[37] 这就是所谓的国际法的"客观义务"(objective responsibility)。在对这种客观义务进行评估时,行为(act)比行为人的行为(actor's conduct)更重要,或者换句话说,义务是基于结果(outcome),而不是基于起因(input)。在希金斯看来,防止伤害事故发生,是国家的"绝对责任"(absolute duty)[38],"除非违反国际法的行为系必要之

---

[34] R. Higgins, *Problems and Process*, *International Law and How We Use It* (Oxford: Clarendon, 1994),第9章(海牙国际公法讲座系列)。这些讲座是希金斯女士被任命为联合国国际法院(International Court of Justice)法官之前就进行的。

[35] Owen, "Tort as Blame", 26 *George L Rev.* 703 (1992),注释[68]。还可参见 P. Cane, *Responsibility in Law and Morality* (Oxford: Hart Publishing, 2002)。

[36] J. Crawford, *The International Law Commission's Articles on State Responsibility* (Cambridge: Cambridge University Press, 2002),第12页,其中探讨了1996年国际法委员会草案第一部分第一章第一条。

[37] Higgins,前引注释[34],第161页。

[38] 同上注,第164—165页。

举,否则,即使没有过错,违反国际法是要承担责任(responsibility)的"[39]。在私法上,这种状况反映了从过失责任或过错责任到严格责任的变化;在公法上,我们已经模糊了至关重要的合法与非法之分,国家责任也因此成为难题。

希金斯女士将国际法描述成为一种规范系统(normative system)而非规则系统(a system of rules),这一点很重要。[40] 尽管她明确指出国家责任的结果原则上通常是在执行损害赔偿(reparation)功能[41],但是我们应该注意到她对国际法委员会强调救济工具所持的批评态度。[42] 侵权行为法能够通过责任承担来实现其功能,并且对损害提供救济,而传统国际法却不能如此。传统国际法是通过义务以及那种对个体通常不承担经济赔偿的修复方式来实现其功能的。在国际法领域,通常有四种主要的救济方式:恢复原状(restitution in kind),损害补偿(compensation),偿还/返还(satisfaction),以及保证和担保不出现反复(assurance and guara-ntee against repetition)。[43] 此处所谈及的修复是国与国之间可以选择的一种救济方式,而对个体进行金钱赔偿则并非必须予以考虑的救济方式。另一方面,《公民权利和政治权利国际公约》第2(3)款要求,国家当事方应该给个体提供有效的以及可执行的救济,并且在可能设计司法救济手段时给国家当事方规定了明确的义务。1989年,就严重侵犯人权问题向联合国提交的《范·博文报告》(Van Boven Report)当中指出[44]:

对不法行为受害者的补偿,应该是通过消除或者纠正不

---

[39] 同上注,第160页。
[40] 同上注,第1页。
[41] 同上注,第162页,其中引用了the *Chorzow* case (1928) PCIJ Ser A, no.17,第29页。
[42] 同上注,第164—165页。
[43] Crawford,前引注释[36],第7页,其中描述了1996年国际法委员会提出的既得权(acquis)问题。
[44] 1962年,联合国国际法院被授权对"国家在人权保护、裁军、环境保护以及海洋法领域的国际义务之一般规则进行限定"。该报告由范·博文完成,参见T. von. Boven, *Study Concerning the Right to Restitution, Compensation and Rehabilitation for Victims of Gross Violations of Human Rights and Fundamental Freedoms: Final Report*, UN DocE/CN, 4Sub. 2/1993/8, 1993年7月2日,第2页。

法行为的结果以及阻止和威慑违法行为等方式来实现的。这种补偿应该根据不法行为的严重程度以及最终损害来进行比例承担，并且其中应该包括以下方式：恢复原状，损害补偿，复权（rehabilitation），偿还/返还以及担保不再重复不法行为。

这种模棱两可的立场同样反映在罗格朗案（the Lagrand case）[45]当中。在该案中，德国就美国某一州政府在羁押德国公民时没有事先通知德国领事的行为提起诉讼。美国政府稍后致歉并表示会最终采取措施阻止类似事件再次发生，由此可以看出美国政府对于被羁押者的赔偿将不予考虑。目前，国与国之间就对个体造成伤害进行赔偿的规约正在酝酿中，其中可能规定针对受伤害的个体建立一个适当的损害赔偿金支付机制，这种规约与英国 1950 年以及 1969 年制定的《国外赔偿法案》（Foreign Compensation Acts）所建立的机制很接近。尽管如此，在《范·博文报告》中我们可以看到一个时代的终结，以及对私人进行赔偿在国际法中的方向转变。

但是，那种给予个体救济的趋势并非每个人都欢迎。在一次大会上探讨联合国国际法院的建议时，柏林洪堡大学国际法学家克里斯蒂安·图姆夏特（Tomuschat）突出谈到了对抗性反应（backlash）以及"冻结效应"（freezing effect）所存在的严重风险。[46] 就在同一场合，有人援引了一个成功的诉讼个案，该案涉及一位荷兰籍妇女，她向联合国人权委员会就社会保障制度中的歧视问题提出控诉。荷兰政府"根据法庭指令，被迫迅速计算政府应该支付给歧视性法律条款所涉及的所有潜在受害者的费用，得出的结论是这笔补偿款数额巨大"。于是，荷兰政府进行了慎重考虑，并且重新签署了该公约，不过这次它们就歧视性条款提出保留。[47] 国家其实可以采取进一步的报复，比如说为了保护

---

[45] *Lagrand*(*Germany v. US*),2001 年 6 月 27 日的裁决书。

[46] C. Tomuschat, "Individual Reparation Claims in Instances of Grave Violations of Human Rights: The Position under General International Law", in A. Randelzhofer and C. Tomuschat(eds), *State Liability ad the Individual: Reparation in Instances of Grave Violations of Human Rights*(The Hague: Martinus Nijhoff, 1999),第 20—21 页。

[47] Ibid,第 135 页（这一部分内容涉及库伊曼斯博士对该条约签署的阻挠介入）。

本国所秉承的价值观及制度,利用条约保留手段就可以达到目的。到最后,这种情形会对进一步的人权公约形成障碍——实际上,已经明显出现国家严厉抵制条约规定中国际层面上的自动争端解决程序的情形。尽管如此,到目前为止,次要一些的程序问题保留更为常见。这些保留包括:先不考虑国际管辖权合理性方面的问题,转而使其决策更加具有建议性,而非强制性。[48] 有关这两种技巧运用的实例在接下来的两节内容中将会提到。

损害赔偿责任、制裁与欧洲法院

正确理解本标题所涉三者之间关系有助于解释和证明欧洲法院在其具有开创性的弗朗科维奇(Francovich)案裁决中所采取的重大步骤[49],在该案中,要求欧共体成员国对因没有正确执

---

[48] S. Bunn Livingstone, *Juricultural Pluralism vis-à-vis Treaty Law* (Dordrecht: Marinus Nijhoff, 2002),第 297—300 页。

[49] Joined Cases 6, 9/90 *Francovich and Bonafaci v. Italy* [1991] ECR I-5357.

意大利工人弗朗科维奇与伯尼法西(Bonifaci)因其雇主未执行欧共体第 80/987 号指令(该指令要求成员国建立基金以在工人失业时给予补偿,意大利未实施这一指令,这被记录在 C-22/87 *Commission v. Italy* (1989)一案中)而遭受损害。本来意大利完全可以像其他成员国一样创设保证金以保护雇员,但是它没有做到。欧洲法院认为,由于在弗朗科维奇案中涉及的第 80/987 号指令的相关条款并不是绝对无条件的,因此这一指令不具有直接效力(directive effective),不能直接成为个人在内国法院寻求救济的法律依据,它必须通过成员国的立法转化为国内法后方可实施。但是,由于意大利未将这一指令从欧共体法的层面转化为内国法的层面,确实使弗朗科维奇案中的当事人遭到了损失。欧洲法院依据《罗马条约》的基本体系与一般原则,判定意大利应当承担责任。因为,《罗马条约》作为欧共体宪法性质的法律,已经建立了它自身与成员国法律体系相融合的法律框架,成员国有义务去实施它们。当然,这一法律框架的对象不仅仅是成员国,还包括成员国的公民。在早先的 C-26/62 Van Gend en Loos [1963] 案中,欧洲法院强调,成员国必须确保条约上的条款得到完全的实施,以保障它们以任何方式赋予个人的权利。当个人无法由于某个成员国未履行其欧盟法上的责任而受到的侵害寻求救济时,欧共体法律的效力以及欧共体法律对于其授出权利的保护就因此受到了极大的侵害。同时,各成员国在《罗马条约》第 5 条下还承担着一项义务,即"成员国应采取一切适当的措施,无论是一般的还是特殊的,以保证本条约所产生的或共同机构采取行动所造成的义务得到履行,各成员国应当促进共同体各项任务的完成"。如果成员国没按欧共体指令行事,损害了成员国公民的利益,且这种被损害的公民权利是足够具体的、可确定的,并且与此国家违反欧共体指令有直接因果关系,那么欧洲法院就可以判其成员国负有赔偿责任。成员国的这种行为不仅侵害了欧共体法律赋予个人的权利,还违反了它在第 5 条所承担的义务,理所当然应当承担责任。这样,欧洲法院在弗朗科维奇一案中,借助于《罗马条约》第 177 条的初步判决,获得了管辖权,认定其成员国意大利违反了它第 5 条下的义务,从而确立了国家责任原则。——译者注

行欧共体法律所造成的损失承担国家责任。对于这一大胆的或者说莽撞的决定,我们到目前为止都没有找到适当的理论根据来明确支持它。[50] 欧洲法院的意思是,倘若在以下情形中,共同体成员国没有执行共同体指令,那么就可能会承担责任:

(i) 相关指令旨在授予权利给个体者;
(ii) 权利的内容明确规定在指令当中;
(iii) 没有执行指令与因此导致的损害之间存在因果联系。

这个程式化表述完全与希金斯夫人所提出的严格国家责任理念相吻合,并且实际上就是该理念的反映。

此前我曾提出一个更为详细的论点,认为给欧盟成员国强加弗朗科维奇式的责任其实代表了侵权行为法的制裁理论[51],在这种理论当中,损害赔偿责任可以被视为是更加冒昧的强制性或惩罚性救济措施的替代形式,此前这些救济措施尚不能由欧洲法院支配使用。弗朗科维奇案给欧洲法院带来的新工具箱就是,欧洲法院拥有了制裁权。尽管在文献中有提及公民授权(citizen empowerment)之类的措辞[52],但是专家评论人士一致认为:范·格文(von Gerven)[53]指出损害赔偿责任"作为一种制裁手段,在特定共同体规则的框架内意味着它是有效力的",而卡兰塔(Caranta)则对此观点持比较讥讽的态度,他说"所谓有效的司法保护更多的是想要成员国遵守其规定,而保护公民权利只是其次要目标"。[54] 在此期间,在欧洲法院看来,另一种观念则具有潜

---

[50] 大量相关阐述文章在 R. 卡兰塔(R. Caranta)的论文中有具体列明,参见 R. Caranta, "Judicial Protection Against Member States: A New Jus Commune Takes Shape" (1995) 32 *CML Rev.* 703, n. 24。

[51] C. Harlow, "Francovich and the Problem of the Disobedient State" (1996) 2*ELJ* 199,第 203—210 页。

[52] E. Szyszcak, "Making Europe More Relevant to Its Citizens" (1996) 21 *EL Rev.* 35; J. Steiner, "From Direct Effects to *Francovich*: Shifting Means of Enforcement of Community Law" (1993) 18 *EL Rev.* 3.

[53] W. Van Gerven, "Bridging the Gap Between Community and National Laws: Towards a Principle of Homogeneneity in the Field of Legal Remedies?" (1995) 32 *CML Rev.* 679, 694。还可参见 F. Schockweiler, "La responsabilité de l'autorité nationale en cas de violation du droit communautaire" (1992) 28 *RTDE* 27, 42。

[54] Caranta,前引注释[50],第 710 页。

在的参考价值,这个观念就是:个体——或者更常见的情形是私人商业实体、组织——可以被调动起来充当那种"私人警察力量"(private police force),对不法行为进行私人监督,并可以在执行共同体法律当中起到主要作用。在这种毫不留情的背景下,欧洲法院就可以为成员国承担起国家损害赔偿责任铺平道路。

因此,弗朗科维奇案必须被视为欧洲法院对权力的一种主张,或者说对挑衅其权威行为的一种针对性对等行动——当然,它肯定不是在成员国的命令之下才采取前述行动的。尽管如此,在学术界,新的理论一般仍会受到热情欢迎,因为它们会为更大的争论增添活力,从而也会为欧洲侵权行为法的普遍和谐化作出贡献。比方说,范·格文就对弗朗科维奇原则的创新性表示热情支持,因为他认为此举是在与先前为大家所接受的规则——欧共体法律旨在为成员国法庭创设新的救济措施以确保共同体的法律得到遵守,而非仅仅要求它们遵守成员国已经制定的内国法——进行决裂。[55] 他断定,在弗朗科维奇案之后,共同体成员国必须对它们现在提供的救济措施有所放宽。[56] 但是,弗朗科维奇规则真的如范·格文所说的那样"新颖"吗?或者说它是"瀑布效应"的最好范例吗?此前,的确存在一个很容易找到并且让成员国承担损害赔偿责任的先例;该先例体现在共同体法律中所谓的"舍彭施德特公式"(Schöppenstedt formula)[57]之中,该公式适用于共同体因制定与选择经济政策有关的管制或立法措施从而给成员国造成损失时所要承担的损害赔偿责任。在这些背景下,根据舍彭施德特公式,除非在以下情形,欧盟才会承担损害赔偿责任:

(i) 能够证明保护个人的

---

[55] W. V Gerven, "Non-contractual Liability of Member States, Community Institutions and Individuals for Breach of Community Law with a View to a Common Law for Europe" (1994), 1 *Maastricht J of Comp. Law* 6.

[56] Van Gerven,前引注释[53],第693页。

[57] Case 5/71, *Zuckerfabrik Schöppenstedt v. Council* [1971] ECR 975。还可参见相关的进一步讨论,T. C. Hartley, *The Foundations of European Community Law* (4th edn, Oxford: Clarendon, 1998),第465—476页。

"舍彭施德特公式"(Schöppenstedt formula)是指这样一条原则:如果涉及关于经济政策措施的立法行为,共同体并不因其行动导致个人蒙受损失而招致非合同责任,除非对保护个人的更高法律规则发生了极其不能容忍的侵犯。——译者注

(ⅱ) 更高一级的法律规则

(ⅲ) 遭到了严重破坏。

很明显,这个公式是源自案例法而非欧共体条约,它只不过是将我们的探究往前推进了一步。欧共体条约规定欧共体及其所属机构在进行损害赔偿时,应该"根据各成员国法律所共同接受的一般规则"来实施,通过这种规定,欧共体条约特别将共同体的责任与各成员国的法律制度衔接了起来。[58] 这些原则实际上包含哪些内容,它们之间到底有哪些共同之处,从我们所掌握的一些零零散散的证据来看,这两个问题在很大程度上仍旧是猜测性的,确切的答案无从得知。但是,专业评论人士或多或少都赞成一点:不管怎样,所有并且可能是绝大多数成员国的法律制度当中都包含有类似于舍彭施德特式的损害赔偿责任原则。

弗朗科维奇案有可能反映的是那种从德国借鉴来的损害赔偿原则,尽管它跟法国行政法院所采用的类似原则相像。在德国法上,存在几种相关的法律原则[59],它们大多与德国法上的保护规范理论(Schutznormtheorie)相关。根据该理论,因为以下原因给个体造成损失的,应该予以赔偿:

(ⅰ) 严重违反

(ⅱ) 旨在保护个体的

(ⅲ) "更高一级的法律规则"。[60]

---

[58]　TEC Art288(ex 215),第2段。

[59]　其他原则还有"牺牲性侵害"(sacrificial encroachment, Aufopferung)原则以及征用(expropriation, Enteignung)原则。对德国法的一般概览,可参见 W. Rüfner,"Basic Elements of German Law on State Liability",载 J. Bell and A. Bradley(eds), *Governmental Liability: A Comparative Study* (London: UK National Committee of Comparative Law, 1991)。还可参见 W. Van Gerven,"Bridging the Unbridgeable: Community and National Tort Law after Francovich and Brasserie"(1996) 45 *ICQL* 507。

[60]　保护规范理论(Schutznormtheorie)是由 E. 格拉毕兹(E. Grabitz)提出的,参见 E. Grabitz,"Liability for Legislative Acts",in H. Schermers, T. Heukels and P. Mead (eds), Non-contractual Liability of the European Commmunities (Dordrecht: Martinus Nijhoff, 1988),第6页,其意指"除了造成伤害之外,国家只在其违反保护受害者个人之公共权利的法律规范时才承担损害赔偿责任,并且该法律规范还应该不仅仅是总体上保护个体,而且还保护受伤者群体中特定范围内的个体"。In Joined Cases 5 & 7, 13-24/66 *Kampffmeyer v. Commission* [1967] ECR 245,尽管如此,欧洲法院裁定:如果保护是一般性地针对个体的,让其承担损害赔偿责任也是理由很充分的。

60　　　　该原则同舍彭施德特公式相似,值得在我所探讨的主题语境当中进行一番深入反思,因为该原则很明显能将国家赔偿责任与国际人权法衔接了起来。但是,要注意一点,我所要探讨的是损害赔偿问题,而不是损害赔偿责任问题。

　　在法国行政法当中,有一个多少有些类似的损害赔偿原则得到人们认同,该原则是基于"公共负担面前人人平等"(églité devant les charges publiques)。这种平等原则并非法国行政责任的一般原则,其实那个位置是为过错行为预留的。该原则反映了社会团结与集体责任的民族精神特质[61],它为一些例外的情形下的损害赔偿提供了支撑基础。该原则是基于这样一个理念,即公民有权纠正法律适用的不当,而且有权要求公共服务达到他们可接受的标准。当国家没能履行其义务时,那么此时人们一般会认为国家存在过错[62],但是,在某些情形中,要使国家能够表明其行为合法并且适当,该平等原则同样可以援引作为损害赔偿的根据。[63] 后来,案例法试探性地将这种理论拓展到那些大量增加特定个体或者社群中某特定部分负担的立法措施上——这样一来,该原则就有所扩张,并且能够很轻松地囊括整个国家损害赔偿责任制度,但是它从来都没有被许可这么干过。[64] 导入该原则的法国最高行政法院(French Conseil d'Etat)后来因为一些特
61　别"难啃的案件"对其进行了保留,而这些特别难啃的案件是不包含在现存损害赔偿责任原则之内的。此外,法国最高行政法院

---

〔61〕 参见本书"导言"部分所做的相关探讨,注释〔7〕。

〔62〕 通常情况下所引用到的公式化表述有些模棱两可,其表述就是"这种性质的过错行为是要承担责任的"或者说"特征明显的过错行为"(faulte caracterisée):进一步的解释,请参见 D. Fairgrieve, *State Liability in Tort* (Oxford: Oxford University Press, 2002),第 106—122 页。

〔63〕 CE 30 November 1923 *Couitéas* [1923], Rec. 789; M. Long et al., Grands Arrêts *de la.*, *jurisprudence administrative* (10th edn, Paris: Sirey, 1993) No. 45。该原则被认为是脱胎于 1789 年 8 月 26 日《人权宣言》(Declaration of the Rights of Man)中的第 13 条,该条是针对税收问题而言的,参见 Errera, "The Scope and Meaning of No-Fault Liability in French Administrative Law" [1986] *Current Legal Problems* 157。

〔64〕 CE Ass 14 January 1938 *Sté Anonyme des Produits Laitiers "La Fleurette"* [1938] Rec. 25 or note under GA No. 58. 对于法国法中平等原则的发展以及"宪法化"问题,请参见 Gohin, "La responsibilité de l'état en tant que legislateur" [1998] *RIDC* 595。

还采取了严格的控制手段,特别对那些"非正常损失"的赔偿进行了限制。这样一来,在法国,这个理论只适用于一些例外的情形,并且通常被认同为是一种公平的救济措施。[65]

这两种理论的共同之处在于:它们二者在一开始的时候不是损害赔偿责任原则——因为过错责任原则在所有欧洲制度中仍然占据主导地位,但是,它们当中的损害赔偿原则却仅仅只涵括那些特殊情形。作为损害赔偿责任的一般原则,这些理论是非常危险的,因为它们断开了过错、不法性以及责任之间的关键联系。因为它们不是以过错为基础的,它们可以很轻松地扩展到将具有合法性的行政法令及行政行为包涵其中;实际上,这就是为什么创设这些理论以及它们为什么被具体阐释为损害赔偿原则而非损害赔偿责任原则的原因所在。这种区分很重要,我在最后一讲还会涉及,我认为,为了政治权威以及非法律程序,我们应该保持对损害赔偿问题持保留态度的传统。

这些赔偿原则被吸收进共同体的法律制度中之后,其范围已经明显有所扩张,其根本宗旨就是要将损害赔偿责任引入到那些先前不存在损害赔偿责任的情形之中。但是这些原则却有着更广泛的间接影响,它们会以意想不到的方式对成员国国内的法律制度产生影响。因为这些理论已经得到移植,其一致性已经通过排除内部控制手段被淡化。[66] 因此,法国的平等原则可以通过"非正常损失"(abnormal loss)要求来控制;然而,欧共体这个外来入侵者却对此损害赔偿责任标准持怀疑态度。[67] 就弗朗科维奇规则来讲,它已经特别难以同普通法的制度相融合,将该理论放入侵权

---

〔65〕 J-P. Gilli, "La responsibilité de la puissance publique" *D* 1971 chr 125; Debard, "L'égalité des citoyens devant les charges publiques; fondement incertain de la responsabilité administrative" *D* 1987 Chr 158; G. Pelissier, *Le principe d'egalité en droit public* (Paris: 1996).

〔66〕 范·格文对法律被移植到国内法中所产生的影响有研究,参见 Van Gerven, "Bridging the Gap",前引注释〔53〕。

〔67〕 关于欧共体国家损害赔偿责任法律的国内应用,请参见 CE Ass 28 February 1992 *Arizona Tobacco Products* [1992] Rec. 78 and CAA Paris 1 July 1992 *Dangeville* [1992] Rec. 558; CE Ass 30 October 1996 *Dangeville* [1996] Rec. 399. 还可参见 Van Gerven,前引注释〔53〕,第 536—537 页。

行为法当中也很不妥当,因为该理论反对将其列为违反法定义务之列。[68] 然而,在著名的法克特塔梅(Factortame)案[69]中,该术

---

[68] Convey, "State Liability in the UK after *Brasserie du Pêcheur*" (1997) 34 CML Rev. 603; M. Hoskins, "Rebirth of the Innominate Tort?", in J. Beatson and T. Tridimas (eds), *New Directions in European Public Law* (Oxford: Hart Publishing, 1998).

[69] Case C-213/89 *R v. Secretary of State for Transport ex p Factortame* (No 2) [1990] ECR I-2433; *R v. Secretary of State for Transport ex p Factortame* (No 3) [1992] 3 WLR 288.

本案缘起于一些为西班牙人所有的拖网渔船在英国登记并开始与英国渔民争夺英国的捕鱼配额而引发的争议。配额,即根据欧共体的共同渔业政策,以年为单位英国渔船(即在英国登记的渔船)所能打捞的渔业资源的数量。1988年通过的英国《商业海运法案》(The British Merchant Shipping Act 1988)中,体现了英国政府处理与国内渔业问题直接相关事务的意图。该法案规定归外国人所有的船舶不能在英国登记,因此,它们的捕捞所得也不被记入在英国的渔业配额内。在法克特塔梅第一案中,原告主张1988年英国《商业海运法案》侵犯了他在欧共体法上的权利,尤其是为欧共体条约(也即《罗马条约》)第52条所确认的权利。英国高等法院(the Divisional Court)认为1988年法案与欧共体法律是否一致的问题属于《欧共体条约》第177条规定的欧洲法院的管辖范围,在等待欧洲法院的决定期间,应发布一个针对运输大臣的临时禁止法令,命令1988年法案不产生效力。因此,实际上法院的判决暂时中止了法案的执行,类似的情况之前从未发生,而且根据传统的主权原则,这也不属于英国法院的职权范围。

该判决上诉至上议院,上议院的决定如下:(a) 1988年英国商业海运法案应被认为隐含了按照欧洲经济共同体1972年法案第2款第4项进行解释的条款,即:如果一定时期内通过的一个法律条文可以归入1988年法案,那么该条文关于英国渔业船舶登记的规定对于其他欧共体成员国在直接生效的欧共体法律上的权利应没有歧视和区别;(b) 1947年《皇家诉讼程序法案》(The Crown Proceeding Act 1947)第21款明确规定,发布对联合王国政府大臣禁止令的行为不属于法院的法定职权;(c) 根据英国法律,高等法院或其他英国法院无权暂时中止一项议会法律的效力,或延缓该法律的生效。至于上述决定第(b)项和第(c)项,是否违反欧共体法,以及在于等待欧洲法院的决定期间,使被宣称与欧共体法不一致的法律不产生效力是否是法院的权力,这些问题根据《欧共体条约》第177条应由欧洲法院管辖。

欧洲法院就法克特塔梅案作出了如下反应:(a) 成员国的法院应决定一个临时延缓期限,以暂时中止可能与直接生效的欧共体法律条款相冲突的国内法条款的效力;(b) 因此,任何试图阻止发布上述延缓期限命令的国内法律——如:在本案中,《皇家诉讼程序法案》第21款——因与欧共体法律抵触而不予适用。成员国法院在一个尚未涉及欧共体法的案件中,认为发布临时延缓令的唯一障碍来自于某项国内法的规则时,该法院就应不予适用该项法律。随后,由于上述原则的适用,该案被发回上议院重审。由于原告可以出示关于国内法律与欧共体法律不一致的、强有力的而且已经被初步证明的案件,上议院决定:临时延缓令应被发放以阻止运输大臣强迫执行1988年法案中的有关条文(即法克特塔梅第二案)。不久以后,欧洲法院对最初由英国高等法院分院提交的案件作出了裁定,欧洲法院接受了原告的主张,认为英国1988年《商业海运法案》中受到争议的条款与欧共体法律尤其是其中确认的权利相违背。英国高等法院随即发表对于上述裁定效力的声明(法克特塔梅第三案)。随后,对1988年法案进行了适当的修

语被用来描述对直接因为《议会法案》(Act of Parliament)造成的损失所负之损害赔偿责任。这不亚于一种宪法暴行！

我们现在所看到的是一个全球化了的"选择性比较"(selective comparison)过程的变异形式,这种变异形式在阿提耶所描述的国内侵权行为法制度背景中曾有过探讨。[70]借此过程,再通过参照外国法律制度以及外国法庭的实际做法,法庭会被说服,或者说得更严重些,它们会被迫改进其现存的损害赔偿责任制度。但是,必须指出的是,国内法庭对外国法律制度及其法庭实践的理解其实非常不全面。对于实效主义者来说,这样就会不可避免地提出下面这个问题:成员国的损害赔偿责任真的有必要吗？不执行(non-implementation)所带来的诸多问题是否严重到足以确保对国家损害赔偿责任进行核制裁(nuclear sanction)呢？或者说,某些法庭的地位是否是个真实的问题呢？毕竟,损害赔偿是个带有高度强迫性的救济措施,它会对一国宪法产生不

改(即1993年《商业海运(登记)法案》(Merchant Shipping (Registration)))。至此,1988年《商业海运法案》被确认违反欧共体法律。原告根据在弗朗科维奇诉意大利(*Francovic v. Italy*)一案中确立的原则要求损害赔偿金。1996年,欧洲法院在对法克特塔梅第四案的预审裁定中指出:因国内法律对欧共体法律的严重违反而导致的损害,可以以诉讼的方式向成员国政府要求损害赔偿金。若是成员国政府承担支付损害赔偿金责任,成员国国内法律对欧共体法律的违反应是十分严重的,它们必须"明显而严重地超出它所能自由活动的界限"(法克特塔梅第五案)。对于本案,上议院接下来作出了决定:根据已经初步证明的事实,1988年通过的《商业海运法案》以国籍为基础对欧共体国家进行了区别对待,该法案藐视共同体法的一项基本原则,对于要求国家承担支付损害赔偿金的请求成立。

在此案中,欧洲法院强调,当某个成员国为实施某项不具有直接效力的指令,使个人无法直接在成员国法院获得救济时,国家责任可以适用,而当成员国违反了具有直接效力的欧盟基本法律条款,使个人受到损害时,国家责任更可以适用。在此,受赔偿的权利是国家违反了法律条款,致使个人遭受损失的必然结果。所以,根据欧洲法院的观点,个人从国家获得救济,现在可以采取两种方式:(1)对于违反有直接效力的条款,在成员国法院直接提起诉讼要求救济;(2)直接向欧洲法院提起诉讼,要求成员国承担国家责任。同时,法院进一步明确指出,无论国家的任何机构违反欧盟法律而造成了个人的损害,国家责任原则都应当适用。因为作为国际法主体的国家,如果违反了应当承担的国际责任,无论造成责任的行为者是立法机关、司法机关还是行政机关,该国家仍被视为一个整体,由国家对外承担责任。所以,虽然有些损害是由于国家的立法行为造成的,这也不能影响到对个人权利的保护,各成员国必须为其各机关违反欧盟法律的行为向个人负赔偿责任。读者还可参见法克特塔梅案在网络上的专门研究网站,参见www.factortame.com/index.htm。——译者注

[70] P. Atiyah, *The Damages Lottery* (Oxford: Hart Publishing, 1997).

可估量的影响。成员国政府与其组成部分的地方当局之间的关系非常复杂。地方当局通常拥有大量的自治权,这样一来国家就可能很难确保地方当局会遵守规定。即便是对那些规定进行转换变通也需要地方立法机构的合作,并且实施及遵守这些规定通常会让这些国内区域甚或地方当局承担相应义务。因为共同体给那些成员国强加的双重义务(即遵守约定义务和损害赔偿义务)规则把前述关系已经搞得非常不均衡了。[71] 这种做法在一些比较发达的联邦制度中很明显不具有强迫性。比方说,在美国,联邦和州政府当局是不鼓励到法庭上解决其分歧的。[72] 我们也不应该忘记,当涉及国家的时候,损害赔偿责任判决本身会证明它是无法得到执行的。

欧洲委员会的年度报告声称,尽管毫无疑问还存在一些疑难情形未得到处理,但是其规定一直以来都得到了非常好的执行。[73] 共同体条约确定的方案要求欧洲委员会将这些疑难情形挑选出来,其方法很大程度上是求助于外交途径。[74] 现在,自从

---

[71] In Case C-302/97 *Klause Könle v. Republic of Austria* [1999] ECRI-3099,在该案中,有利于奥地利国民的蒂罗尔法律(Tyrolese law)的有效性在程序上遭遇了挑战,所涉蒂罗尔法律与土地注册制度有关。尽管欧洲法院明确坚定支持"共同体法律不要求其成员国在其本国国土上就现有各公共机构之间的权力和义务分配做任何变化",但是成员国仍然不能以无法执行法律作为不承担损害赔偿责任的抗辩。

[72] J. Pfander, "Member State Liability and Constitutional Change in the United States and Europe" (2003) 51 AJCL 237,其中对这两种制度进行了比较,还引用了以下案件 *Seminole Tribe v. Florida* 517 US 44 (1996); *Alden v. Maine* 527 US 706 (1999); *Florida Prepaid v. Postsecondary Education Expense Board v. College Savings Bank* 527 US 627 (1999); 以及 *College Savings Bank v. Florida Prepaid Postsecondary Education Expense Board* 527 US 666 (1999),此案在涉及豁免规则时已探讨过。

[73] 据报道,每年大约有超过 90% 的欧盟指令会发生一些变动,欧盟委员会将这些变动的指令在其法律信息告示中具体记载。2000 年 12 月,欧盟委员会报道说,有 25 个判决暂时不能获得执行,这样一来就使得《欧洲共同体成立条约》第 228 条中所列的 6 个程序受到威胁。但是,也有不赞成这种说法的观点,请参见 C. Harding, "Member State Enforcement of European and Community Measures: The Chimera of Effective Enforcement" (1997) 4 *Maastricht J of Int. and European Law* 5。

[74] F. Snyder, "The Effectiveness of European Community Law: Institutions, Processes, Tools and Techniques" (1993) 56 *MLR* 19。可以比照一下下面两位作者提出的"响应型管制"(responsive regulation),参见 I. Ayres and J. Braitwaite, *Responsive Regulation: Transcending the Regulation Debate* (Oxford: Oxford University Press, 1992)。

引入"惩罚性支出"(penalty payment)程序后,这种让国家承担损害赔偿责任的情形大大减少,该程序在弗朗科维奇案之后得到马斯特里赫特政府间会议(Maastricht IGC)的直接认同。在此次会议上,一种新的权力,也就是对存在疏怠行为的成员国家进行"罚款"的权力被新加入到了《欧洲共同体成立条约》(TEC)第228条之中。[75] 如果《欧洲宪法(草案)》(the Draft European Constitution)得到实施,这种规定将会被提升到一定位置并且系列程序会依次建立起来。[76] 因为希腊没有执行欧洲委员会的《废弃物指令》(EC Waste Directives),其所属地方当局在克里特岛修建了一个处理厂专门用于处理有毒物质及危险品,于是第228条规定的程序首先对希腊进行了适用。欧洲法院裁定希腊违反其义务;但是5年后希腊仍旧没有采取补救措施,欧洲委员会将此事告知欧洲法院,要求欧洲法院对希腊判处缴纳若干罚金,按规定每天判处支付的罚金高达两万欧元。[77] 但是在律师们看来,法律是不会自己执行的;委员会还得通过协商与做说服工作来解决问题,并且他们还得耐心地继续工作。18个月后,在欧洲委员会威胁将停止给希腊争取援助款项之后,希腊方面才开始支付罚金,首笔金额为420万欧元,但是此后有毒废弃物堆放场仍旧还在运营。[78] 欧洲法院裁判的第二起案件涉及西班牙,

---

[75]《欧洲共同体成立条约》第228条的修正案是这样规定的:"如果成员国没有采取必要措施使法院的判决在欧洲委员会所规定的时效期间内得到遵守,欧洲委员会可以将此案交由欧洲法院来处理。欧洲法院进行如此处理时应确定这种情形下相关成员国认为合适时所应支付的一次性总付款项或者说一笔罚金支出。如果欧洲法院发现相关成员国没有遵守判决,则该法院可以对所涉成员国判处支付一次性总付款项或一笔罚金支出。"

[76]《欧洲宪法(草案)》第 VI 部分第 III-265 条复制了《欧洲共同体成立条约》中的第226条。其中的第 VI 部分第 III-267 条对当前《欧洲共同体成立条约》的第228条进行了改进,其中融合了程序中的早期行政阶段以及回避了对"理由充分的意见"之需。第3段回避了对欧洲法院两个独立应用的需求,允许欧洲委员会对其成员国因没有通知委员会本国法律的变化所判处的罚金支出程序进行自由裁量。

[77] Case C-45/91 *Commission v. Greece* [1992] ECR I-2509; Case C-387/97 *Commission v. Greece* [2000] ECR I-5047.

[78] 可进一步参见 M. Theodossiou, "An Analysis of the Recent Response of the Community to Non-compliance with Court of Justice Judgments: Article 228(2) EC" (2002) 27 *EL Rev.* 25。

此次,欧洲法院自己认为要酌情减轻西班牙的责任,因为完全遵照《浴场水指导准则》(Bathing Water Directives)是"很难实现的",并且"要执行起来还涉及非常复杂的工作"。[79] 如果均遵照此标准执行,很有可能好多其他成员国都会因为没有执行该准则而承担责任。

涉及执行欧盟委员会指令时存在的真正问题是这些规定在新的欧盟环境责任体制中都是默示认可的。新的环境责任体制与传统的民事责任模式相去甚远,而且,据一位评论人士说,这种新体制已经转变成保护整体利益的一个载体了[80]:

> 这种体制现在是一种公法体制,在这种体制中,对生物多样性、水资源以及场地污染的损害都应该出于公共利益之考虑而被清除,当然这种体制应该由适格的公共当局来管理。人身伤害以及对健康造成的损害要被排除在那种仅仅对环境造成损害的体制之外。此外,此建议明确指出该指令并不是要"给当事各方就可能造成的任何经济损失都寻求赔偿的权利"。

"长鞭效应"(Whiplash effect)*是律师们经常容易忽视的另一种现象,他们很容易轻视对弗朗科维奇案的一般敌视态度。据说,各成员国法院对弗朗科维奇式责任原则的反应从"犹疑不决

---

[79] Case C-278/01 *Commission v. Spain*(2003年11月25日的判决).

[80] Thornton,"Environmental Liability—a Shrinking Mirage or the Most Realistic Attempt So Far?"[2003] *JPEL* 272,274. 我们不应该推导出个人针对经济以及其他损失提起的诉讼将完全被排除在外,但是被提议的指令也不会包括这种个人诉讼。

* Whiplash effect 也称为 Bullwhip effect,原本是商业营销管理中的一个术语,它是对需求信息扭曲在供应链中传递的一种形象的描述。其基本思想是:当供应链上的各节点企业只根据来自其相邻的下级企业的需求信息进行生产或者供应决策时,需求信息的不真实性会沿着供应链逆流而上,产生逐级放大的现象。当信息达到最源头的供应商时,后者所获得的需求信息和实际消费市场中的顾客需求信息发生了很大的偏差。由于这种需求放大效应的影响,供应方往往维持比需求方更高的库存水平或者说生产准备计划。——译者注

和勉强"到接近"毫无兴趣"的情形均有之。[81] 在意大利,该判决暂时引发了对最高权力理论的争议[82],而弗朗科维奇案以及百事丽(Brasserie)餐厅案的原告,在进行了旷日持久的进一步诉讼后仍然没有得到任何赔偿。从成员国政府的反应来看,存在着非常严重的集体性反对。这些强烈的反应从德国企图限制欧洲法院的管辖范围到英国在马斯特里赫特政府间会议之前提出的那个建议——既要限制国家责任,也要限制欧洲法院判决的溯及效力——最终失败就可以明显看得出来。[83] 尽管欧洲法院最后还是毫发无损地出现了,但是它的两翼已经被涉及成员国司法和国内事务方面的欧盟条约所钳制。[84]

柏林洪堡大学国际法学家图姆夏特教授认为,在欧盟范围内,欧洲法院的决定不必规定 WTO 及 GATT 裁决可以直接执行。不过,他预感到欧盟可能会因此种决定而不得不采取经济崩溃修复行动。[85] 他的观点得到了最近发生的比瑞特(Biret)

---

[81] J. Talberg, "Supranational Influence in EU Enforcement: the ECJ and the Principle of State Liability" (2000) 7 *JEPP* 104,第 116、117 页。必须记住一点,即欧洲法院对欧盟法律中的内容进行建议的权利是受到限制的:在实体诉讼中是胜是败对于成员国法院来说仍旧是个难题。在该文中,英国好像勉强算是个例外,他们非常热心地而且认真负责地将责任原则适用于法克特塔梅(Factortame)案中:*R v. Secretary of State for Transport ex p Factortame* (No. 5) [1999] 3 *WLR* 1062 (Lord Slynn)。

[82] Cas civ sez lavoro 11 October 1995 n. 10617 noted *Danno e Responsibilità* January/February 1996,第 78 页。

[83] Talberg,前引注释[81],第 114—115 页。

[84] TEC Art 68。具体阐述详见 S. Peers, "Who's Judging the Watchmen? The Judicial System of the Area of Freedom and Justice" [2000] *YEL* 237。有意见认为该法庭后来判例法的态度已经变得温顺多了,参见 E. Guild and S. Peers, "Deference or Defiance? The Court of Justice's Jurisdiction in Immigration and Asylum", in E. Guild and C. Harlow (eds), *Implementing Amsterdam, Immigration and Asylum Rights in EC Law* (Oxford: Hart Publishing, 2000),第 274 页。

[85] C. Tomushcat, "Individual Reparation Claims in Instances of Grave Human Rights Violations: the Position under General International Law", in A. Randelzhofer and C. Tomuschat(eds), *State Responsibility and the Individual: Reparation in Instances of Grave Violations of Human Rights* (The Hague: Martinus Nijhoff, 1999),第 9 页。

诉讼案[86]的支持,在该案中害人者最后发现害的是自己。比瑞特公司是一个法国进口商,要求欧共体赔偿其因为遵守欧洲委员会有关禁止荷尔蒙牛肉进口到欧盟的指令所造成的损失,其根据是该指令与 WTO 争端解决机构所作出的裁定相违背。比瑞特公司的这一诉求被欧洲初审法院断然拒绝,其理由是 WTO 协议没有直接效力。后来,比瑞特公司上诉至欧洲法院,但是,总法务官(Advocate General)却希望赔偿责任问题放开,并且基于弗朗科维奇案之先例建议,至少从赔偿宗旨来看,该协议是具有直接

---

[86] Case T-174/01 *Biret International SA v. Council* [2002] ECR II-17; Case C-93/02P *Biret International SA v. Council*, Case C-94/02P *Etablissements Biret et Cie SA v. Council*, Opinion of Alber A-G,2003 年 5 月 15 日;2003 年 9 月 30 日的判决。

　　Biret International 是一家法国肉制品公司,它与其母公司 Etablissement Biret et Cie SA 于 2000 年 6 月向欧洲初审法院(Court of First Instance)提起诉讼,请求判令欧共体应对其未履行 WTO 荷尔蒙牛肉案的裁决承担责任。Biret 公司的诉讼理由主要有两点:首先,它提出自从 1995 年 1 月 1 日 WTO 协定生效以来,欧共体的荷尔蒙体制就与 WTO 协定、尤其是《卫生与植物检疫措施协议》相冲突;其次,Biret 公司还提出,它提起的诉讼应与欧共体传统的否认 WTO 法律直接效力的案例相区别,因为这里的被诉措施是被争端解决机构(DSB)所明确批评的,并且自从欧共体表示将不顾现有的科学研究水平而继续维持该禁止措施时起,该措施就持续性地违反了 WTO 协定。也就是说,原告在本案中请求法院不要理会 WTO 协定的直接效力问题,而单独审查 DSB 裁决的可援引性问题。

　　欧洲初审法院驳回了 Biret 公司请求赔偿损失的主张,表示根据一直以来所牢固确立的判例法,私人不能在欧洲法院依据 WTO 规则提起诉讼,并认为"DSB 于 1998 年 2 月 13 日所作出的关于荷尔蒙牛肉案的决定并不能改变这个结论"。显然,尽管原告主张应该将 WTO 裁决的可援引性问题与 WTO 规则的直接效力问题区别对待,但是初审法院仍然遵循了传统的判例法,认为这两个问题是紧密相关的。该法院强调,WTO 协定的目的是用于调整国家或区域组织之间的经济一体化问题,而不是为了保护私人权利。Biret 公司对初审法院的判决提出了上诉。欧洲法院在总体上驳回了上诉。欧洲法院首先批评了初审法院的错误,认为初审法院不应该将 DSB 裁决的可援引性问题等同于 WTO 协定的直接效力问题,指出"这种逻辑并不足以处理原告的诉讼请求"。欧洲法院还批评了初审法院没有将欧共体禁止牛肉进口的措施置于 WTO 对荷尔蒙牛肉案的裁决的背景下来考察,认为该裁决事实上为欧共体法院审核欧共体法律的合法性提供了空间。在该判决中,欧洲法院出人意料地接受了欧共体法律可能会受到 DSB 裁决制约的观点。然而,他最终以事实依据不充分为理由驳回了 Biret 公司的诉讼请求,因为 Biret 公司在欧共体履行裁决期限届满后并未遭受任何损失。Biret 公司早在 1995 年就停止营业了,而欧共体 15 个月的履行期是到 1999 年 5 月才届满。在欧洲法院看来,如果认可私人有权主张履行期届满前受到的损失,就将使 WTO 赋予败诉方一个合理的履行期限变得没有意义了。正是因为这个原因,欧洲法院才驳回了 Biret 公司的诉讼请求。参见管荣:《欧洲法院 Biret 公司案述评》,载《华东政法学院学报》2005 年第 1 期,第 81—86 页。——译者注

效力的。但是,这个案件结果却成了那种为数不多的、欧洲法院没有接受总法务官建议的案例之一。[87]

由于担心被人指责攻击,欧洲法院近年来开始"重塑其赔偿责任制度的轮廓"。它的这种退缩反应明显可以从其对替代救济措施的特别同情态度——包括对行政赔偿体制不采取过于严格的态度——看出。[88] 之所以会如此,部分是因为在牛奶配额(Milk Quotas Saga)案中的经历很不愉快,该案发生后,欧洲委员会有关重构牛奶补贴制度以及导入新的配额制度宣布无效。[89] 于是就发生了混乱,随即就开启了那道众所周知的诉讼闸门,而且据称因此而引发的大量诉讼案件将会导致欧洲初审法院将疲于应付。这种情形也有可能会导致多次(重复)诉讼经常出现在涉及赔偿责任案件的裁判之中,并且这种情形,尽管想往好处做,但是对于那些必须执行赔偿责任判决的人来说,还是会导致严重的逻辑问题。在牛奶配额案中,那些涉及损害赔偿制度的规定本身就是对自身的一种成功挑战。欧洲法院第一次基于统一费用要约(flat rate offer)授权了该方案,该方案只遵从承诺(acceptance)是可以选择的(optional)规定,这样就使得民众的诉讼权利之门大开。[90] 由此,我们是否可以听到石棉案的遥远

---

〔87〕 尽管存在这个事实情况,载 Case C-352/98, *Laboratoires Pharmaceutiques Bergaderm and Goupil v. Commission* [2002] ECR-I-5291,欧洲法院裁定根据弗朗科维奇案成员国的赔偿责任,以及根据舍彭斯德特公式,欧共体及其机构的赔偿责任要考虑匹配才行。

〔88〕 M. Dougan, "The Francovich Right to Reparation: Reshaping the Contours of Community Remedial Competence" (2000) 6 *European Public Law* 103.

〔89〕 Council Regulations 1078/77 [1977] OJL 131/1 and 865/84 [1984] OJL 90 and 857/84,因为 Case 120/86 *Mulder I* [1988] ECR 2321 以及 Case 170/86 *Von Deetzen* [1988] ECR 2355 而无效。Case C-104/89 *Mulder II* [1992] ECR I-3061,被提及于 T. Heukels (1993) 30 *CML Rev.* 368 以及 W. Van Gervan, (1994) 1 *Maastricht J of Comp. Law* 6,专门谈及了欧共体给予的损害赔偿问题。

〔90〕 载于下列案中: Case T-541/193, *Connaughton v. Council* [1997] ECR II-549; Case T-554/93 *Saint and Murray v. Council and Commission* [1997] ECR II-563; Case T-2094 *Hartmann v. Council and Commission* [1997] ECR II-595,这些案件在Cardwell (1998) 35 CML Rev. 971 中有提及。据卡德维尔(Cardwell)估计,在马尔德 I (Mulder I)之后大约有1.3万名农民申请要求牛奶配额,而实际上则只有589名申请人启动了诉讼程序。

回音呢？

斯特拉斯堡法庭与补偿：
正义抑或非正义？

欧洲人权法院(the European Court of Human Rights)并非是那种因涉及侵犯人权而命令侵犯者进行损害赔偿的普通场所，真正处理此种诉讼的场所是在各成员国自己国家的法院。但是，在两种情形下，欧洲人权法院可以更加直接地介入此类问题。《欧洲人权公约》第13条规定，各成员国当局在遇有侵犯人权之情事时，必须提供有效的救济[91]，然而根据该公约第41条(以前是第50条)之规定，如果成员国方面"只允许进行部分赔偿"，那么欧洲人权法院自己就可以"为受害方提供公正的损害赔偿"。[92]在此两种情形下，则由欧洲人权法院根据缔约国国内法来鉴别该缔约国所提供的损害赔偿是否适当或者充分；换句话说，该条款明确为欧洲人权法院勾画出了一种监督者的角色。此外，《欧洲人权公约》第6(1)款规定，在涉及要对个体民事权利以及义务进行确定之情形时，应该向某一法庭或者审判机构寻求救济。多少有些让人意外的是，该条款原先旨在保护向法庭寻求救济，但是，现在看来其真意旨在尽力成为赔偿责任方面的实体性规则。

当欧洲人权法院根据《欧洲人权法》第41条之规定扩张行使其监督管辖权时，扩张过程的第一阶段就开始了，此时欧洲人权法院扩张行使其监督管辖权的方式是要求缔约国给予受害者以公正损害赔偿，而不是仅仅向缔约国提出一个给予损害赔偿的申请，但是，在最后阶段会涉及对实质性损害的申请。所以我们可以得出以下结论：《欧洲人权公约》第41条没有要求穷尽国内救济，而欧洲人权法院可以自己颁布损害赔偿命令，而不用等待

---

[91] 该条约第13条规定："凡本公约规定的权利和自由受到侵害者均应得到该国当局的有效救济，尽管该侵害行为是由有官方行为能力者行使的。"

[92] 该公约第41条规定："如果欧洲人权法院发现存在违反本公约或协定之情形，如果所设缔约国的国内法只允许给予部分赔偿，在此两种情形下，则欧洲人权法院在必要时应该给予受害方公正的损害赔偿。"

缔约国政府作出损害赔偿决定。[93] 这个裁决旨在使缔约国或者受害人不必向欧洲人权法院提出多重申请。但是，非常有效的是，该条设立了一个原则，即在某些向成员国法庭申请给予损害赔偿之情形下，可以把向欧洲人权法院提出申请视为一种替代措施，这种立场为欧洲人权法院的介入提供了机会，而从最近发生的一些案件来看，欧洲人权法院已经利用了这些机会。在同样的判决中，欧洲人权法院确认了颇为人们熟悉的法律规则（完全恢复原状，restitutio in integrum）为损害赔偿的基本原则。更为重要的是，该判决同时也形成了一个不相关的观点，即"因没有遵守公约而产生赔偿责任问题，此时，无论如何已无区分作为与不作为之余地"。[94] 这种对于不作为的态度不仅与普通法所持的立场存在不同，而且它还将人权的"辐射影响"延伸到了赔偿责任，在私的侵权个体不一定要承担责任之情形下，缔约国有可能对违反人权的行为承担责任。在那些允许用非重要当事人（peripheral party）来替代主要行为者的现代案例中[95]，国家损害赔偿责任的确定可以作为直接适用保护个体人权的人权法律文件的一种替代或者保证，从而给那些人权法律文件造成一种间接的"水平效力"（horizontal effect）。[96]

尽管如此，多年以来欧洲人权法院在损害赔偿方法的规定上限制得很死。因为《欧洲人权公约》中吸收了国际法制度中的某些理念，从而使得欧洲人权法院在损害救济以及赔偿方面开始看开了些。针对违反公约的行为，欧洲人权法院已准备将缔约国可以获得国际法上许可合理使用的所有措施都考虑了进去，这些措施包括：赔礼道歉，惩罚负有责任的个体，采取步骤以防再次发

---

[93]　*De Wilde, Ooms and Versyp v. Belgium*（No.2）(1972) 1 EHRR 438。在这一点上，存在理由极其充分的不同裁判意见，该意见是由费德罗斯法官（Judge Verdross）提出（见第 4 段）的。他认为，"根据欧洲人权法院公约的精神以及一般制度，首先应该允许被指控国家根据其本国的程序来选择是否给予受害方以适当损害赔偿"。

[94]　同上注，第 22 段。

[95]　参见本书第 1 章，注释[45]。

[96]　相关解释参见 Hunt, "The 'Horizontal Effect' of the Human Rights Act"[2002] *PL* 423。

生、恢复原状以及其他形式的公正义务履行方式。相对于标准设定来讲,其重点不太在于使个人可获得的救济手段更加丰富,其优先性明显在于确立、宣传并看到人权标准付诸实施。[97] 欧洲理事会负责对事件进行政治处理,其运行机制的政治特征因为以下事实显得格外突出:最初是由部长理事会或者"相关国家"来决定是否该启动司法程序。[98] 与此相类似,对违反公约行为进行确认的主要机制以及对欧洲人权法院判决的执行,这些事务以前是、现在仍旧是由部长理事会来行使其监督权。[99]

人权委员会(the Commission on Human Rights)在其最初设计的方案中,就为那些看起来很有可能达到其接受标准的案件搭建起了一个"友好解决"的桥梁,这个桥梁很重要。跟成员国国内法标准相比较,该决议有时看起来会可能有些邪门,正如跨国案件丹麦诉土耳其(Demark v. Turkey)[100]案所反映的那样,在该案中,丹麦根据《欧洲人权公约》第3条将土耳其告上欧洲人权法院,因为一丹麦公民在土耳其旅行期间被该国警察拘押并且在拘押期间遭到粗暴对待。双方一致同意的友好解决方式包括对受害个体给予一定通融性的(ex gratia)经济补偿,但是其根据主要是基于欧洲理事会新的警务调查人员培训计划,而土耳其方面是加入了该计划的,并且土耳其和丹麦两国都为此计划捐过钱。两国还一致同意启动一个行动方案,并建立一个"持续的丹麦—土耳其双边警务对话"机制,在该框架机制当中,对酷刑以及粗暴对待行为的申诉在将来都可以提出。在人权委员会完成其使命的时候,对友好解决程序进行监督的责任就转移到了新的欧洲人权法院,其依据是新的《欧洲人权公约》之《第十一协议书》,但是,看起来,该议定书的目的好像不是要使该程序司法化。如

---

〔97〕 K. Reid, *A Practitioner's Guide to the ECHR* (London: Sweet and Maxwell, 1998),第398页。

〔98〕 《第九议定书》对《欧洲人权公约》第32、46条进行了修订,允许申诉人将案件诉至欧洲人权法院,但是现在该规定已被《第十一议定书》代替。

〔99〕 旧《欧洲人权公约》中的第54条,现在的第46(2)款。

〔100〕 Application No.34383/97 *Demark v. Turkey* (2000年4月5日的判决)。

今，欧洲人权法院那位负责监督筹备工作的书记官，也就是已结束其任务的人权委员会的最后一任秘书长，现在成了第一责任人。[101] 这种负责人角色的转换在实践中是否预兆着该程序会被司法化，我们拭目以待。

从历史角度来讲，一旦考虑到给予金钱赔偿，欧洲人权法院就会采取那种"衡平的个案路径"来衡量该如何赔偿。正如前面所指出的那样，一切已经非常清楚，欧洲人权法院正在研究实施完全恢复原状原则，而对于判处惩罚性赔偿金的可能性则坚定地根本不予考虑。[102] 因此，欧洲人权法院专门集中研究个案中的事实，并且通常没有参照明显类似的裁定。此外，该法院好像是在把自己看成那种推介公平损害赔偿的监察官或者调停人，而不是把自己看成那种计算赔偿责任以及损害的法庭机构。根据法国最高行政法院的规则以及平等原则，其管辖权拥有剩余公平管辖权（residual equitable jurisdiction）的特征，并且该管辖权是专为那些例外的或者"反常的"案件所预留的。在英国法律委员会（the English Law Commission）看来，这种做法的效果将会产生"明显不融合的矛盾"。[103]

但是，令人遗憾的奥斯曼（Osman）案[104]发生了，该案对于政府律师来说，在不要挑战不利事实原则这一问题上是一个活生生的实例，此外，该案也使得欧洲人权法院开始启动扩张模式。该案以警察执行职务方面的重大失败为焦点，尽管当时警方对那些

---

〔101〕 最初的程序设计在下面文献中有描述，参见 Kruger and Norgaard, "Reflections Concerning Friendly Settlement under the ECHR", 载 F. Matscher and H. Petzold (eds), *Protecting Human Rights: The European Dimension* (Cologne: C. Heymann. 1988)。参见《第十一议定书》中的新安排，该内容下面文献有提及，参见 A. Mowbray, "Reform of the Control System of the European Convention on Human Rights" [1993] *PL* 419。更加详尽、贴切的阐述参见 A. Mowbray, *Case and Materials on the European Convention on Human Rights* (London: Butterworths, 2001), 第 16—27 页。

〔102〕 *Aksoy v. Turkey* (1996) 23 EHRR 553（遇到酷刑的情形，其损害赔偿金将会达到 324,325 英镑，但是惩罚性赔偿金以及加重赔偿金是不予考虑的）。

〔103〕 Law Commission, *Damages Under The Human Rights Act* 1998. Law Com No 266, Cm 4853(2000), 第 3.5 段。

〔104〕 *Osman v. United Kingdom* (1998) 29 EHRR 245.

涉及学童被一精神失常的老师骚扰的情形进行了最低程度的评估。在该案中,由于受到令人讨厌的老师的不必要关照,阿赫梅特·奥斯曼(Ahmet Osman)被其骚扰达两年之久,在这两年期间,这位老师后来变得情绪越发不稳定,因为有证据显示其行为涉嫌刑事损害活动、暴力行为以及危险驾驶等。后来,该教师找到一位精神病医生帮其看病,该医生建议他请假接受医学治疗,但是最后其请假接受医学治疗的申请被教育管理当局正式驳回,于是他只有继续在该地方工作,不过此时他担任的是代课教师职位。警方已准备好对他提起刑事损害以及危险驾驶指控,但是非常不凑巧却没有抓到他,因为此时他已经离家出走。这件事最终因为一起致命的枪击案露出水面:在这起枪击案中,奥斯曼的父亲被杀,奥斯曼本人则被重伤。对于这起事件,当局并没有将其列为那种警方管理高度称职以及高效的案例,尽管警察介入及其了解的确切事实与程度遭到警方质疑,但是这些警方所掌握的情形全都没有经过刑事审判或民事审判的检验,也没有经过验尸官的质询——这一切都表明其归责机制存在失误之处。[105] 也不凑巧的是,所涉管理当局选择通过法律方式来解决问题,但是他们却没有充分显示出其通常的判断力及人文关怀,没有向被害者进行适当的赔礼道歉以及提供适度的赔偿款项,比方说那种监察官在管理失当造成个体受损时可能会命令支付的赔偿款项。在这种情况下,唯一的选择就是针对精神病医生以及警方的过失对其提起民事诉讼。[106] 但是,这种努力失败了。于是,如何归责再次变得难于确切界定了。因为,侵权行为法已经被证明是一个没有

---

[105] 没有接受质询可以通过下面事实得到解释,涉案教师保罗·帕杰特-刘易斯(Paul Paget-Lewis)后来对两起故意杀人罪供认不讳;对此情形的完整描述,请参见 L. Hoyano, "Policing Flawed Police Investigations: Unravelling the Blanket" (1999) 62 *MLR* 912, 913—915。可能也不凑巧的是,地方行政事务委员会(the Commission for Local Adminstration)以及议会专员(the Parliamentary Commissioner)都没有对警方调查行动进展开调查,并且警务投诉科(the Policy Complaints Authority)对于此类案件拥有管辖权,但是他们却没有权力判处支付损害赔偿款;参见 C Harlow and R. W Rawlings, *Law and Administration* (2nd edn, London: Butterworths, 1997),第417—419页。

[106] *Osman v. Ferguson and another* [1993] 4 All ER 344(CA).

效力的监察官。故而律师们转向通过人权来寻求救济之道。后来,此案在斯特拉斯堡的欧洲人权法院进行了终审,人权法院裁定:不存在实质性违反《欧洲人权公约》第 2 条规定的(生命权)情形。从另一方面看,倒是违反了《欧洲人权公约》第 6(1)款的规定;通过撤销该诉讼,缔约国法院已经剥夺了申诉者的司法听审权。要是推定没有赔偿责任(尽管在某些特定案件中,这种推定在缔约国法院中是有争议的[107]),于是就会有效地转变成"一揽子豁免"警方的赔偿责任。

该裁决在国内层面上引起了学术界以及司法界的广泛抨击[108],他们批评的理由很大程度上是基于欧洲人权法院混淆了寻求法院救济的程序性权利,他们认为其实所有法律问题都可以在国内高等法院以及上诉法院得到充分解决,依据国内法,在过失侵权行为范围之内就可以作出实体性裁定,特别是根据卡帕罗(Caparo)案中针对过失行为所确立的"公正、公平以及合理"标准。[109] 对于这种批评我非常支持,在此我不想再进行赘述。不

---

[107] *Knightley v. Johns* [1982] 1 All ER 301; *Kirkham v. Chief Constable of Manchester* [1989] 2 QB 283; *Swinney v. CC of Northumbia Police Force* [1996] 3 WLR 968。但是还可参见 *Alexandrou v. Oxford* [1993] 4 All ER 328。

[108] 对于司法界所发表的批评意见,参见 Lord Browne-Wilkinson in *Barret v. Enfield LBC* [1993] 3 All ER 193; *Kent v. Griffths* [2002] 2 All ER 474,484(Lord Woolf CJ); Lord Hoffmann, "Human Rights and the House of Lords"(1999) 62 *MLR* 159,164。对于学术界的争论,请参见 P. Craig and D. Fairgrieve, "Barrett, Negligence and Discretionary Powers" [1999] *PL* 626; Murphy, "Children in Need: the Limits of Local Authority Accountability"(2003) 23 *Legal Studies* 103。更加普遍地讲,还可参见 Wright, "Local Authorities, the Duties of Care and the European Convention on Human Rights"(1998) 18 *OJLS* 1。

[109] *Caparo Industries plc v. Dickman* [1990] 1 All ER 568; *Hill v. Chief Constable of W. Yorkshire* [1988] 2 All ER 238。

在 *Caparo Industries plc v. Dickman* 案中,英国上议院将焦点集中在了由欺诈性误述(fraudulent misrepresentation)和经济损失而形成的小心谨慎义务的构成要件上。Caparo 起诉 Fidelity 公司的主管有欺诈性误述的行为,起诉 Fidelity 的审计员在收集和公报审计时没有按照法律规定的内容来进行,从而构成疏忽。1984 年 3 月,Fidelity 的董事会指出其股票价值已经大幅度下降。随后,Caparo 开始购买 Fidelity 的股票,并且从那时以后,董事会向其股东发放审计报告。直到 1984 年 10 月,Caparo 已经拥有 Fidelity 的绝大部分股票。Caparo 声称其在收到审计报告以后的那段时间内所购买的股票是基于审计报告的内容而购买的,而此后证实,这一审计报告是虚假的。

在讨论 Caparo 是否应当有小心谨慎义务来防范此类风险时,布里奇勋爵(Lord

过,我想集中探讨一下欧洲人权法院好像一直在摸索的"(法院)准入"(access)以及"救济"(remedy)这两个概念,而且这两个概念对国家赔偿责任可能有相当影响。

欧洲人权法院的出发点是《欧洲人权公约》第6(1)款,该款规定:

> 在对个体的民事权利及义务作出决定时,或者对个体提起刑事指控作出决定时,每个个体都有权在合理时间内,由依法建立的独立的、公平的审判机构对其进行公正而又公开的审理……

用欧洲人权法院所采用的术语讲,这其中就包含着"寻求法院救济权/起诉权"(right to a Court)。

我们可能很难主张该条款已经被突破,特别是在那种案情已经被更高等级的司法机构全面权衡之后尤其如此,但是,获得一致认可的是,欧洲人权法院在奥斯曼案中却作出了不一致的裁定。欧洲人权法院通过把公共政策豁免绝对化,推理得出成员国法院已经排除适当考虑其他公共利益因素,特别是那些可能会否

Bridge)认为:在过去,强加小心谨慎义务的要件必须包括:(1)对损失的可预见性;(2)双方当事人之间关系的接近性;(3)公正合理性。但是对接近性和可预见性下一个明确的定义是基本上不可能的,只能根据特定案件的特定情况作出特定的解释和适用范围。他更进一步说法律必须"通过对类似已经形成的疏忽的种类进行类推,从而发展出一些新的疏忽的种类"。(law should "develop novel categories of negligence incrementally and by analogy with established categories.")

在经济损失方面,布里奇勋爵认为:"有小心谨慎的义务来防止对其他人或其他财产产生损失是一回事,而有小心谨慎义务来防止对他人造成纯经济损失则是另外一回事。"由于疏忽陈述(negligent statements)所造成的经济损失的构成要件是:(1)原告与被告之间的接近性;(2)被告对该有关特定交易的陈述会传到原告处是知悉的;(3)原告依靠此陈述来决定是否交易的可能性非常大。在对本案的事实进行了分析后,不难发现,虽然作为公众公司(publicly held corporation)账目的审计员对其股东有小心谨慎的义务,但是他们并没有对那些依靠其账目来决定是否购买其股票的普通公众有小心谨慎的义务。这种小心谨慎义务是由国会来强加的,而不是由法院来强加。但是 Roskill 勋爵认为:"很明显,在双方没有正式合同存在的情况下,一个专业人士(a professional man)应当对第三方承担小心谨慎的义务。"奥利弗勋爵(Lord Oliver)补充说,在侵权案件中的小心谨慎原则再也不只依赖于可预见性,同时也要依赖于接近性的存在。尽管如此,他解释说,在一些案件中,尽管接近性是存在的,但是法律不允许被侵权方基于公共政策的愿意享受赔偿。——译者注

定对特定案件事实进行豁免的公共因素。当然,它涉及寻求法院救济权的极大扩张。但是,在早一些的判例当中,欧洲人权法院已经通过推定启动程序权形成了寻求法院救济的"一个方面"从而绕开了前述障碍。用另一番话进行表述就是,要是将民主社会的法治考虑进去,对于"寻求法院救济的程度"不足以"确保个体寻求法院救济权/诉权"的观点,对此,欧洲人权法院仍旧持一种开放的态度。[110]

这种限制性条文应该授权欧洲人权法院检查成员国设置的程序障碍,诸如法定时效期间以及法官确定的时效期间等是否正当或者不相称,我认为这样做才可以接受。[111] 展开对该法律的本旨进行详细审查[112]是另一个很有争议的问题。当然,这只是批评者们站在国内层面上就欧洲人权法院对奥斯曼案作出的裁决所进行的解释而已。对于他们来说,欧洲人权法院的推理已经出现松动,因为《欧洲人权公约》第 6(1)款的已经被转换成了一种程序性权利,这种程序性权利"寄生"于其之前就存在争议的实体性权利之上,从而使得这种程序性权利转变成了对某种实体性诉求所拥有的一种自立权利(free-standing right)。对于这一论点的回应是,"寻求法院救济"不仅仅只要求法院主张不存在所谓的损害赔偿权,而且还要求法院考虑摆在其面前的特定情形,即这一过程会使英国法院运用"启动"程序("striking out" procedure)变得艰难。如果这种推理正确,那么欧洲人权法院对赔偿责任的介入所产生的主要影响将会是(就如同我在上一讲中所提及的那样):洪水般的案件将会纷至沓来,它们都需要法庭裁

---

[110] Osman,前引注释[104],第 147 段,引用了 *Ashingdame v. United Kingdom* (1985) 7 EHRR 528,第 57 段。这个结论得出的路径在下面文献中有详细阐述,参见 C. Gearty, "Unravelling Osman" (2001) 64 *MLR* 159, 166—169。

[111] *Stubbings and others v. United Kingdom* (1996) 23 EHRR 213(在一个涉及对幼童时期的未成年人进行性骚扰的侵权诉讼中对 1980 年《时效法》[Limitation Act of 1980]的适用提出了挑战);*Powell and Rayner v. United Kingdom* (1989) 12 EHRR 287(其中对 1982 年《民用航空法》[Civil Aviation Act of 1982]第 76(1)款的效力提出了质疑,因为该条款实质上禁止了人们就民用航空中的侵扰行为提出索赔请求)。

[112] *James v. Unites Kingdom* (1986) 8EHRR 123(该案检验 1967 年《租赁改革法》[Leasehold Act of 1967]的有效性,创设了长期租赁者可购买租赁物的新权利)。

决,结果会毫无疑问地经常导致达成和解,并且这些和解通常会对原告有利。

在奥斯曼案中,欧洲人权法院没有根据《欧洲人权公约》第13条之规定进行裁决。相反,欧洲人权法院驳斥了英国政府所持的那个论点——裁定其行为违法本身就足够形成一种"合理的赔偿"理由,于是其利用《欧洲人权公约》第41条之规定基于"公平考虑",裁定赔偿支付每位申请者1万英镑,这笔赔偿款,从根本上来讲,完全是作为他们在此案中所遭受的"机会损失"之补偿。[113] 这个结果,从平息这起没完没了的诉讼之利益角度来讲,是正当而又合理的,因为这件案子在法院已经持续了12年。这个裁定结果可以被解读为对那些不屈不挠、将其诉求诉至欧洲人权法院的申诉者的一种鼓励及回报。

后来发生的一个案件——Z诉联合王国(*Z v. United Kingdom*)案[114]——中,受害儿童就地方当局因疏忽没有行使其法定看护儿童的义务而将地方当局起诉,该案通常被欧洲人权法院解读为某种退缩以及类似于赔礼道歉。[115] 对于该案,欧洲人权法院不仅禁止了"启动程序"(因为它受到了先前裁决的威胁),而且明确指出,不负有注意义务之裁定不能被识别为"要么是一种排除规则,要么是对剥夺申诉者寻求法院救济的一种豁免"。但是,这个结论并没有结束论争。欧洲人权法院继续研究发现《欧洲人权公约》第13条已经被突破,因为对于严重违反《欧洲人权公约》第3条之情形是无法提供有效救济的。

我们现在要说的是,该裁定的范围是有限的,因为该案是在1998年《人权法案》公布之前就发生的,而1998年《人权法案》可能会(可能不会)被解读成对侵犯人权行为提供了一种新的以及足够的救济。尽管这是一个严肃的裁定,但是,替代救济措施事实上的确存在,并且受害者事实上也已经根据《刑事伤害补偿计划》(Criminal Injuries Compensation Scheme)中的相关规定得

---

[113] 参见第160—164段。
[114] *Z and others v. Untied Kingdom* (2001) 34 EHRR 97.
[115] C. Geartry, "Osman Unravels" (2002) 65 *MLR* 87.

到了补偿。[116] 对此,欧洲人权法院没有作进一步的阐述,它只是说,只要一种司法救济能够有效提供补偿也就足够了,但是其言外之意不得而知。在其判决书中提到了司法程序的优势所在,因为"司法程序"能够"独立地、非常容易地为受害者、其家庭以及裁定书的执行提供强大保障"。[117] 而且,欧洲人权法院极其强调以金钱补偿(monetary compensation)作为对侵犯个体权利行为进行救济的重要性,但是,那种被侵犯的个体权利都得是基础性的权利,如此处所探讨的生命权,以及禁止酷刑、不人道以及屈辱对待权。并且,根据《欧洲人权公约》第41条所裁定的损害赔偿金,尽管该损害赔偿金再次据说是在公平基础上评估得出的,但是它远非无足轻重,因为这起损害事故被描述成"存在严重虐待以及怠慢行为,时间超过4年之久",三位申诉者总共获得1.12万英镑的金钱损害赔偿款,每个小孩则获得了3.2万英镑的非金钱损害赔偿款——据说这次的数额要比英国政府曾考虑的适当赔偿款要多。就是依据《刑事伤害补偿计划》的赔偿标准,这两笔赔偿款也都高于其已经得到的赔偿款。确切说,《刑事伤害补偿计划》旨在对存在下述情形的案件进行赔偿,这种情形是指从技术角度来讲,国家要确保能代表犯罪行为的受害者一方,以保护受害者的利益。[118] 此外,前述案件的裁决是非常严格的。即便承认根据《欧洲人权公约》第3条规定之情形,不裁决支付损害赔偿金是例外,但是应该牢记一点,即第3条所列之情形通常是指国家是首要行为者。[119] 这种情形还涉及某种不作为;主要的不法侵害者是孩子的父母,而非国家及其官员实施了虐待行为。简而言之,国家对其监督职能负责,并且还要对此番涉嫌严重以及痛苦的情形下没有正当行使其公共职能而承担责任。对

---

[116] *Z and others v. Untied Kingdom*,前引注释[112],第105—111段。

[117] 同上注,第109段。

[118] 奥斯曼判决书的第49段中提到,该委员会已经赔偿1000英镑给Z,3000英镑给A和B,2000英镑给C,以此作为他们在其父母掌控之下所受到的身体和心理伤害的赔偿。还可参见第112—131段,这一部分列出了从量上评价英国政府的观点。对于《刑事伤害补偿计划》的详细了解,请进一步参见第三章,注释[38]。

[119] *Aydin v. Turkey* (1998) 25 EHRR 251.

于国家来说,其责任范围包括从不法行为(misfeasance)到懈怠行为(non-feasance);对于欧洲人权法院来说,其救济方式已经从先前的否定态度急转到当下的积极态度。但是,在欧洲人权法院的判决书上,我们无法确切发现到该法院已经意识到它所采取的积极步骤的严重性,并且,该法院也没有真正想方设法对这些新的积极义务的范围进行限制。

至于在管辖权方面发生的明显变化,有一个颇有争议的加拿大案例值得我们思考,这个案例就是多伊诉多伦多市警察委员会(Doe v. Metropolitan Toronto Board of Commissioners of Police)案。[120] 此案是一个公开的标准案件[121],此标准是以一位遭到身体攻击并且被强奸的妇女的名义所设定的,但是遭到了妇女团体的有力抨击。她们支持就过失行为进行诉讼,声称要不是因为多伦多警方(故意)没有对那个在本市出没的、未被侦破的连续作案强奸犯可能会对年轻妇女构成威胁发出警报,该罪犯每次作案就不会那么轻松得逞。她们还声称警方的行为违反了《加拿大基本权利与自由宪章》(Canadian Charter of Fundamental Rights and Freedoms),她们据此清楚地总结得出警方是在实行"制度歧视"(institutional sexism)。曾经有一段时间,警方和妇女组织就如何对这些强奸案件进行适当回应进行过协作和磋商,但是这些努力已经中止,因为在过去十二年中他们老是在令状问题以及最终决定之间纠缠不清,警方已经很明显拒绝再进行任何谈判。于是,跟奥斯曼案以及Z案一比较,与需要通过政策以及政治解决严重争端有关的多伊案曾尝试采用类似方式解决,但是最后失败了。此举使得下述观点得到支持:多伊案是一个隐性的司法审查诉讼,或者说旨在进行"间接审查"(collateral review),

---

[120] *Doe v. Metropolitan Toronto Board of Commissioners of Police* (1989) 58 DLR (4th)396,此案最后在(1990) 74 OR(2d) 225 (Div Ct.)维持原判。野晁(Hoyano)已就此进行了相关比较,参见前引注释[105],他的论点非常不同。

[121] 参见 M. Randall, "Sex Discrimination, Accountability of Public Authorities and the Public/Private Divide in Tort Law: An Analysis of Doe v. Metropolitan Toronto(Municipality) Board of Commissioners of Police" (2001) 26 *Queen's LJ* 45。

这两种审查应该要么"转化成"适当的管辖权,或者,如果前述努力获得成功,就可以最终进行宣示性的判决。[122] 但是,多少有些令人惊讶的是,审判法官在警方和申诉者之间发现二者存在相当的近似之处,他们都对受害者负有警告危险存在的注意义务,因为他们都明知该受害者属于易受伤害群体之一员。这个特殊的裁定后来得到法院支持,其得到支持的方式是法院最后裁定给予受害者超过 22 万加元的损害赔偿金(总费用支出超过 500 万加元),以示对被告进行惩戒。

在该案诉讼期间,警方发布了一份报告,其中涉及警方不予警示民众的情形。我们以前在探讨侵权行为法的威慑理论时见过这些观点。该报告提出了对防御性警务的恐惧,声称支持申诉人的决定会导致官员们"甘愿当事后诸葛亮,而不愿就他们必须进行的决策做些艰苦的事前调查"。"通过对损害事故提起民事诉讼,对警方进行攻击之门也已成功打开,此举已对过去多年的刑事侦查活动形成挑战。"这样最终会导致警方被迫花费大量的时间和金钱为事前展开的侦查活动进行辩护,而不是将重点放在遏制犯罪上,并且这样做还会导致警方不愿进行"自我批评以及对自己的组织提出一些建设性的批评意见",因为他们担心这样可能会导致他们承担民事责任。[123] 这就是我在上一讲中所提出的"决策陷阱"或者"竞争性压力"(competing pressures)的论点,不过,前述观点是我论点的那种强烈而又颇有争议的讥讽版本。妇女团体所提出的那种情形就是警方此前没有并且现在通常也没有公开地、批评性地进行自我反省。警务工作本来就得向外人保密,并且很明显不受外界批评的影响。从目前的情形来看,来自公众的抗议通常会得不到重视,尽管如此,结果是警方没

---

[122] S. Childs and P. Ceyssens, "*Doe v. Metropolitan Toronto Board of Commissioners of Police* and the Status of Public Oversight of the Police in Canada" (1998) 36 Alberta L Rev. 1000, 其中引述了可以进行对比的其他案件, 如 *Clubb v. Saanich* (District) (1996) 46 LR 4th 253 (Canada) 以及 *R v. Chief Constable of N Wales ex p AB* [1998] 3 WLR 57 (England)。还可以参见 *Hill v. Chief Constable of Yorkshire* [1998] 2 All ER 238。

[123] 一份多伦多警察当局的秘密报告在此诉讼期间出炉,参见 Randall,前引注释[121]。

有能够说服审判人员中的资深人士更正其政策。

　　于是,在法官那里就有了所谓的"决策陷阱"存在了。一方面是传统的戴西式的法治观点,这种观点立论于象征性的威慑功能之上,任何法律制度都不会对此种可耻行为视而不见,特别是公共机关所为的此类行为。法律制度的主旨是矫正正义,还必须为受害者提供救济,对于侵权行为法律制度来说,就是要厘清责任,只有这样才会实现矫正正义。[124] 特别是一旦有侵犯人权的行为牵涉进来的时候,支持这种观点的人会大量增加。对于法官来说,此时他们必须谈及那种拥有宪法地位的权利,很明显这是一件非常尴尬的事,因为跟那些传统侵权诉讼相比,他们能够给予此种被侵犯的宪法性权利提供的救济更少。[125] 当所援用的权利与普通的侵权诉讼发生重叠或者正好印证了普通的侵权诉讼时,就会显得更加尴尬了。[126] 再者,人权记录从本质上来讲具有典型的个人特征。那些授予个体的权利,跟侵权行为法中的权利一样,创造了人们对个性化判断的期待,当被告是国家或者大型公共机构时,这种案情通常会给人留下这样的印象,即个体化的

---

[124] 该观点的阐述一般在下面两个部专著中找到,参见 T. R. S. Allan, *Law, Liberty and Justice*, *The Legal Foundations of British Constitutionalism* (Oxford: Oxford University Press, 1993)以及 *Constitutional Justice*(Oxford: Oxford University Press, 2001)。还可参见 *M v. Home Office* [1993] 3 WLR 433(Lord Woolf)。

[125] 《加拿大基本权利与自由宪章》第 24 节规定:"任何受此宪章保护的权利和自由被侵犯者,或被拒绝者都可以向拥有适当管辖权的法院请求获得救济,只要此法院认为其管辖是适当的、正义的。"在 *R v. McGillivray* (1990) 56 CCC(3d) 304, 306 案中,上述规定得到赖斯(Rice)的支持,他认为宪章规定的损害赔偿金应该跟那些在侵权案件中所裁定得到的赔偿金相似,但是并不必然受其限制。进一步的探讨参见 Pilkington, "Damages as a Remedy for Infringement of the Canadian Charter of Rights and Freedoms" (1984) 62 *Can. Bar Rev.* 517; K. Cooper-Stephenson, "Tort Theory for the Charter Damages Remedy" (1985) 52 *Saakachewan LR* 1; D. Mullan, "Damages for Violation of Constitutional Rights—A False Spring?" (1996) 6 *NJCL* 105。

[126] 就像在 *Simpson v. AG* (Baigent's Case) [1994] 3 NZLR 667 案中那样,此案在下面文章中有深入探讨,参见 M. Taggart, "Tugging on Superman's Cape: Lessons from Experience with the New Zealand Bill of Rights Act 1990" (1998) *PL* 266。著名的美国案件 *Bivens v. Six Unknown Named Agents of Federal Bureau of Narcotics* 403 US 388(1981)当中也引入了"宪法错误"(constitutional wrong)这个概念来概括此情形,即一州公民在联邦法院起诉另一州公民是存在诉讼障碍的,因此想在联邦法院打这种侵权官司是不可行的,尽管案情事实已经足够构成一种侵权行为。

损害赔偿金只有在这种案情中才可以得到。正是因为对潜藏于这种背景下的团体诉求的了解才引发了这个问题。

现在是该就跨国诉讼语境中就有关资源配置的论点重新捡起来并进行再三思考的时候了,那些有关资源配置的观点我在上一讲中点到过。以判例法为背景,我认为其影响几乎将肯定榨干已经稀缺的资源,并且很有可能会使资源配置发生倾斜,偏向于那些最近一些成功的侵权诉讼或国家赔偿责任诉讼中所触及的开支类型及具体类别。[127] 因为那个开创性的国内案例某某(未成年人)诉贝德福德郡案[128],以及欧洲人权法院在奥斯曼案和Z诉英国案中所作出的裁决都涉及儿童,故而我将集中探讨有关儿童方面的政策问题。对这一领域特别关注的更进一步原因是它也是新制定的、独立的《儿童权利公约》(Convention on the Rights of the Child)的主题,该公约是由联合国作为中间人促成的,而其具体政策则是由人权委员会所制定。该主题已成为时下的关注点之一,这个议题在英国布莱尔政府的政治议程中居显赫位置,因为布莱尔政府对这个问题非常同情,这也是其刚刚宣布有意设置一个新的职位——儿童保护问题专员的佐证,设置该职位的目的旨在强化儿童权利保护机制。[129]

在某某(未成年人)诉贝德福德郡案中,上议院放弃了不负责任规则(no-liability rule),此不负责任规则在Z诉英国案中曾遭遇挑战,对于某某(未成年人)诉贝德福德郡中所出现的第二

---

〔127〕 对行政管理者倾向于不考虑法庭不利判决先例中的那种久远经验,参见 G. Richardson and M. Sunkin, "Judicial Review: Questions of Impact"[1996] *PL*79。

〔128〕 *X*[*Minors*] *v. Bedfordshire*, *M v. Newham LBC* [1995] 2 AC 633,这两起诉讼都牵涉到教育管理当局对儿童特定需要所承担的责任,以及根据《儿童保护法案》之规定,地方社会服务管理部门行使其法定权力时所承担的责任。

〔129〕 参见 Ninth Report of the Joint Committee on Human Rights, *The Case for a Children's Commissioner for England*, HL96/ HC 666(2002—2003); *The Government's Response to the Case for a Children's Commissioner for England*, HL 187/HC 1279 (2002—2003); *The Government's Response to the Committee's Ninth Report on the Case for a Children's Commissioner for England. The Government's Response to the Committee's Ninth Report on the Case for a Children's Commissioner for England* HL 13/HC 135(2003—2004)。还可参见 DFES, Green Paper, *Every Child Matters*,2003 年 9 月 8 日,www.dfes.gov.uk/evereychild。

类状况,我们对其进行探讨有一个非常方便的出发点,这个出发点就是与其有些类似的案件——S案(Re S)[130],此案是若干年后由上议院审理的,是时,《人权法案》已经获得通过。此处的争论议题是地方当局没有适当执行儿童看护法令,并且其中心问题是,那种由跨部门工作小组经过思考后付诸实施的现代成文法制度是否与人权法律相谐调,因为这种成文法制度不是由法庭来监督的。[131] 尼科尔斯勋爵在上议院的演讲中谈到,要注意厘清这个问题的具体维度。在引用了政府提供的数据之后,尼科尔斯勋爵指出[132]:

> 在过去六年内,在英格兰以及威尔士由地方当局看护的儿童数量存在稳步上升之势。到目前,根据看护法令已有36400名儿童得到了地方当局提供的住宿,这个数字在1995年是28500,已经增长了27%。此外,地方当局为近2万名处于危困中的儿童提供了住宿。从该法案运行十年来的经验可以看出,对地方当局的帮助需求时有增加,而且有些情形,即便地方当局拥有世界上最良好的愿望,但是,它们要解除儿童父母义务的做法也是无法令人满意的。这种制度的运行其实一直都很差劲。原因很多,其中主要是缺钱、缺少专业熟练能够胜任其职的工作人员以及适当的看护者,另外,愿意收养困难儿童者甚少等。再者,还存在不按看护计划及时安置有难儿童,救援比率让人不满意,以及拖延为有难儿童寻找替代安置处所等情形。

在本段落中潜藏着一个有趣的观点,这个观点跟传统的水闸

---

[130] *Re S, Re W (Children) (Care Order. Implementation Care Plan)* [2002] 2 WLR 720,曾在 J. Herring, "The Human Rights of Children in Care"(2002)118 LQR 234 中有提及。其应用是根据1989年《儿童保护法案》中的第 III、IV 部分的法律规定所作出的,不过,这其中的第 III、IV 部分与1988年《人权法案》存在冲突。

[131] "Review of Child Care Law"(1985年9月)。《儿童保护法案》的实施到1997年才由威廉·尤汀爵士(Sir William Utting)进行审查,政府对其审查的回应于1998年出版,参见 Cm 4105(1998)。具体改善儿童看护法的措施、步骤在尼科尔斯勋爵的判决书中的第27—33段有详尽列举。

[132] 同上注,第29段。

论点相类似,它涉及法院是否有能力成功执行其监督职能的问题。它们也缺钱,缺乏合适的专业熟练人员。比方说,我们通过媒体调查得知由儿童与家事法庭咨询服务处(the Children and Family Court Advisory Service, CAFCAS)运作的指定监护人制度(the guardian ad litem system)每年必须进行的指定监护个案多达3万余起,从而使该机构面临巨大压力,频频受到资源紧缺以及人力缺乏的威胁。到2003年底,尚有500起个案积压有待解决,有些案件是拖延了六周之后才提交法庭,尽管其中有些案件非常紧急。[133] 如果像上议院在S案中所要求的那样,授予法院新的监督职能,那么将会明显对法院可利用的资源形成进一步的压力,会增加新的拖延,甚至是否要求政府提供进一步的财政支持也是必须考虑的。

并且,这还不是最糟糕的消息。2002年,联合国儿童权利委员会(the UN Committee on the Rights of the Child)发布了一个阶段性的报告,其中严厉批评了英国在儿童权利保护方面的不良记录。[134] 其中特地分别提到:"大比例的儿童生活于穷困之中";缺乏"有效率的相互协作消除贫困战略";年轻人无家可归;为避难者提供的住宿条件极差以及大量儿童被禁闭监狱。我们还知道大概有400万儿童生活在贫困中,并且其中有100万人生活在极度贫困之中。3000名年轻人被拘押,其中大约有80%的人两年内再次犯罪。[135] 联合国该委员会还提到由于该公约没有并入到国内法,他们对中央政府协调机制的缺乏表示了关注,并且建议所有部门及总体预算进行分析,包括那些转移的以及没有转移的预算都要进行分析,旨在确定优先办理事项序列以及最大可能地有效配置资源。[136] 该委员会所作出的这种安排甚至比一系

---

[133] *Observer*, 2003年9月21日。几周前,BBC的分析报道就此主题进行了深度披露,参见 *Court Delays Endanger Vulnerable Children*, 2003年7月8日。

[134] CRC/C/15/Add 188.

[135] 这些统计数据是由儿童权利联盟(Children's Rights Alliance)提供,由《卫报》2003年10月9日所引用。

[136] CRC/C/15/Add. 188, Recommendation 11.

列侵权判决书所能做的还要走得更远。但是,一年之后,儿童权利联盟在对其进程进行审查过程中发现:没有证据可以证明情况有所好转。这些令人震惊的统计数字与 Z 诉英国案所做的判决来说形成了鲜明的对比,从中我们觉得有必要对侵权行为法的威慑作用进行评估。

那些有特需教育(special educational needs,SEN)的儿童要求给予他们的赔偿包括他们没有被安排进私立学校学习所遭受的损失,或者事隔多年以后,他们才意识到自己已经丧失了本可以得到的特需教育机会,他们据此提出赔偿,这两种情形背景多少有些相似。从表面上看,总体可以提供的金额非常巨大。布莱尔政府在随后发布的一份《白皮书》中把教育摆在了优先位置[137],保证给特别教育需要项目拨款 3700 万英镑以支持其发展。那些有特需教育的儿童的父母自然很乐意看到这部款项专门用于特需教育的儿童,但是他们通常不希望这笔拨款用于一般性地改善那些特需教育儿童名额不断增加的学校的状况,因为这样通常会造成特别的问题。拨付给管理区域狭小的教育管理当局或者私立学校的经费则小得多,而特需教育拨款很容易被消耗得一干二净,因为那些款项被拿来作为损害赔偿支付给私立学校学费了,并且应当记清楚的是,这种私立学校学费每年要支出 5000 英镑到 5 万英镑不等。可能这就是为什么最近提出的那起诉讼让法庭不要审理那些有关歧视以及暂时排除判处给予损害赔偿的原因所在了。[138]

那么,这些案件传递给我们什么样的信息了呢?是否就意味着社会工作者应该快点行动起来将那些"处于水深火热之中"的儿童好好看护起来呢?但是,这难道不是要对儿童在家庭环境中所受到的照顾水平进行一个完全毫无根据的假设吗? 6 万名儿童现在正处于地方当局的看护之下,其中 90% 的人受到过虐待,

---

[137] Excellence for All Children: Meeting Special Educational Needs (Cmnd) 3785 (1998).

[138] 参见 The Special Educational Needs and Disability Act 2001。可以证明的是,该排除功能存在障碍,因为它会推动人们向法庭诉请损害赔偿。

或者没有得到父母的看管,这个数字自 1994 年以来已经上升了 22%。要是严肃地看待儿童看护问题是否会影响一个人的人生机会,下面一组数字就值得关注:大约有 50% 受到看护的儿童没有获得相应资格证书就辍学了,仅有 4% 的儿童拿到 5 门课程的普通中等教育证书(GCSE)*。还有一些更加骇人听闻的事情呢!爱尔兰政府现在面临一些民众的诉求,这些诉求要就那些受到由天主教堂运营的机构虐待的儿童受害者给予赔偿,其中有些诉求甚至追溯到了 20 世纪 20 年代发生的事情。据说,此案涉及的金额总数超过 72500 万英镑,为此特别组成了一个专门法庭,有一位法官主审这些复杂的诉讼请求,报道称这位法官现在已经完全有些应付不过来了。[139] 令人伤心的是,这仅仅是全球范围内爆发的涉及家庭虐待儿童丑闻的冰山之一角而已。[140] 对于那些行动快一些的社会工作者而言,他们就会面临儿童父母提起诉讼的危险,而且这些儿童父母起诉他们的理由就是他们享有《欧洲人权公约》第 8 条规定的权利被这些社会工作者侵犯了,难道不是这样吗?可以肯定的是,这就是东伯克郡系列案件(the East Berkshire cases)[141]所传递出来的信息,从这些案件的判决书来判

---

* GCSE 的英文全称是 General Certificate of Secondary Education,即"普通中等教育证书",是英国学生完成第一阶段中等教育所参加的主要会考。在英国,学生在十四岁左右时进入 GCSE 课程学习,学制两年。两年的课程结束后,需参加 GCSE 的统一考试,学生的成绩主要取决于考试,只有少数科目是根据学生全年的学习情况进行评估,考试结果分 A + (最高)到 G。在 GCSE 阶段,学生通常用两年时间学习 8—12 门课程,大多数学生都会学习学校规定的必修课,包括英语、数学、设计与技术、语言、自然科学、资讯与通讯技术及体育等;选修课程有艺术与设计、商务、戏剧、经济学、工程学、卫生与社会护理、休闲与旅游、音乐、物理及宗教等。——译者注

[139] 2003 年 10 月 2 日《每日电讯》。

[140] 参见英国案例 Trotman v. N. Yorkhire CC [1999] LGR 584; Lister v. Hesely AHA [2001] 2 WLR 1311。一位在儿童看护所工作的工人最近被撤销了对他提出的虐待儿童的有罪指控,他在案中提出了以下主张:这种有罪指控以及类似指控得到了不适当承诺的担保,这种承诺就是向潜在的证人保证如果他们提出起诉,他们就会得到补偿。历史性虐待申诉团(Historical Abuse Appeal Panel)正在考虑提起一个团体诉讼,现在此类案件正在由一帮初级律师在处理,参见 2004 年 1 月 6 日《泰晤士报》(The Times)。

[141] *JD and others v. East Berkshire Community Health Trust and others* [2003] EWCA Civ 1151,我在第 1 章注释[75]已经充分进行过探讨。

断,这个负载有更多共鸣的信息,数千起已经由家事法庭裁决的那些案件可能还得重新开始审理,因为在这些案件中,根据专家医学证据建议,很多小孩会都被从他们父母身边带走,但是,现在看来这种专家医学证据存在瑕疵。那么,这些信息中哪一个的响声最大呢?应该给予这些受害者什么样的补偿呢?运用有限法律资源的最佳方式是什么呢?这些诉讼所涉金额巨大,并且对政府财政所提出的索赔几乎会没完没了。从理论上讲,这个问题可以由法庭推给政府或由议会来解决,因为他们有权决定如何向纳税人征税。但是,这两个机构现在却面临着可利用策略受限的窘境。

结 论

跨国法庭越来越多,它们正在想方设法巩固其地位,并且期盼在新世界秩序中担当起重要的法律角色。它们希望在涉及国际主义(internationalism)、全球转型以及跨国法庭所能管辖的争端中起到重大作用。它们想通过法律等级制度重新勾勒出新的世界秩序,在这种法律等级制度中,它们的世界性法律规范拥有包罗万象的、普适性的地位。它们希望看到由其制定的法律付诸实施。在它们的法律工具箱里没有强制性救济这个工具,可能会因此看起来会显得有点有所欠缺,但是这个法律工具箱会更有用,因为它不太冒进,其中的制裁权就包含在责任裁定以及判处支付损害赔偿金之中。结果呢,就像我在本讲座中所展示的那样,它们都一直在快速地从"防御性"救济或"否定性"救济转变为"积极性"救济。那些跨国法庭并不满足于标准设定以及颁布那种确定国家强制行为标准的宣示性判决书,它们已经开始对国家主权虎视眈眈,并且对分配正义领域觊觎已久。随着法庭不断被社会的积极干预所控制,"集合性的"以及"分配性的"政治"原则"[142]正在逐渐变得混乱。这样一来,法庭分配给个体用于私人用途的集体物品份额就会开始与由政府以及公共当局为社会整

---

[142] 参见"导言",注释[8]。

体利益所掌控的份额相抵触。

随着法庭不断忙着往它们的法律工具箱中塞进一套套的权力工具,法庭对于救济的态度也在发生转变。禁制令救济是最有效力以及强迫性的救济[143],但是对于跨国法院来说这种情形非常危险,因为它们制定的判决书必须直接下达给主权国家。这种严峻的政治事实得到了部长委员会(the Committee of Ministers)的认同,该委员会已考虑要确保欧洲人权法院的裁定得到尊重并且得到实施。跟强制行法院指示令相比,判处支付损害赔偿金则不太具有威慑力和强迫性,尽管判处支付损害赔偿金仍被认为能够达到制裁以及厘清责任承担之目的。通过使用新的积极救济手段加强积极权利(我在前面就对此种权利进行过界定,这种是指那些给政府强加积极义务,使其对社会上存在的贫困问题进行救济的权利)的理念,这样,我们现在在考察的那些案情就会得到突破性的解决。因此,每个人的生命都应该得到法律的保护——这一训诫要求政府不能"有意"无视生命,而是应该转而承担起"采取适当步骤捍卫生命"的义务。[144] 这个引自欧洲委员会发布的案例牵涉到人们对接种疫苗所作出的不利反应,从该案例我们可以看出,法庭是如何在积极经济和社会权利的旗帜下深度介入到政府决策领域的。国家责任这个工具还可以用来给个体强加一些积极义务,我认为这个工具就是一条出路,并非没有危险。

我的观点与前述观点相左,尽管我的观点不一定靠得住,我认为法院判令进行经济赔偿会强迫国家公开面对集体不公,但是,我们必须树立这种现实主义观点:不遵守法律大多数情况下并不等于故意做坏事。非常典型的情况是,不遵守人权标准或者法庭指令就是一种离经叛道的行为,跟官僚玩忽职守一样,它不

---

[143] P. Schuck, *Suing Government: Citizen Remedies for Official Wrongs* (New Haven, Conn.: Yale University Press, 1983),第150页,其中指出"禁制令"是能够起到特定抑制作用的强力工具,它能够使"官方行为变得更加特定、具有可预测性以及促进其快速转变,这一点是损害救济所无法实现的"。

[144] *X v. United Kingdom*, Application no 7154/75, 14 DR 31 (1978)。该委员会认为有国家控制与监管制度就足够了,参见 D. O'Sullivan, "The Allocation of Scarce Resources and the Right to Life under the ECHR" [1998] *PL* 389。

是存心而为的,但却是固有的。同采取强制性制裁、判处罚金以及判令会完全消耗掉公共服务资源的损害赔偿金以回应前述做法相比,用辅助及说服等政治措施进行回应可能性更大。[145] 诚如图姆夏特所言,只有"在公平氛围中,在那些总体上尊重法律的国家里",损害赔偿制度才会真正得到运用并且发挥效力。即便如此,仍旧会存在严重的"长鞭"风险。因为这一点在所有其他原因当中,在图姆夏特看来,针对个体的统一赔偿制度是不起作用的,因此他倾向于支持传统的集体解决模式。[146] 对于跨国法庭来说,有一些有益的警告性意见认为我们应该在损害赔偿制度的构建上更加谨慎一些、更加自制一些,总而言之,我们要用胡萝卜而不是用大棒来对待它!

---

[145] A. Chayes and A. Chayes, "On Compliance" (1993) 47 *International Organizations* 175.

[146] Tomuschat, 前引注释[46],第 20—21 页。

第三章

行政赔偿:开辟了一个新天地吗?

确定"赔偿"	115
意外事故赔偿	118
赔偿是一种好的管理手段	132
损害、人权以及损害赔偿	136
是否需要一个一般原则?	143

确定"赔偿"

我在前一讲中曾提到,"赔偿"这个词一旦被律师拿来使用就麻烦大了。存在歧义的分配正义理念也是一样麻烦,因为它要么能够在法律与政治学的边界跳来跳去,要么可以准确用于标明它们之间的界限。比方说,特惠补偿(ex gratia compensation)这个术语,就经常用于暗示相关裁定不是由法院作出的。单一的特惠付款(ex gratia payment)通常被用来矫正一些微小的行政过失,或者用来标识某公民遭受的损失特别不正常。[1] 某种"一次性的"损害赔偿裁定可能也是监察官所推荐的方式之一,或者代表某种诉讼的协商性和解。

但是,行政赔偿所覆盖的范围要广泛得多,并且大部分从根本上都是法定的。尽管专门从事侵权损害事务的律师会一下子就想到事故损害赔偿,但是法定损害赔偿计划的主题实际上是非常多样化的。比方说,因公共目的征用个体财产所给予的补偿范围广泛并且已经得到普遍认可。从历史深度来讲,其渊源也许可以挖掘到英国皇室所采用的特惠补偿惯例,但是据说这是基于17世纪英国立法机关的惯常做法,以及美国宪法中所保护的"不许占有、夺取私人财产"原则(the no taking principle)。[2] 到了

---

[1] 对于特惠付款根据的解释,参见 H. Harlow, *Compensation and Government Torts* (London: Sweet and Maxwell, 1982),第117—121页。还可参见 *Maladministration and Redress*, HC 112 (1994/1995)以下。

[2] J. W. Ely Jr, "That Due Satisfaction May be Made: the Fifth Amendment and the Origins of the Compensation Principle" 36 *Am. J of Legal History* 1 (1992); F. Michelman, "Property, Utility and Fairness: Comments on the Ethical Foundations of 'Just Compensation' Law" 80 *Harv. L Rev.* 1165 (1967).

当代社会,对于那些因公共利益而有所牺牲的行为,通过集体责任的形式对其进行补偿已经在规划立法中得到认可,规划立法在对个人财产进行征用方面都制定了相应的法定方案,有时甚至广泛延伸到包括以"规划杂乱"形式出现的损失等领域。[3] 这些法定方案实际上代价昂贵,并且其涉及的金额可能会足以削弱经济的发展。与此类似,在疯牛病(BSE)危机(还有,我在上一讲中所探讨的牛奶配额事件)爆发之后给予农民的补偿支出就达数百万英镑之多,尽管如此,农耕团体对此还是表示极大不满,认为补偿不充分。

短期补偿方案可以用来应对某个危机局面,或者解决特定问题,比方说,无法预料的动物流行病,目前,这种情形还没有通过立法予以规范。例如,补充性赔偿计划必须针对那些因禽蛋以及家禽爆发流行沙门氏菌而受影响的农民,这种情形原则上应该得到既存制定法的救济,不过,通常是在监察官调研完毕,对法定方案是否有意被有关政府部门错误适用进行披露之后才可以确定如何实施具体的法定救济。[4] 这些方案所呈现出的特点可能是,也可能不是法定的,但是,付款的额度通常是得到法定授权的(英国刑事伤害补偿方案[the British Criminal Injuries Compensation Scheme]则非常特别,因为其中提出了所谓的特惠方案,但是,其中涉及的付款额度多寡是一个重要考虑因素,该因素会对在法定基础之上实施该方案产生持续性压力)。国家通常会对私营机构——比方说银行、经纪商、保险商等——经营失败所造成的损失承担责任,尤其特别的是,当国家被公众意见假定为或者视为具有管制功能时更是如此。对于我们这个普遍厌恶风险

---

[3] 例如,可参见 1973 年《土地补偿法案》(the Land Compensation Act)。还可参见就规划杂乱进行救济的适当范围所引发的争论,具体参见"The Channel Tunnel Link and Blight: Investigation of Complaints against the Department of Transport", HC 193 (1994/5)。

[4] *Compensation to Farmers for Slaughtered Poultry*, HC 519(1992/3),引证于 C. Harlow and R. W. Rawlings, *Law and Administration* (2nd edn, London: Butterworth 1997),第 608 页。这起事件现在演变成了对公共机关不法行为进行诉讼的根据了,参见下文注释[21]。

的社会来说,这是一个非常重要的维度,并且我们现在这个存在普遍厌恶风险的社会,正如我在本讲座"导言"部分所认为的那样,发展得非常之快。[5] 这种类型的补偿会点燃"赔偿文化"之火焰,因为那些遭遇接近于案情的受害者或者说处于类似背景的受害者会抗议他们被不公正地排除在该补偿方案之外了。赔偿可能与法律责任关系非常紧密,并且会强迫法庭拓宽法律的界限。赔偿方案可能代表了法律责任的了结,也可能它的制定是针对发动团体诉讼所作出的回应,不过此时的情形稍微有些不同。团体诉讼可能代表了进行索赔政治斗争的一个步骤,使得争端在法律的阴影下通过讨价还价得到解决。要是不承认负有义务,政府通常就会准备给予赔偿,不过有时是在监察官建议之后才进行赔偿的。随着这两种制度互相竞争,赔偿文化通过前述方式地位不断得到提升(作为另一种表述方式,它可以被描述为我在第二讲中所提到的"瀑布效应"的变化形式之一)。

我也不想对赔偿一词的确切定义进行深究,尽管对其进行确切定义有助于辨别不同的类型。我建议根据赔偿所应对的三种不同情形进行区分,它们是:

(i)大规模的、法定的以及正在进行的赔偿方案,诸如土地赔偿或者意外事故赔偿计划;

(ii)小规模的法定赔偿,主要是应对那些临时发生的情形;

(iii)个体化的特惠付款。

但是,凯恩和阿提耶对于赔偿的看法稍微有些不同,认为它包含了三种不同类型的救济。[6] 他们还确认了三种不同类型的赔偿,但是其焦点集中在伤害赔偿方面。因此,它们只针对以下情形才裁定给予赔偿:

(i)作为损失的等价物,就像法定损害赔偿金一样;

(ii)作为损失的替代或者安慰,就像对失去小孩者裁定给予

---

〔5〕 C. Fisher, "The Rise of the Risk of Commonwealth and the Challenge for Administrative Law" [2003] *PL* 455.

〔6〕 P. Cane, *Atiyah's Accidents, Compensation and the Law*(下文我就用凯恩和阿提耶来指代这本书)(6th edn, London: Butterworth, 1999),第402页。

丧葬费用一样;

(iii) 跟其他人在类似情形相比,在受害者从来没有遭遇过的情形。

非常清楚,前述两种类型存在一些重叠,而第三种类型则正好走到了分配正义的边界。这种类型划分反映了前面一讲中所探究的责任与救济之间的微妙区分。并且与我在前面一讲中所谈及的很多人权案件也有关联。

本讲试图探究责任、损害以及损害赔偿之间的纠葛,但是我不一定能够解开它们之间的结。我想说的是,无法清楚区分法律责任语境中的赔偿与处在更广阔分配正义语境中的责任二者之间的关系,对于当今社会中的诉讼热起到了推波助澜的作用。它们之间的关系非常复杂并且很微妙。损害赔偿给不断扩张的侵权行为法不断增压;不断扩张的侵权行为法使得诉讼热潮一浪盖过一浪;二者都会对政治过程产生反作用,从而也使得国家损害赔偿责任压力倍增。

意外事故赔偿

从私法到公法的最完整转换是事故损害赔偿计划(the accident compensation plan)——这一点是专门处理人身伤害事故的律师所不能忽视的! 但是,对于公法律师来说,对行政法领域的关注已经集中到了司法审查行为的稳步上升和加强方面了,因此,他们倾向于忽略这种转换的意义。尽管已经有很多笔墨花费在探讨人为边界争端以及已经有所发展的概念不一致上面[7],但是,行政赔偿的疆土已经很大程度上退让给了私人律师。

在这里,我不准备去探讨如何稽核意外事故赔偿方案,当然我也不会去干这种事,因为我不适合它,这种事情一般都是由学经济的以及统计的人士来完成。但是,不管怎么样,这种拥有重

---

[7] 最近学者就此进行过争论,凯恩将这些论争进行概括著成下文:"Accountability and the Public/Private Distinction", in P. Leyland and N. Bamforth(eds.), *Public Law in a Multi-Layered Constitution* (Oxford: Hart Publishing, 2003)。

大影响的工作对我的思考已经产生影响,并且前人已有述及。[8] 在此,我所希望做的一切就是去简单地考察一下有关意外事故赔偿方面的案件,就像我在前两讲中考察侵权行为法和国家责任时所沿用的方式那样。比方说,近距离细致考察一下以下观点比较合理:意外事故赔偿从本质上讲是比侵权行为法更加公正、更加平等的法律,因为,如果将此观点剥离掉,那么意外事故赔偿制度就没有太多理由来取代侵权制度了。毕竟,普通人还是比较了解侵权行为法的。因为,在他们看来,就应该让不法行为者承担赔偿责任,而且他们认为这种赔偿责任是建立在一套"关涉责任和正义、为人们所熟悉并且直观上非常醒目的观念"基础之上的。[9] 与此类似,意外事故赔偿不利于那些受伤最严重者这样的观点也是值得考虑的。由政府控制的赔偿计划很容易成为削减开支的目标,它会形成持续性的威胁,使得本来的收益比率下降,并且会降低其他重要福利的"安全网络"等级。于是,拥护国家赔偿者不得不站起来大声呼吁社会要团结一致,不过纳税人对他们的这种做法可能不会买账。那么,剥夺那些严重受伤者选择其运气的权利及其主张"法庭彩票"所提供的更高额奖金的权利是一种严重的不正义之举,对此观点我们可能就需要斟酌了[10],我们所看到的这种彩票机会被夸大成了"向法庭寻求救济的根本权利"。这种推理不公正。缩减开支不啻于是在拆行政赔偿制度的台,就跟目前损害赔偿金一路攀升是对侵权行为法表示莫大支持观点一样。支持行政赔偿的情形是由科恩提出来的,他认为,

---

〔8〕 P. S. Atiyah, *Accideats, Compensation and the Law* (London: Weidenfeld and Nicholson, 1970),现在包括凯恩和阿提耶两人的阐述在内,前引注释〔6〕。

〔9〕 A. Ripstein, "Some Recent Obituaries of Tort Law" (1998) 48 *UTLJ* 561, 574。

〔10〕 这个彩票隐喻非常有名,它是由 T. 伊生(T. Ison)提出,参见 T. Ison, *The Forensic Lottery* (London: Staple Press, 1967)。D. Harris et al., *Compensation and Support for Illness and Injury* (Oxford: Clarendon, 1984),书中采用了障碍赛跑的隐喻。对诉讼权进行辩护的阐述,可参见 R. Mahoney, "New Zealand's Accident Compensation Scheme: A Reassessment", 40 AJCL 159, 162(1992)以及 L. Klar, "New Zealand's Accident Compensation Scheme: A Tort Lawyer's Perspective", in F. Steel and S. Rodgers-Magnet (eds), *Issues in Tort Law* (Toronto: Carswell, 1983)。

这样就等于允许对公共资源进行适当管理。[11] 于是就必然有了以下推论:如果必须考虑公共开支缩减,就没有特定的理由说损失应该由领养老金者来承担,或者应该由福利收益的接受者来承担,而不是由事故受害者来承担。当然,可能还有更好的理由来对此进行辩解,但是社会是有权对这些理由进行评估的。

十分遗憾的是,人们一直都没有对行政赔偿方案进行过有深度的实证研究。[12] 尽管如此,我们已经积累了足够的经验,终于弄明白了行政赔偿不是什么万灵圣药。在英国,那场"令人悲伤而又十分遗憾的"接种疫苗损害赔偿经历已经教育我们,政治人士以及立法者的良好意图可能会因为行政人员的怠慢行为以及各畜表现给毁掉。[13] 拖拖拉拉已经成为赔偿方案的典型特征,就像打官司一样,历程漫长,尽管这种拖拖拉拉通常情况下并不多见。再者,尽管因为意外事故赔偿而支出的费用一直都在稳步上升,但是其缩减率(the take-up rate)并不总是高于侵权制度中的缩减率。[14] 而且,赔偿计划不会完全与诉讼相排斥,尽管这种赔偿计划在正常情况下会向某个行政法院提起"轻度"形式的司法审查或者司法解决。[15] 但是,那些跟意外事故赔偿方案有些

---

[11] D. Cohen, "Tort Law and the Crown: Administrative Compensation and the Modern State", in K. Cooper-Stephenson and E. Gibson (eds), *Tort Theory* (York: Captus University Publications, 1993), 第 361 页。

[12] 有大量文献对美国汽车事故赔偿计划进行过实证研究,以下文献有阐述, D. Dewes, D. Duff, and M. Trebicock, *Exploring the Domain of Accident Law*, *Taking the Facts Seriously* (New York: Oxford University Press, 1996),该著作有关交通事故、医疗意外、产品、环境以及工作场所等领域的责任赔偿计划有效性的证据进行了检验。

[13] G. Dworkin, "Compensation and Payments for Vaccine Damage"[1979] *JSWL* 330; C. Harlow and R. W. Rawlings, *Law and Administration* (London: Weidenfeld and Nicolson, 1984),第 398—406 页。

[14] 此观点在下面论文中进行过检验,参见 P. Davis *et al.*, "Compensation for Medical Injury in New Zealand: Does 'No Fault' Increase the Level of Claims Making and Reduce Social and Clinical Selectivity?" (2002) 27 *Health Politics, Policy and Law* 833。

[15] *R v. Criminal Injuries Compensation Board ex p Lain*[1967] 2 QB 864,该案确立了《刑事伤害赔偿方案》,最开始的是一个特惠方案,其中没有规定审查和上诉。从那以后,该方案的具体参数和解释已经通过司法审查检验过很多次了:从 1991—1999 年已有 10 起被审查的案件记录在案。大部分方案的确允许上诉到行政法院,但是并不经常发生。相关申诉还可以向监察官提出。

沾边的情形,也是可以提起侵权诉讼的,因为通过打侵权官司可以获得更高额的损害赔偿金。

在我们国家,在反应停悲剧(thalidomide tragedy)*发生后,作为一种后果,意外事故赔偿中的利益已经获得巨大力量,特别是在公众认为普通法不允许在母体中就存在身体缺陷的儿童得到损害赔偿,因此就会导致那些严重残疾的儿童得不到充分的经济支持。[16] 可能让我们非常吃惊的是,没有国家赔偿计划可以对此进行救济,人身伤害民事责任皮尔逊委员会(the Pearson Commission)也没有根据反应停事件所得出的教训就法律改革提出一些建议,也没有提出一个得到国家资助的意外事故赔偿方案。相反,皮尔逊委员会选择了一个"混合"了过错、无过错以及严格责任于一体的制度[17],其结果是人们广泛认为此举错失了解决意外事故赔偿问题的良机[18](尽管法律执业者可能不这么认为)。有可能是该委员会感觉到了政治气候发生了变化——因为其报告毕竟是在玛格丽特·撒切尔(Margaret Thatcher)第一

---

* 1956 年,在世界历史上,曾发生过这样一出悲剧,前联邦德国医药制造商推出一种名叫"反应停"的新型镇怀剂,顾名思义就是用于停止孕妇早孕反应的药物,可以通过其镇静催眠药效来减轻孕妇女早期的晨吐。然而不幸的是,这种当时颇受孕妇青睐的新药,却导演了一幕幕人间悲剧。由于孕妇们服用了"反应停"这种新药,一时间,在德国,成千上万的婴儿出生后没有胳膊和腿,而是有小小的、无用的、海豹一样的鳍状肢,并且短时间内这种罕见的无肢畸形和短肢畸形婴儿的出生迅速增多。调查表明:生育畸胎的孕妇在妊娠期间都服用过"反应停"。有的孕妇只服过一次就出现畸形胎儿,足可证明此药对胎儿具有强烈的致畸作用。1961 年德国政府即下令,停止生产和销售该药。但是,为时已晚,"反应停"像恶魔般,席卷了整个联邦德国,五千多名婴儿受累。到 1962 年,该药已经在 46 个国家上市,在此期间,全世界约有 1 万多名儿童因"反应停"而致畸,五千多人死亡。在美国,1960 年该药申请被提交到 FDA,但是 FDA 官员弗朗西斯·凯尔西出于安全顾虑不予批准反应停在美国上市。到 1962 年,世界各地发现了成千上万因服用"反应停"导致的畸形婴儿,美国因为没有批准上市而幸免于难。在瑞士等国家,也因该药临床试验的数据不足,拒绝进口,这才避免了一场灾难。——译者注

〔16〕 这是因为(有可能存在争议)普通法不认可未出生儿童拥有提起诉讼的权利。这一点已经体现在 1976 年《先天残疾(民事责任)法案》(the Congenital Disability [Civil Liability] Act)中。

〔17〕 Report of the Royal Commission on Civil Liability for Personal Injuries, Cmnd 7045 (1978)。

〔18〕 比方说,D. Allen, C. Bourne, and J. Holyoak (eds), *Accident Compensation after Pearson* (London: Sweet and Maxwell, 1979)。

次当选之前一年时间内发布的——也有可能该报告被律师们收买,或者像工会组织向皮尔逊委员会提供的证据那样,他们早就被"优厚的解雇金"(golden handshake)观点所动心,而不愿去冒险博取法庭彩票。

这个问题阿提耶曾经有过研究,他有关意外事故赔偿方面的研究在 1970 年就首次出版过[19],其中他强调指出这个问题的本质在于:社会保障制度的不健全。阿提耶还突出探讨了一些涉及损害赔偿计划的问题。他对于他们提出的一些明显不平等情形提出了异议,这些异议如下:需要从来都不是唯一的标准;该制度对疾病的态度不同于对残疾的态度,对残疾的态度不同于对待职业疾病的态度,并且对这两种疾患的态度又与对一般疾病所采取的态度不同等。那些针对特定形式的伤害(诸如接种疫苗伤害或者刑事暴力活动所造成的伤害)的部分赔偿计划和不充分的社会保障收益摆在一起,这样下去会导致进一步的社会不平等。但是,那些部分或者"混合"方案是不经济的,因为,在这些方案中,无过错赔偿与侵权责任摆在一起,允许受害者进行选择。尽管如此,阿提耶还是得出了这样一个结论[20]:

> 因为根据侵权制度,只有相对少数的受伤害者得到了赔偿,假设行政执法成本非常高,那么我们就有必要郑重地拷问一下侵权制度是否物有所值。除了对其进行否定,别无其他的更好回答了。

新西兰是最先全心全意热情拥抱意外事故赔偿制度的普通法国家。《伍德豪斯报告》(the Woodhouse Report)再次抨击侵权制度为"实质意义上的彩票",对该制度进行管理所耗费的成本使该制度更加恶化,因为管理成本基本上占据了总开支的 50%。[21]《伍德豪斯报告》所推荐的无过错事故赔偿方案(ACS)

---

[19] Cane and Atiyah,前引注释[6]。
[20] 同上注,第 415 页。
[21] Report of the Royal Commission of Inquiry into Compensation for Personal Injury in New Zealand (The Woodhouse Report) (1967),第 3 页,引自 Mathieson(1968) 31 MLR 544。

1974年正式启用,最为充分地体现了"从生到死"的社会福利理念[22],并且这个方案得到了一系列制定法的不断完善、实施。[23] 在过去很多年里,意外事故赔偿方案跟一些福利方案存在共通性,都经历了一些经费削减,并且都没有逃脱私有化之痒,至少暂时是这样的[24],但是社会气息已经融入了最近的法律当中,该法律将其最重要的宗旨描述成"旨在增进公共福利,以及巩固代表第一批意外事故赔偿方案的社会契约"。简而言之,意外事故赔偿方案现在已经覆盖了对事故、医疗意外事故、职业病以及刑事伤害等进行赔偿,现在意外事故赔偿方案由新西兰意外事故赔偿局(the Accident Compensation Corporation, ACC)来管理执行,该机构还得到了雇主、雇员、车主以及医疗界的捐赠资助。

这种多来路的财源制度为那些持续不断的反对意见提供了口实,这些反对意见有:国家赔偿是在跟那些私人保险行业抢业务,或者更通常的情形是,国家赔偿是在对私人保险行业进行无根据的补贴。一般的税收基金不需要必然承担那种私人部门免予付款的赔偿计划的所有成本。比方说,驾驶汽车这种活动应该自担成本,同样观点也有必要套用于铁路行业。要是雇主们只是想避开那些有关威慑作用的说法,不用多说,他们应该承担工作中不断增加的事故成本份额。还有一些可行的私有化替代方案

---

〔22〕 B. Lichtenstein, "From Principle to Parsimony: A Critical Analysis of New Zealand's No-Fault Accident Compensation Scheme" (1999) 12 Social Justice Research 99,100,其中把新西兰意外事故赔偿局(ACC)描述成了对"20世纪30年代工党承诺的对利益的文化期待"(cultural expectations of the benefits)的一种实现。

〔23〕 1972年《意外事故赔偿法案》被修改,后来被1992年《意外事故修复与赔偿保险法案》(the Accident Rehabilitation ad Compensation Insurance Act)所代替,在该1992年法案中制定了"使用者付款"方案,后来又被1998年《意外事故保险法》(the Accident Insurance Act)所修改。2000年《意外事故保险修正案以及事故保险(过渡性条款)法案》(the Accident Insurance Amendment and Accident Insurance [Transitional Provisions] Act)从根本上就消除了对私人工作场所进行保险的可能性。

〔24〕 初步计划由保险商来经营该方案,但是不拒绝,因为他们提供的赔偿金经证明没有竞争力,参见 D. Harris, "Accident Compensation in New Zealand: A Comprehensive Insurance System"(1974) 37 *MLR* 461, n. 17。1998年,一个有关私人保险的基本规定启用,但是很快就被拿下。对于经费削减的历史,参见 T. Ison, "Changes to the Accidents Compensation System: An International Perspective"(1993) 23 *VUWLR* 25。

至少应该慎重考虑是否可以适用,诸如保险商的捐献或者通过有抵押担保的税收所筹措的资金,尽管这种革新方式不为财政部门欢迎,但是政治党派已经不断将其列在自己的议事日程上了。对于医疗意外事故来说,病人的捐献可能更可取。毕竟,赔偿计划在这方面与社会保障金或者养老金没有重大差别,不过,目前社会保障金或养老金筹集倒是吸引了更多政治方面的关注。[25] 另一方面,有一种直觉,尽管不一定准确,即雇主所承担的事故成本不成比例,在 20 世纪 90 年代的新西兰,社会上一直都在叫嚣着削减这方面的费用支出。[26]

外界对意外事故赔偿方案存在一种更加严厉的批评,即它对于疾病、残疾以及意外事故伤害的区分非常令人遗憾并且很不公平。像大多数事故赔偿方案一样,这也会造成方案受益人、有权得到与收入挂钩的获利者,以及其他不太走运的社会保障金申请者之间的不平等。[27] 这样一来就削弱了意外事故赔偿已经同侵权行为法的不公正性明显决裂的论点,因为意外事故赔偿毕竟不能如所说的那样消除不公正现象。而且,它们之间的这种区分不可避免会遭遇到人们议论,并且,最后还是会引发诉讼。在这方面,新西兰意外事故赔偿局在启动"案例法代价昂贵的主体制度"来检验权利的界限上,不会与其他的赔偿计划存在不同。[28] 这其实也是在对侵权行为法的观点表示支持。法庭当然想通过求助于修正程序来减轻整个审判程序的成本支出(诸如删除那种支持人权法院的程序)。

侵权行为法倾向于给那些最严重的受害者提供优厚的和解费,而意外事故赔偿则对于那些受伤不太严重比较有利,这一发

---

[25] 对于福利国家的替代以及私有化的替代,在下面的著述中有探讨,参见 N. Barr, *The Welfare State as Piggy Bank: Information, Risk, Uncertainty, and the Role of the State* (Oxford: Oxford University Press, 2001)。

[26] Lichtenstein,前引注释[22],第 104 页。

[27] Cane and Atiyah,前引注释[6],第 403 页。还可参见 J. Stapleton, *Disease and the Compensation Debate* (Oxford: Oxford University Press, 1986)。

[28] Ison,前引注释[24],第 37 页;英国的《刑事伤害赔偿方案》也与此类似,参见前引注释[15]。

现得到了意外事故赔偿方案申请量激增这一事实的佐证。在新西兰,申请量从 1975 年的 10.5 万起到 1996—1997 年的将近 150 万起,有资格得到救济金者增加了 18 倍。这样一来就不可避免会导致人们会对那些欺诈性的请求进行经久不息的指责。[29] 设置各种限制和门槛以减少那些繁琐的请求,这种做法是那些支持侵权的游说者的主要目标,因此这些限制和门槛总是被那些支持侵权的游说者描述为剥夺了他们的法定权利。[30]

强烈反对废除侵权行为法的学者克拉尔(Klar)认为废除该法对社会没有好处。通过进行侵权诉讼,他列举了除了得到赔偿之外尚可得到的六种好处[31]:不法行为者要赔偿;会产生威慑作用;可起到缓和作用,使受害者不太会想到进行报复;个体化,也就是说可以根据根据个体需要定制救济手段;教育公众什么是理性和非理性的行为规范;还有,监管者或者责任承担方面的因素。本系列讲座的主旨当然认为这些好处中有一些是虚空的。但是,我们不能小看那些"直觉上非常引人注目的"观念的影响,因为这些观念会使得那些根深蒂固的侵权行为法神话变得异常难以从人们头脑里清除干净。

实际上,恢复适用侵权行为法一直被意外事故赔偿方案作为解决问题的一个目标;并且,在"敦促从身体上和经济上使每一个成年公民所受到的损害都得到恢复"时,伍德豪斯报告强调要重视社会的既得利益。[32] 尽管如此,但是据称工作场所意外事故在意外事故赔偿方案启动以后仍不断增加,原因在于缺乏以过错为基础的侵权责任。这就引发了一个问题:被严重刑罚所强化的替代性管制安全结构(regulatory safety structure)的效率(再次据称),在法庭以及雇主方面看来是"显著性多于实质性,教育性多

---

[29] Lichtenstein,前引注释[22],第 104 页。
[30] Mahoney,前引注释[10],第 162—163 页,其中采用了两种观点为恢复侵权行为法进行辩护。
[31] L. Klar, "New Zealand's Accident Compensation Scheme: A Tort Lawyer's Perspective",载 Steel 和 Rodgers-Magnet 的著述,前引注释[10],第 42 页。
[32] Woodhouse Report,前引注释[21],第 20 页。

于强制性,指导性多于救济性"。[33] 当前立法的目的是既要加强恢复意外事故赔偿局的地位,也要强化其预防义务,如今,回归其原来的状况已成为首要任务。在此还必须指出的是威慑效应的暗示明显超越了侵权行为法的发展经历[34],也明显超越了管制方面的标准文献[35],这一点让人非常难以置信。对于这种观点,杰弗里·帕尔默爵士(Sir Geoffrey Palmer)肯定会进行强烈抨击,因为他是意外事故赔偿方案的主要支持者,他对该方案的提出负有主要责任。帕尔默既反对市场驱动安全动机因素对意外事故发生率所产生的潜在影响,也反对主张该方案已经造成"严重的、尚处于发展阶段的道德危机问题"。[36] 那么,是否能够用同一制度将意外事故赔偿的功能及意外事故赔偿的管制功能融合在一起呢?这是一个不同而且可能是更有争议的问题。[37]

据说行政赔偿所依赖的理论根基非常不牢靠,并且相对于 ACS 这样的大规模意外事故赔偿方案来说,显得有些无足轻重,因为像这样规模的赔偿方案很少不通过诉讼途径得到贯彻执行,因为法庭诉讼为方案的公之于众以及专门讨论提供了保障。假如是工薪阶层对经济作出了贡献,那么整个社会福利事业以及整

---

〔33〕 A. Lewis, "No-fault Liability—Twenty Years' Experience in New Zealand" (1996) 15 *Medicine and Law* 425, 427.

〔34〕 可以参见 Dewes, Duff, and Trebilcock,前引注释〔12〕,他们得出结论认为(前言,第 v 页):"侵权制度的威慑特征看起来对于汽车意外事故影响最强,对于环境有关的意外事故则影响最弱。该制度的激励效应在在医疗以及与产品有关的意外事故中情况比较复杂,使得纯粹福利判断存在问题;在工作场所事故中,工人损害赔偿(worker's compensation)好像比侵权制度具有更强的威慑效应,尽管如此,侵权制度的确具有或者可能具有这种威慑功能,如果它在这种语境中能够得到恢复适用的话。"

〔35〕 此外,还有 R. Baildwin, *Rules and Government* (Oxford: Clarendon, 1995); I. Ayres and J. Braitwaite, *Responsive Regulation: Transcending the Regulation Debate* (Oxford: Oxford University Press, 1992); R. Baldwin and M. Cave, *Understanding Regulation, Theory, Strategy and Practice* (Oxford: Oxford University Press, 1979).

〔36〕 G. Palmer, "New Zealand's Accident Compensation Scheme" (1994) *UTLJ* 223, 254。该作者系前任工党首相,他长期都支持意外事故赔偿方案,参见 G. Palmer, *Compensation for Incapacity: A Study of Law and Social Change in New Zealand and Australia* (Wellington: Oxford University Press, 1979).

〔37〕 A. Clayton, "Some Reflections on Woodhouse and the ACC Legacy" (2003) 34 *VUWLR* 449.

个社会的团结一致就足以支撑一个吸收了工人赔偿的计划。与此相似,为了使医疗意外事故得到无过错赔偿方案支持变得合情合理,其行政效率到时肯定会得到广泛接受,因为这种无过错的赔偿计划会为已经负担过重的公共医疗服务减轻压力,并且还能够减轻公共卫生工作人员的负担。在其他情况下,国家赔偿就不太容易被正当化,并且可能会被认为是"免费保险":意外事故赔偿方案就一直非常有规律地被用来保护粗心大意的雇主以及马虎轻率的驾驶员;而刑事伤害赔偿则也经常被攻击为"是为罪犯所制定的免费保险方案"。[38]

在英国,当人们第一次就"为刑事暴力的受害者做点事情"的念头进行思考的时候,很多时间都耗在纠缠如何设定这种新型国家义务的理论正当性上。那种认为基于得不到安全才确定一种法定义务的观点是不可思议的。切斯特主教(the Bishop of Chester)曾在上议院郑重其事地谈及"人们之间的彼此相邻关系为彼此照顾对方的福利强加了义务"[39]——这种意见无疑会让阿特金勋爵大为快慰。内务部的某个工作小组报告中曾经得出了下面这个苍白无力的结论:没有找到可以论证国家赔偿具有正当性的宪法原则或社会原则;但是,能在注重实际的基础上前进是件可喜可贺的事。在该报告中曾指出"国家'同样'没有为刑事暴力的受害者做些什么。对此主张,有一个论点可以对这种缺陷之处进行补充,不过这个论点主要是基于对无故受害者的恻隐之心,但是却缺乏任何应尽义务来减轻这些受害者所遭受的苦难"。[40] 现在,我们应该毫无疑问地通过安全理念为刑事伤害赔偿找到理论支持。但是,事实上,当交通事故受害者被谨慎排除在外并且让他们通过保险得到救济之时,除了借助为受害者方面进行游说之人士的力量及热心之外,有什么理由可以为犯罪暴力

---

〔38〕 P. Duff, "The Measure of Criminal Injuries Compensation: Political Pragmatism or Dog's Dinner?" (1998) 8 *OJLS* 105,106。还可参见 A. Ashworth, "Punishment and Compensation: Victims, Offenders and the State" (1986) 6 *OJLS* 86。

〔39〕 HL Debs vol 245, col 268.

〔40〕 Compensation for Victims of Violence, Cmnd 1406(1961),第 17—18 段。

的受害者得到国家赔偿进行辩护呢?

在新西兰,有关意外事故赔偿所引发的热议跟刑事伤害赔偿在英国发生的激烈争论一样。很自然的是,刑事伤害赔偿方案(CICS)的特惠基础一直都是律师们抱怨的焦点所在,尽管实际上该方案已经作出了很多让步,比方说,对刑事伤害所给予的补偿款已经双倍于原来的损害赔偿金,并且已经有律师任职该赔偿裁判委员会。1995 年,由原来能够反映人身伤害赔偿金的方案过渡到用带状费率方案来反映前述人身伤害赔偿金成为当时的一个特别目标,不过,后一方案后来广泛地被律师们描绘为在剥夺受害公民的权利,尽管律师们的观点不一定公正。刑事伤害赔偿方案也是人们广泛适用的对象,引用其进行权利主张的案件一直都在稳步上升,并且大部分付出的赔偿款原则上都参照了侵权法中的损害赔偿金标准。1964 年,该方案启动运行,总费用支出是 33430 英镑,到了 1992—1993 年度,这个数字跳到了 10900 万英镑。后来(保守党)政府在 1995 年《刑事伤害赔偿方案》中启用了“带状费率”图表。经过修改后的方案为大多数严重伤害者设定的伤害赔偿标准金的方案最高赔偿额度为 50 万英镑,并且还设定了一个最低门槛,其目的就是要将一些小额的索赔挡在门外。即便这样一个颇为大度的赔偿方案,对于那些为受害者游
102 说的人士来说,它仍然是不能接受的〔41〕,不过,一直都没有诉讼来检验两种赔偿之间的具体差额到底有多大。〔42〕争论一直在继续,就是得不出确定的结果,对侵权制度的好恶很大程度上是一个理念的问题——或者说,是对既得利益的看法问题,而这一点不应该被低估。

---

〔41〕 因此,现在刑事受害者信托(the Victims of Crime Trust)正在用霍利·韦尔斯(Holly Wells)以及杰西卡·查普曼(Jessica Chapman)被杀害这个悲剧案情作为提高目前的死亡抚慰金费率 11000 英镑的理由,对于这个数额,他们认为是“微不足道的”,并且还跟民事法律救济的相应费用进行了不利的(以及不确切的)比较,参见 2004 年 2 月 1 日《泰晤士报》。

〔42〕 如在 *W and D v. Meah* [1986] 1All ER 935 案中,其中有 6750 英镑是作为性侵犯的损害赔偿金,10250 英镑是作为强奸损害赔偿金,这两个数额与刑事损害赔偿方案仅仅赔偿 3000 英镑形成鲜明的对比。

现在,新西兰式的意外事故赔偿方案,尽管在公平或效率方面存在优越性,但是它尚不能算做一个行政规定(political runner)。民间对局部方案进行改革的呼吁之声此起彼伏,特别是对医疗意外事故领域赔偿方案的改革呼吁之声不断高涨。现在,英国国家审计部(National Audit Office, NAO)以及政府账目委员会(Public Accounts Committee)已经开始启动改革,它们主要关注的是对国民健康服务体系(NHS)中临床医疗过失的索赔费用开支。[43] 他们正在对于该程序进行一种所谓的"性价比"(Value-for-Money)审计,通过这种审计揭示出在过去七年中,上报的索赔案例已经上升了七倍之多。[44] 截至 2000 年 3 月,未解决索赔的费用据估计大致在 2600 亿左右,并且可能再需 1300 亿来解决那些没有上报的索赔——这个数额绝对没有代表所有尚未得到解决的临床医疗过失索赔的总数,因为针对一般执业医师提出的索赔以及缘于私人部分的索赔都排除在这个统计数字之外。国家审计部的报告还披露,从提出索赔到争议解决所花费的平均时间是 5.5 年,这个数字还不包括诉讼时间;只有 24% 得到法律服务委员会(Legal Service Commission)资助的索赔取得成功;在 65% 标的达到 5 万英镑的已解决案例中,解决索赔所付出的法律成本及其他成本明显超过了裁定的损害赔偿金。这样看来,在这方面行政赔偿方案运作良好的可能性不大。

英国卫生部对这些结果的反应是公开出版了一份是否选择进行改革的咨询意见书。[45] 现在正在组建一个专门委员会对临床医疗事故索赔及其争端解决方式进行考察研究。该委员会有

---

〔43〕 National Audit Office(NAO), "Handling Clinical Negligence Claims in England" HC 403 (2000/1)。还可参见 Lord Woolf, Access to Justice, *Report to the Lord Chancellor on the Civil Justice System in England and Wales* (London: Lord Chancellor's Department, 1996)。

〔44〕 从 1999 年到 2000 年,国民健康服务体系就接受了 1 万起新的索赔,其中 9600 起彻底解决,截止到 2000 年 3 月 31 日,总共有大约 2.3 万起索赔没有解决。参见 NAO 报告,前引注释〔43〕,"实施要领"部分。

〔45〕 Department of Health, "Clinical Negligence: What Are the Issues and Options for Reform?" 2003 年 7 月 29 日,此文件可以在该部的网站上获得,参见 www.doh.gov.uk。

大量需要提交审议的事项:一方面,他们通过改善国民健康服务体系投诉处理机制来缓和因索赔而产生的投诉,他们认为很多原告更关注的是给他们作出解释以及赔礼道歉,而不是赔偿。另一方面,他们得到政府授权,对选择无过错赔偿以及可能的"针对特定伤害,确定固定税率"方案进行深入研究。[46] 据说,该机构正在考虑那些可以用作先例的模型,而且也在考虑出台一个针对人身伤害诉讼的概括性结论。

一份最近的国家审计部报告已经对国防部(Ministry of Defence)的索赔情况进行了考察。[47] 这份报告披露了 2002 年至 2003 年之间,国防部给军人以及因过失而受到伤害的妇女的赔偿金额达到 1 亿英镑。这表明,在过去十多年时间里,赔偿金额增加了 4 倍。还有一些索赔额度高达"数百万英镑之多",其中包括颇有争议的"海湾战争老兵"提出的索赔,并且他们主要提出的是团体诉讼,而此案目前还在进行中。还有一些诉讼是由现役军人提出的,主要起因于他们在伊拉克战争期间所装备的设施不当。另有一些索赔请求是伊拉克平民提出的,据说这还是他们第一次接收到这种索赔。因此,国家审计部大胆建议直接将判例法、和解以及赔偿联系起来,而最近人身伤害赔偿金的数额急剧上升,司法机关因此受到的指责也是激增。[48] 审计非常有价值,它可以提供一些实证的材料来证明赔偿的成本到底有多高。但是,其主要宗旨是作为一种管理工具。有时,它可以制造一些令人吃惊的或者意料不到的信息,就像那个涉及国防部的报告。偶尔,就像国防部报告那样,会激起更大范围的热议。不过,医疗意外事故是个特别的领域,在这个领域,无过错赔偿已经摆在该日程上好多年了;但是,绝对无法搞清楚的是,在国防部机构当中,

---

[46] 见第 10、11 段。

[47] National Audit Office, "Ministry of Defence: Compensation Claims" HC 957 (2002—2003).

[48] 在 *Heil v. Rankin* [2002] 2 WLR 1173 当中,紧随法律委员会的报告 "Report on Damages for Personal Injury: Non-Pecuniary Loss", Law Com No 257(1999)之后,上诉法院采取了一个特别的形式并且允许主要保险商的介入,从而使得损害赔偿金高涨。还可参见 *Wells v. Wells* [1999] 1 AC 345。

类似深刻的反省是否真有帮助。一些团体索赔请求,诸如海湾战争老兵们提起的索赔请求,目前正在考虑之中,并且已经计算在了统计预测当中。这些情形有可能会为赔偿工作而展开的、范围更广泛的调查质询打下基础,并且非常有利于讨论国家责任问题进行讨论以及对赔偿问题的一般原则进行探索。

有可能,国家审计部(NAO)另一个关注领域应当是警察机关。我们知道警察机关已经在解决威胁性诉讼方面付出了巨资,比方说,在2001年到2002年光和解费用一项就花掉了市政警察局77.6万英镑。法庭裁定的总赔偿金达125万英镑这个事实也被列举出来了[49],这个事实就意味着是损害赔偿责任的安排出了问题,而不是赔偿出了问题。但是,这基本上就是我们所知道的全部总数。在这些迫切的问题当中,需要得到答案的问题有:警察当局作出的哪一种裁定包含了意外交通事故?哪些是和解以及和解是怎样处理的?哪些款项代表了惩罚性赔偿金?即便有的话,那么在1998年上诉法院颁布了新的以及更加严格的指南后我们看到了哪些变化呢?[50]总而言之,这些不明确的、令人失望的数字所存在的问题,跟警察部队一样分散、不集中,并且,它与对行政赔偿的需要联系不大,跟厘清责任承担的联系则更没有关联。公众从来都没有认为警务投诉制度完全让人满意,并且无论如何,这种制度没有制定赔偿规定,这个预谋的不作为非常令人讨厌。[51]对那些和解解决的案件进行详细的具体分类至少有助于消除人们对于使用那些非正式的、具有磋商性的程序来解决投诉以及掩盖严重的不当行为的担忧。通过和解方式结

---

[49] 《市政警察服务年度报告》(Annual Reports of the Metropolitan Police Service) 包含有很多数字,但是下面这些数字很难解释清楚:2001—2002年的平均数19告诉我们,比方说,索赔从1995—1996年的1500件降到了2001—2002年的596件,1995年法庭裁判费用支出为125万英镑,在和解诉讼中的费用支出为776万英镑。另有485万英镑是用在了"威胁性诉讼"上了。

[50] Thompson v. Commissioner of Metropolitan Police[1998] QB 498.

[51] 对于警务投诉制度的大概了解,可参考 Harlow and Rawling,前引注释[4],第414—421页。R. Clayton and H. Tomlinson, *Civil Actions against the Police* (3rd edn, London, Sweet and Maxwell, 2003),其中针对警方作为(或不作为)可以得到的救济进行了全面描述。

案,特别是通过和解方式解决那些涉及公共秩序的案件时,和解通常被疑为是"收买非法行为"的方式。

通过散弹枪射击方式来应对意外事故赔偿明显存在一些不利之处,但是也有一些有利之处,至少其代价不会太高。活动以及服务还可以成为深度研究的对象,并且可以对其进行周全的思考,不过,只有政策制定者才会真正去实现它。人身伤害案件可以考虑将财产及经济损失问题分开探讨。毕竟,已经出现某种端倪,不过我们还是希望看到各种损害赔偿能够联系起来并且关系更加紧密,就像过失责任原则在民法中那样产生作用,能够将责任的各个部分联系起来,并且将免责部分排除掉。

赔偿是一种好的管理手段

良好管理原则得到了现代公共服务机构的遵守,是非常人道的并且很有针对性,这些原则当中通常情况下包括某种形式的赔偿原则。这种赔偿原则,如同我们前面指出的那样,既可以处理个体案件,也可以作为应对危机或者其他特定问题的短期解决路径。十年前,行政事务议会委员(Parliamentary Commissioner for Administration, PCA)组织中的特别委员会先是由威廉·里德爵士(Sir William Reid)筹建的,后来由行政事务议会委员指导,该特别委员会曾表示,它对各行政部门及机构所提供的大多数救济不充分状况很不满意,它们这些机构不愿意承认自身有过错,拒绝确认并大方地赔偿那些不当行政行为的受害者。[52] 它们对那种特惠赔偿的无计划管理方式也表示出不满,并且要求进行"主题咨询"。后来,行政事务议会委员组织[53]对这种不满进行了回应。于是,一系列令人震惊的赔偿方案曝光,这些赔偿方案从规模,到范围,到制定法渊源,以及其他特惠赔偿方案等,不一而足,很多赔偿方案以前完全都没有公开过;还有一些非常规实例以及实际做法的巨

---

〔52〕 Third Report of the Select Committee on the PCA, HC 345 (1993—1994).

〔53〕 Parliamentary Commissioner for Administration, Maladministration and Redress, HC 112 (1994—1995).

大差别简直是五花八门,其中也都有披露。有鉴于此,行政事务议会委员组织对《财政部指南》(Treasury Guideline)进行了抵制,认为其"经常不能进行充分指导",并且它的建议也是"过时的、有局限性的并且是教条化的",故此,行政事务议会委员组织认为对于所有因不当行政行为所造成的"异常艰难"情形都应该进行赔偿。该专门委员会准备提出要大大方方地使用纳税人的钱,要求实行完全恢复原状原则,因为只有"采取这种原则才会使那些因为不当行政行为而受到伤害的个体能重新恢复到他/她刚开始一切正常时所处的状态"[54]。类似观点记载在了前述《指南》当中,后来由地方行政事务委员会(Commission for Local Administration,CLA)公开发布[55],其中也明确指出因为不当行政行为受到影响者应该"重新恢复到他/她刚开始一切正常时所处的状态"。

此外,行政事务议会委员组织还呼吁,它所称的"烦扰补偿款"(botheration payment)应该通常用于那些存在严重不当行政行为的情形,这些严重的不当行政行为涉及那些存在极端粗蛮以及恶意的不当行政行为,或者那些引发格外恐慌及苦痛的不当行政行为。在这方面有一个特别恶名昭著的案例,在这个案例中,儿童支持机构(Child Support Agency,CSA)将一份生活费用咨询表错送到了某个公民那里,导致该公民异常焦虑,并且致其婚姻生活出现不和谐。这种局面持续长达11周之久,在此期间,儿童支持机构既没有赔礼道歉,也没有纠正其错误。在行政事务议会委员组织看来,这种情况下赔礼道歉不足以为诽谤之词提供充分的救济,它认为经济赔偿更加合适一些。[56] "烦扰补偿款"这个术语非常贴切地表达了那种对他人人格尊严进行冒犯的念头,从而迅速成为非常流行的人权价值观念。[57] 奥古斯(Ogus)曾

---

〔54〕 同上。
〔55〕 Commission for Local Administration, "Guidance on Good Practice: 6. Remedies",该报告可以在地方行政事务委员会的网站上获取,参见 www.lgo.org.uk。
〔56〕 Case No C. 31/94, HC 135(1995—1996),第 13、14 页。
〔57〕 Feldman, "Human Dignity as a Legal Value" [1992] *PL* 682。还可参见《欧洲基本人权宪章》(the European Charter of Fundamental Rights), Final [2000] OJ C 364-1 (2000 年 12 月 18 日)。

经表达过类似的观念,他提出了"道德腐化成本"(demoralization costs)的概念,这种成本应该由国家来承担,以反映"那些个人自治被广泛侵犯了的个体心中所积压的怨恨及其愤怒的程度"。[58] "烦扰补偿款"可能有助于解决法律委员会一直未愈的心病,法律委员会的这个心病就是人们对于不断加剧的损害赔偿金问题七嘴八舌,意见不绝于耳,于是该委员会希望将"精神痛苦赔偿(金)"[59]这个没有限制的开放性概念取代掉,因为这个概念的确已经制造了够多的"烦扰"了。

行政事务议会委员组织经办的一个案件特别有意思,该案可以同侵权诉讼进行直接比较。[60] 在行使其管制义务过程中,交通部(Department of Transportation)及其下属机构水上安全局(Marine Safety Agency)曾错误地认证某渔船具有适航性能。原告(该渔船的买家)的估价方在没有进行进一步的调查时就接受了该裁定,结果导致原告从卖主那里以极高价格购得此船。经过调查之后,行政事务议会委员组织作出如下结论:交通部控制的认证制度存在问题,已经构成不当行政行为,结果导致对本案买方不公平。这一点非常有意思,因为在以前的诉讼中,上诉法院曾多少有一些不情愿地对注意义务的存在作出了不利裁决。[61] 行政事务议会委员组织准备在上诉法庭的基础上进一步深入,建

---

[58] A. Ogus, "Do We Have a General Theory of Compensation?" [1984] *Current Legal Problem* 29, 37.

[59] Law Commission, "Aggravated, Exemplary and Restitutionary Damages", Law Com No 247 (1997),第 2.39—2.42 段。

[60] Case C557/98, First Report of the PCA, HC 20 (2001—2002),进一步的探讨,参见 P. Giddings, "Regulator, Contract and Ombudsmen"(该文是提交给欧洲公共行政小组[European Group of Public Administration, EPGA]的一份为公开出版论文,里斯本,2003 年 9 月),我此处参考了他的观点。

[61] *Reeman v. Department of Transport and Others* [1997] 2 Lloyds Rep 648。法庭基于 *Marc Rich and Co v. Bishop Rock Marine Co Ltd* [1995] 3 WLR 227 作出了裁定,该案涉及一个自我管制型安全机构。可能更恰当的先例是 *Smith v. Eric Bush, Harris v. Wyre Forest District Council* [1995] 1 AC 831,在该案中测量员对一间具有"适中价值"的房产的买主被判负有注意义务,法庭的理由是该测量员知道人们信赖他的测量。然而,该案因为接近程度(proximity)问题而败诉:前任房主曾对房子进行过检测,而当时的检测者对他负有义务。

议给予实质性的赔偿。经过一番协商之后,损失赔偿款非常之高,达到 75 万英镑,这笔款项是作为对已搁浅船只的损失以及船主营业损失的补偿。针对这种情形,行政事务议会委员组织以银行收费、最终恢复原告的房屋所有权、交出他们的养老金投资以及保险单来还清债务、咨询费以及因失败的过失侵权诉讼所导致的法律成本等形式,来增加附加经济损失。只要参照一下"一些例外情形"以及由于不当行政行为导致的痛苦和精神创伤程度,则所有前面谈及的损害赔偿项目都可以被认为是合理的。

可以确信的是,这种慷慨的行为肯定会产生一个问题:这些损失是否真的"反常"? 而另一个问题可能是,行政事务议会委员组织中的巴克利先生是否会游离于其前任(威廉·里德爵士)所提出的指南之外呢? 一个更加妥当并且专业的路径可能会要求对基本的收益—损失项目进行解释,以反映出渔民在商业投资活动中可以接受的、通常的风险程度,但是要记住一点,该船在财产登记表写的是"价值适中",而其所有者所采用的手段也是适度的。要是允许赔偿原则太过于转向完全恢复原状原则,那么,可能会因此而引发国家责任进一步严重升级。

在我国,监察官制度的主要目标不是处理团体投诉,实际上它只是偶尔才会去处理这种团体案件,并且多数时候是应政府的要求才介入的。有一个特例就是臭名远播的巴洛·克洛斯金融诈骗案,在该案中,投资者在欺骗性财经顾问破产之后损失了大笔钱财。[62] 此后政府组织了一次公开质询,就贸易部(Department of Trade)的行为进行调查,因为贸易部拥有监督职能,它在这方面明显失察,并且发现其实施过不当行政行为。但是,政府还是顽固地坚持对受害者的损失不予赔偿。此案后来被一群愤怒的选区国会议员捅到了行政事务议会委员组织,于是,行政事务议会委员组织在其推出的一份怀有敌意的报告中裁定该案中不当行政行为的确导致了不公正。但是,该裁定被政府严词拒

---

〔62〕 R. Gregory and G. Drewry, "Barlow Clowes and the Ombudsman"[1991] *PL* 192 and 408。还可参见 Special Report of the PCA, "The Barlow Clowes Affair" HC 76 (1989—1990)。

绝,问题的关键是政府方面拒绝作出赔偿。后来,国会下院的声明中明确指出赔偿给投资者的钱最终达到了 1.5 亿英镑,这笔款项是"出于对议会委员办公室的尊重"才争取到的。至此,这件事已经显示出,监察官已经不是第一次能够行使其他人所不能行使的特权了。

损害、人权以及损害赔偿

损害赔偿原则为法官们处理由其管辖的新型人权案件中的损害索赔提供了一条回避路线。因为《人权法案》(the Human Rights Act, HRA)的措辞存在诸多严重的歧义。[63] 除了"抵触声明"(declaration of incompatibility)这个在该法案中提出的新救济手段外,尚可以预见到进一步的救济措施。该法案第 8 条第(1)款允许法庭"在其权限范围内,只要其认为正当并且合适……就可以许可这种救济"。这一款好像是在保留既有的秩序,而不是将其进行拓展,这种解释很快得到了第 8 条第(2)款的确认,后者规定"损害赔偿金只能由有权裁定予以损害赔偿或者通过民事诉讼程序指令侵权行为支付赔偿金的法院来行使"。该条款的预期影响好像是再次将涉及对"公共当局的不法行为"判处惩罚性赔偿与"民事诉讼程序"紧密地捆绑在起来。但是,这种联系被后面的第 8 条第(3)款(b)项所切断,根据后者规定,法庭将裁定不给予损害赔偿,除非法庭认为"裁定必须是针对有利一方作出的公正赔偿"(just satisfaction);而第 8 条第(4)款则更加具体参照的是斯特拉斯堡人权法院的惯例,即在确定是否判处损害赔偿金以及该损害赔偿金的总额应该是多少时,法庭必须"考虑到欧洲人权法院根据《欧洲人权公约》第 41 条规定有关如何裁定予以赔偿时所适用的原则"。通过这种方式,《人权法案》将损害赔偿金与赔偿联系起来,从而为法庭留下了一个非常有价值

---

[63] 这一部分的预期范围在该议案获得上议院通过时曾进行过详细探讨,参见 HL Debs (Series 5) vols 582, 583, cols 825, 466。

的漏洞空间(loophole)。

在《人权法案》生效之前,伍尔夫勋爵曾做过一次讲座,表示希望该法案能够催生变革;应该消除公法救济与私法救济之间的区别,并且应尽量协调那些针对侵犯人权以及针对公共机构所进行的其他非法活动所给予的救济。[64] 沃尔夫勋爵借此机会充分地对损害赔偿金的爆炸现象进行了警告,其理由如下[65]:

> 那种认为公共机构钱多得无法计数的日子已经一去不复返了。赔偿金赔得太多就会对公共卫生管理机构形成牵制,这样一来,公共卫生管理机构就会减少给予病人的治疗救济资源。赔偿金赔得太多也会对住房管理机构形成牵制,因为这样会使它们减少在居民住房供给以及维修方面的基金。依此类推,这种类型的非法行为很可能还会导致更多受害者出现。

人权案件方面的损害赔偿金同侵权损害赔偿金绝不是一回事,因此,"其赔偿金的数额应该低于有关侵权损害赔偿金的数额"。但是,赔偿金的总额应该达到"公正赔偿"标准所必需的数额,当然,其中包含了禁止对惩罚性赔偿金或加重的非金钱损害赔偿(aggravated damages)*提出主张。伍尔夫勋爵就人权案件

---

〔64〕 Lord Woolf, "The Human Rights Act and Remedies", in M. Andenas and D. Fairgrieve(eds), *Judicial Review in an International Perspective* (London: Kluwer Law International, 2000),第430页。该讲座被法律委员会引用为权威性指南,参见 Law Commission, "Damages Under The Human Rights Act 1998", Law Com No. 266 (2000), 4.31。

〔65〕 Lord Woolf,前引注释〔64〕,第433页;Law Com No 266, 4.33。

* "损害赔偿(金)"(damages)的种类很多,但最常见的有 compensatory damages、punitive damages、nominal damages 以及 aggravated damages 四种。其中前三者均为金钱赔偿(pecuniary damages),即均属于赔偿金范畴;只有 aggravated damages 为非金钱赔偿,即严格意义上不属于赔偿"金"。compensatory damages(也称为 actual damages)为"补偿性赔偿金",指根据实际损失的多少给予的赔偿。punitive damages(也称为 exemplary damages; vindictive damages; added damages; punitory damages; presumptive damages; speculative damages; imagi-nary damages; smart money; punies)为"惩罚性赔偿金",指因过错人所犯过失恶劣等故而处的超出实际损失数量之赔偿,一般用于侵权而非违约之诉。nominal damages 为"象征性赔偿金",指证明被告有过错但却无法证明实际损失时所处的数额很少的一种赔偿金。而 aggravated damages 则为加重的损害赔偿,指如受害人受伤害太深而无法用金钱赔偿时所科处的除金钱之外的其他赔偿,其中包括如赔礼道歉、合同的强制履行(specific performance)等。参见 http://www.lawtrans.com.cn/lectures/Notes/Notes/200704/384.asp。——译者注

中的损害赔偿大概提出了七条原则[66]：

（1）替代救济。如果有其他的救济措施可资利用，那么该救济措施得优先适用，此时，自动要求赔偿权就不存在。

（2）不存在惩罚性赔偿金或者加重损害赔偿。

（3）该赔偿金应该达到"公正赔偿"标准所必需的数额。

（4）赔偿金应该适中。不能超过类似侵权案件中的赔偿额度，而且正常情况下应该"低于"具有可比性的侵权案件中的赔偿额度。

（5）赔偿金应该反映该不法行为的致害程度。

（6）原告自己的行为会影响赔偿金的数额。

（7）对金钱损失或者非金钱（non-pecuniary）损失不应该进行区别：只要它们能够反映原告的"真实损失"就行。

并非所有这些条件都是一清二楚的，当侵犯人权的行为与既存的侵权行为重复或者严重重叠时，这种方法整体上很难实现。因为它不仅涉及与一般侵权其行为法规则中的完全恢复原状相背离[67]，而且它还包括这样一个不合宜的内涵，即在司法机关看来，相对于侵权行为的"普通的"规则而言，人权被侵犯是不太受重视的。这自然是法官们不太情愿看到的推论，因为这种推论可能会将其置于一种"决策陷阱"之中。最近参与精神健康复审法庭（Mental Health Review Tribunal）案件审判的法官毫无疑问会对这种困境进行高度权衡，因为在相关诉讼中，由于法庭在审查申请时致病人不当拖延，结果使得其拘押时间延长。针对这种非法拘押（false imprisonment），斯坦利·伯登法官（Stanley Burndon J）在权衡了受害者所受伤害之后基于类似理由判处给予赔偿。[68] 在

---

[66] Lord Woolf，前引注释[64]，第 434 页。

[67] 正如法律委员会在前引注释[64]中所提到的那样，参见前引注释[64]，4.61。

[68] R (KB and the others) v. Mental Health Review Tribunal and Health Secretary [2003] EWHC 193 (Stanley Burnton). 非常有争议的是，该类推在错误，因为不法侵害是一种故意侵权行为，而听讼（在最糟糕的情形下）是过失或者不作为的结果，只会导致机会的丧失。这一点在第 62—69 段有述及。但是，也请参考我对 Doe v. Metropolitan Toronto Board of Commissioners of Police 案及 Simpson v. AG 案所发表的意见，第 2 章，注释[120]。

另一起涉及《人权法案》的损害赔偿案件中[69]，我们发现可以进行一些有价值的横向思维。在该案中，原告严重伤残并且还有一大家子要供养，她要求住宅委员会适当考虑一下她的状况。住宅委员会适当地履行了职责，但是因为其工作疏忽结果导致原告及其家庭在肮脏龌龊的环境中生活了两年之久，这两年时间包括诉讼期间，拖延的时间以及被告没有履行其法定义务在内，就这样，令人伤心的行政不力给受害者造成的长期痛苦期间就这样过去了。[70] 最后，原告的律师不耐烦了，于是根据《人权法案》的规定提出索赔，此外，他们还主张他们的生活条件一直在恶化（《欧洲人权公约》第 3 条），这种情形明显侵犯了其个人及家庭生活的权利（《欧洲人权公约》第 8 条）。[71] 考虑到该家庭长时间生活在那种"完全不利于正常家庭生活的糟糕环境"中，并且还考虑到住宅委员会不做任何解释或者赔礼道歉，而只是给该家庭重新安排了适当的住宿环境（要是诉讼开始之前就这样做可能就没有下文了），但是，住宅委员会的安排并不令人满意；主审法官沙利文坚持认为裁定给予原告损害赔偿金也是必要的。法官在反复参考判例法以及地方政府监察官（the Local Government Ombudsman）在损害赔偿方面所制定的《指南》及其惯例之后，裁定赔偿 1 万英镑[72]——在这种情况下，这笔赔偿款被巧妙地称作"烦扰赔偿款"。

在这些讲座结束之后，上诉法院在阿努弗里叶瓦（Anufrijeva）案中作出了一个非常重要的裁决[73]，阻止了依据《欧洲人权

---

[69]　*R（Bernard）v. Enfield LBC*［2002］EWHC 2282（Sullivan J）.

[70]　很难解开这起不幸事件中的系列复杂关系，但是在该案之前就发生过一件不成功的司法审查事件，在该案中，住宅委员会就原告是"故意让自己无家可归"的情形作出了裁定，于是司法机关对其裁定从"平行审查"角度进行了审查，相关案情可进一步参见 *Bernard v. Enfield LBC*［2001］EWCA Civ 2717.

[71]　第 3 条的主张被撤销了，因为法官裁定他们还没有达到"最低艰苦待遇的门槛"，参见第 26—31 段。因此，此案只能用违反第 8 条的规定来继续打官司。

[72]　参见第 61 段。在第 59—60 段，沙利文法官评论指出法庭所判付的损害赔偿金是针对精神痛苦和情感伤害（pain and suffering）的，好像是比监察官所习惯判赔的数额要低。

[73]　*Anufrijeva v. Southwark LBC*［2003］EWCA Civ 406（Lord Woolf CJ, Lord Philips MR and Auld LJ）.

公约》第8条(个人及家庭生活权)之规定所提出的三个损害赔偿请求。所有三个索赔请求都是基于行政管理当局没有履行义务或者不作为而提出的。其中,两种情形涉及在处理避难申请问题上存在拖延以及普通的不当行政行为,结果导致另一情形单独拖延了很好时间。A 的请求不一样。它是基于行政管理当局没有为一寻求避难者的老、弱亲人提供适当的住宿。这种情形提出了这样一个问题,即这种赔偿是否代表了实际损失,或者是否属于凯恩以及阿提耶所说的那种第三种类型的赔偿——"在类似情况下,受害者从来都没有得到过与其他人进行比较时所遭受的损害赔偿"。[74]

上诉法院大法官沃尔夫勋爵就此案发表了由其一人代表法院签署的判决书,对上述诉求进行了强烈的驳斥。他们裁定除非在例外情况下,否则第8条没有提供经济帮助的一般性义务:当(i)旨在确定个人以及家庭生活能够得到保障的、适当的、法定的或者行政性的方案已有事先安排,以及(ii)该方案能够充分为此目标进行工作或者能够实现其目标,那么此时就不用再履行其积极义务了。因此,假设在履行法定义务过程中,判断错误、没有效率或者不当行政行为等出现,这就相当于原则上违反了第8条的规定,但是在实践中不当行政行为极少被视为一种违法行为。在伍尔夫勋爵看来,必须存在"某种可归责因素"才可以将不当行政行为视为违法行为。至少,应该知道原告的个人以及家庭生活处于危险之中。[75] 这个判决标志着某种突破,从而使得法官能够很轻松地划出适当的明确分界线。

上诉法院第一次通过阿努弗里叶瓦案件区分了侵权诉讼中的"损害赔偿"与《人权法案》中规定的"损害赔偿"。《人权法案》中那个混乱的公式被解释成承认,"损害赔偿在侵犯人权的诉讼中所扮演的作用与私法意义上的合同或侵权诉讼中裁定给予损害赔偿所起的作用是不同的"。[76] 在"赔偿责任"与"损害

---

[74] 参见 Cane and Atiyah,前引注释[6],第 402 页。
[75] 参见第 41(7)、45 段。
[76] 来源同上。

赔偿"之间也存在一个试验性的明确界线[77]，这种界线不仅存在于侵犯人权的案件中，而且还存在于欧盟法律当中。上诉法院认为应该把监察官的裁定作为一个适当的比较参照物，从而采取一种"公平的"方式，并且依此确定是否将其类推为不当行政行为。[78] 伍尔夫勋爵重申了他先前的《指南》之后，特别强调了与《人权法案》有涉案件中损害赔偿的自由裁量属性，因为在这些涉及《人权法案》的案件中，损害赔偿不像民法中规定的那样，它不是一种自动赋予的权利，而只是最后可资利用的救济手段而已。在考虑裁定赔偿是否公正、适当时，法庭不仅有权考虑个体受害者所处的环境，而且还有权考虑怎样裁判才算符合"对公共服务一直给予支持的、与其利害攸关的更广泛民众"的利益。

然而，更为重要的是上诉法院的程序性劝告，该劝告坚持认为那些涉及《欧洲人权公约》的案件应该尽可能地经由司法审查程序打开通道，借此恢复传统"普通"法中公法救济的"效力等级"（pecking order）。于是，裁判时就会将涉及《人权法案》案件中的损害赔偿轻视为一种救济。根据伍尔夫勋爵所言，适用《人权法案》的主要原因是该侵犯行为存在非法性（illegality）。其适用《人权法案》的主要目的是[79]：

> 停止侵犯人权的行为是最重要的，而损害赔偿问题则是处于次重要位置的，即便涉及损害赔偿问题的话。这种情形反映了一个事实，即当有必要请求法庭支持并保护人权时，最常用的救济手段就是那些由历史上的禁令（prerogative order）或者确认判决（declaratory judgment）演变而来的法

---

〔77〕 参见第 49、53 段。
〔78〕 参见第 66、74 段。
〔79〕 参见第 52—53 段（其中强调我的观点）。该推理提到了伍尔夫勋爵的论述，参见 Lord Woolf, "Public Law—Private Law: Why the Divide? A Personal View" [1986] *PL* 220 以及 *Protection of the Public—A New Challenge*, The Hamlyn Lectures (London: Stevens, 1990)。关于恢复那种灵活的公私边界的问题，我曾发表过支持性论述，参见 C. Harlow, "Why Public Law is Private Law: An Invitation to Lord Woolf"载 R. Cranston and A. Zuckerman (eds), *The Woolf Report Reviewed* (Oxford: Clarendon Press, 1995)。

庭指令。这些法庭指令能够使法庭命令公共机构不采取诉讼行动或者相反,或者撤销公共机构所作出的违规行政裁决。确认判决通常只就涉讼各方当事人的义务、权利、责任以及地位作出有约束力的裁定,而不涉及损害赔偿(金)的支付问题。这一点意味着通常情况下,要在行政法院进行有关侵犯人权的诉讼中申请启动司法审查,在程序上会很便捷。因为行政法院通常不会对争议事实或者对那些涉及损害赔偿的问题感兴趣。但是,只要它认为适当,它可以利用其良好地位非常迅速地采取行动。

那些考虑侵犯人权诉求的法官会被警告首先要关注一下那些替代救济措施,要特别关注监察官或者调解者所进行的调查。[80]

这是否暗示着行政法院可能是那种拥有"判令支付赔偿金"权力的法庭呢?在我看来,应该是这样的。《指令53》(Order 53)对司法审查程序进行了更新,其中规定在申请司法审查时方可判定给予损害赔偿,而且只有申请进行司法审查时通过令状提起的诉讼中才会裁定得到损害赔偿,由此,该指令将损害赔偿与侵权行为法永久地捆绑在一起。[81] 但是,无论如何,这种权力运用得非常保守,因为行政法院倾向于将那些损害赔偿诉求转到高

---

[80] 参见第 8 段:根据《人权法案》之规定,对除了司法审查之外可资用于得到损害赔偿的举措,法庭都"应该进行严格审查"。在寻求调解解决时,上诉法院遵从了大法官伍尔夫勋爵在 R (Cowl) v. Plymouth City Council (Practice Notice) [2002] 1 WLR 803 案中所推荐的做法,该案试图寻求将那些大量具有挑战性的、关闭老人院的案件一并解决。不过在此案之前已有 R v. North and East Devon Health Authority ex p Coughlan [2002] 2WLR 622 案对此作出过裁定,这个案件的判决中指出在某些情况下可以通过创设大量"合法期待"(legitimate expectation)来阻止这种关闭行为。有疑问的是,根据《欧洲人权公约》第13条及第6条(1)款之规定,这个建议是否能够符合欧洲人权法院的要求。

[81] 《英国最高法院规则》指令 53(RSC Order 53),由 SI 1955 No.1977 实施。该情形现由 1981 年《最高法院法》(the Supreme Court Act)第 31 条(4)款以及《英国最高法院规则》第 54 部分,规则 3 第(2)款[RSC Part 54 Rule 3(2)]管辖,RSC Part 54 Rule 3(2)规定申请司法审查可能会包含对损害赔偿的诉求,但可能不会只寻求损害赔偿。最好的阐述参见 Smith, Woolf, and Jowell, *Judicial Review of Administrative Action* (5th edn, London: Sweet and Maxwell, 1995),第 19 章。

级法院(the High Court)通过令状(writ)的方式进行审理。这种倾向可以理解,因为损害赔偿诉讼非常复杂,并且司法审查程序不适于对证据以及复杂的事实发现进行审理。《人权法案》的程式规定损害赔偿裁定"只能由有权裁定予以损害赔偿或者通过民事诉讼程序指令侵权行为支付损害赔偿的法院来行使"[82],这样看来,该法案保留了传统的联系。现在需要做的是,将司法审查程序进行微调,授予行政法院一定权力,使其能够在一些例外情形下对损害赔偿进行裁定,简而言之,赋予地位卓著的行政法院(至少在经验基础上)对一些异常案情以公平管辖权,这些异常情形包括政府、行政人员以及监察官所实施的一些严重侵犯人权的行为及其行为所导致的反常损失,或受害人处境之异常艰难。如此,毫无疑问,在某些情况下,行政法院裁定支付"烦扰补偿款"将会得到实施。

是否需要一个一般原则?

我们是否应该朝着建立一个损害赔偿的一般原则努力呢?凯恩当然是这样认为的。在对该课题进行大胆探索时,凯恩基于两个假设提出了自己的观点,这两个假设反映了民主社会中的权力分割:

- 首先,政府有权动用国家规划来对资源进行重新分配;
- 其次,那些因为合法执行法定方案而导致情况恶化者不能自动获得损害赔偿权。[83]

概括地讲,凯恩意识到了分配正义功能的合法性,并且看出该功能已经从法律上被赋予了政府以及立法机构。他赞成合法政策一旦得到合法执行就应该得到尊重。但是,凯恩认为,对于

---

〔82〕 1988年《人权法案》第8条第(2)、(4)款,参见前引注释〔63〕。
〔83〕 P. Cane, "Damages in Public Law"(1999) 9 *Univ. of Otago L Rev.* 489,第497—498页。凯恩称这些受害者为"内生的输家"(endogenous losers),并且将它们与"外生的输家"(exogenous losers)进行比较,此处,"外生的输家"是指那些受到某方案"非法特征"影响的人士。不过,我倾向避免使用这种术语。

政府来说,它不应该随意忽视"其公民强加于他们身上的限制"。从这一点,他推导得出"那些因为合法执行政府方案而导致情况恶化者"有权得到赔偿。损害赔偿是恢复平衡必需的一种校正措施,要是没有它,"政府的合法性"就会岌岌可危了。因此,凯恩在"合法"行为与"非法"行为之间划出了一条明确的界线,这种区分——如果我理解正确的话——反映了传统行政法的合法与非法界线。他的观点好像重新触动了早先在非法行为或者无效行政行为的责任方面就存在的争论[84],并且主张采用他本人提出的赔偿原则来解决此问题。根据凯恩的理论,只有通过合法形式执行合法政府规划所导致的损失才是不予赔偿的。凯恩所提出的原则针对的是伯纳德(Bernard)以及阿努弗里叶瓦两案中所发生的损害赔偿,这两起案件都涉及合法方案最后被政府采取恶劣方式来执行的问题。

凯恩虽然将损害赔偿与责任紧密地联系起来,但是他的方法仍旧使一些问题得不到解决。比方说,对于政府的不法行为,他是主张严格责任还是无过错责任,其动机可能是利用损害赔偿来制衡权利滥用?如果是这样,他的理论就基本上等于承认所有因不法行政行为所导致的损失都应该由国家来承担——这是一种非常危险的大范围风险责任形式,而且这种非常危险的大范围风险险责任要求国家制定的计划以及服务应该确实可靠,否则就不行。换句话说,行政机构是在实施"危险"行为,并且其在行使管理过程中是伴有失败风险的。[85] 这种结果会对公共财政形成极大的破坏作用,任何法庭或者政府都应该对此进行思考,因为这种结果实在太危险了。因此,从另一方面来看,凯恩的赔偿原则没有考虑过对那些由合法的国家行为所导致的损失进行损害赔偿,并且这种损害赔偿不能轻易地延伸到最初立法所造成的、不

---

[84] 例如可参见 B. Gould, "Damages as a Remedy in Administrative Law" [1972] New Zealand Univ. LR 105; 14th Report of the Public and Administrative Law Reform Committee, *Damages in Administrative Law* (Wellington, New Zealand, 1980)。

[85] Harlow,前引注释[1],第 100 页,更泛泛一点讲,可在第 87—101 页中看到这种见解。该观念为枢密院所强烈反对(在我看来,枢密院的反对是正当的),枢密院的这种反对意见体现在 *Dunlop v. Woollahara Municipal Council* [1981] 2 WLR 693。

管有多严重的损失上[86],尽管他已经意识到"公民对政府所强加的约束"可能会包含禁止侵犯人权或者违反其他宪法规范的行为在内。[87]

有一个更加有针对性并且特定的原则,非常适合福利再分配服务,它就是科恩及史密斯所使用的"权利"(entitlement)概念,他们俩用这个概念来为国家责任理论提供支持。根据这个理论,公民拥有受益于国家规划中的"积极权利"(positive entitlement),只要这些国家规划隶属于其方案规划的范围之内。如果"由于不注意,个体没有接收到授予他们的权利,他们应该通过法律途径从捍卫自己的公共权利角度向国家或者相关公共机构寻求公道"。[88] 公民也拥有"消极权利"(negative entitlement),即不受干预的权利(rights of non-interference),但是受到侵犯也是会引发责任承担的,这种权利的覆盖范围包括财产征用以及规划补偿等情形。跟分配正义的某些原则不同的是,这个原则是适于操作的(serviceable),因为它有自己的控制方法。该原则可以超越合法与非法的边界,并且能够延伸到那些不具有违法性的案件当中:比方说,当申请者向公共住房管理机构主张权利但是却没有公共住房供他享用,此时可以适用该原则,允许该申请者得到补偿。

对于前不久发生的、给上议院带来不少麻烦的那些案件,我们用前面谈及的权利原则检验一下可能会有帮助。[89] 在奥鲁尔

---

[86] 我此处无意考虑依据欧盟法所提出的责任问题,这个问题在弗朗科维奇案中有所涉及并有具体分类,所述情形正如在此前发生的阿努弗里叶瓦案中大法官伍尔夫勋爵就损害赔偿责任问题所发表的意见。

[87] 跟德国法上的规范保护理论(Schutznormtheorie)存在相通之处,参见前文第2章注释[58]。

[88] D. Cohen and J. Smith, "Entitlement and the Body Political: Rethinking Negligence in Public Law" (1986) *Can. Bar Rev.* 1, 12.

[89] *O'Rourke v. Camden LBC* [1997] 3 WLR 86。在该案中,上议院裁定只有通过司法审查的"公法裁决"才是具有挑战性的,因而适用了在 *O'Reilly v. Mackman* [1983] 2 AC 237 以及 *Cocks vThanet RDC* [1983] 2 AC 286 两案中所确立的"排他管辖权"规则(the exclusive jurisdiction rule),参见 Sir Robert Carnworth, "The *Thornton Heresy Exposed: Financial Remedies for Breach of Public Duties*" [1998] *PL* 407。从此,向欧洲人权法院提出此种申请是断然不会被接受的。

克（O'Rourke）案中，根据 1977 年《（无家可归者）住宅法》(the Housing [Homeless Persons] Act) 之规定，在法院对其申请有权享有公共住宅最终作出裁定之前，有关机构已经为其提供了临时住宿地。后来的具体原因完全无法弄清，他反正被驱逐出了那个临时住宿地，变得一无所有，只得在公园过夜。为此，他主张损害赔偿，而上议院则裁定他不享有这种权利。此处，我想集中探讨霍夫曼勋爵在描述住宅规划作为一种社会福利方案时所说的一番话。他说"基于公共政策之立场，意欲以公共开支为代价使其从中受益"——在这番话当中，顺便说一下，"公共"这个词出现多次，以至于实际上变成了惯常使用的形容词[90]：

公共资金花在为无家可归者提供住宿上，不仅是为了保护那些发现自己无家可归者的个人利益，而且还是基于普遍的公共利益考量，因为，比方说，适当的住宅条件意味着人们会更少患病，更少犯罪，或者更少需要其他社会服务的关注。这方面的开支同其他公共开支，如在教育上的公共开支，国民健康服务体系，甚至在警务方面的公共开支之间是相互影响的关系。这种在申诉者与住宅管理机构之间发生的关系不仅仅是一种私人问题。因此，议会得为那些无家可归者解决住宅问题提供公共资金以及诸如此类的公益开支，但是，这并不必然意味着议会会同意对那些因住宅管理机构违反其法定义务，从而导致本应获得住房福利却不巧无法享受其法定利益的人给予现金补偿。

这种类型的推理经常会招致司法机关的批评，因为它在公共资金的支配上太吝啬了。但是，霍夫曼勋爵不是对公共服务表示出了一种整体性观点吗？可能具有讽刺意味的是，他也好像对"集体消费"观念表示支持，而这个"集体消费"的观念是由麦考斯兰（McAuslan）在一个不应该被人们忽视的讲座中提出的，他

---

[90] [1997] 3 WLR，第 94 页（着重号为笔者所加）。

在该讲座中还批评了司法机关利用个性化解决争端的倾向批评。[91]

但是,为什么住宅服务机构的公共属性就应该推导出"公共资金不应用于补偿个体"的结论呢? 毕竟,我们所见到的情况经常是这样的! 无家可归者在公园里睡觉既很难说涉及公益问题,也很难说是个人选择问题;但是,这种做法很可能会对国民健康服务体系、治安维持,甚至公众都会产生影响。在科恩和史密斯所倡导的权利原则中,对此有另一番解释。他们也将无家可归者的住宅问题视为一种公共服务,但是这种公共服务具有再分配属性。像奥鲁尔克这样特定的个体因为行政部门在工作方案的具体操作上存在不当之处而导致损失出现,于是乎,这种推理就会大行其道,确切来说,裁定对此种损失予以补偿就是实现立法者所预想的分配正义的绝佳举措。如果申请者首先得到了其应得的,那么对资源就不会产生太大影响,此时唯一的限制性规定就是损害赔偿金不应该超过从住宅方案中能够得到的收益。尽管如此,该原则的广阔外延仍旧无法确定,这一点其实很危险。比方说,该原则该如何适用,诸如像学童有权接受灵敏度(SEN)诊断之类的案件,这种情形在此之前考虑过吗?[92] 因此,补偿有可能被考虑到了。那么,对于侵犯人权的案件又该如何适用呢,比方说,像伯纳德案以及阿努弗里叶瓦案中所涉及的特定伤残者的膳宿权(right to special disability accommodation)问题,以及其他当前会让法官感到迷惑不解的福利请求权案情等。此外,为什么一直非常关注集体价值及集合价值的科恩[93]会非常坚定地判定支持赔偿就是一种分配正义呢?

在伯纳德案中,"烦扰补偿款"好像非常合理、正当,其实法官对于"补偿文化"所存在的危险有些小看,在该案中,法官就该

---

[91] P. McAusman, "Administrative Law, Collective Consumption and Judicial Policy"(1983) 46 *MLR* 1.

[92] *Phelps v. Hillington LBC* [2001] 2 AC 619。还可参见前面第 2 章,注释[139]。

[93] 请特别参见 Cohen,前引注释[11]。

经典案例中的制裁和威慑功能进行了阐述[94]：

在某些情况下，对于违法行为的裁定，特别是涉及对强制性指令违反的裁定，可能会得出要给予公正补偿的结果，这一点我表示赞成。"补偿文化"的发展，有多个方面引人关注。我的经验是，要在法庭上处理大范围涉及公共当局的诉讼案件，大多数因公职人员不当行为而受到伤害者显得动力不够，或者说，至少从根本上缺乏动力，因为在他们看来，向官方索取金钱补偿是很难想象的。他们会提起诉讼，是因为他们对所看到的不公正行为感到忍无可忍，因此想让"那些人"——也就是那些明显处在反应迟钝、没有同情心以及令人费解的官僚迷宫中的不露面者——承认的确是什么地方出了问题、向他们进行解释、赔礼道歉并且保证已采取措施确保（在这个不尽完善的世界里，只要有可能）以后不会再犯同样错误就够了。这种保证至少会让"那些受伤害者"认为自己所遭的罪不是没有价值的。

所有那些愤怒的目击者，以及经常为行政过错以及行政无效率产生的恶劣影响而愤愤不平者，会非常支持对矫正正义范式的正当性。

另一方面，在否认"补偿文化"的发展方面，沙利文法官显得过度乐观。我们在补偿领域所看到的就是阿提耶提出的"选择性比较"（selective comparison）过程的延伸。[95] 法律责任的延伸触动了对补偿的需求，反过来，这一点又对争取更多补偿起到了推动的作用，从而也使得法律责任不断扩张。这种循环过程完全可以通过针对奥尔德·海伊儿童医院在 1988 年到 1995 年间发生的擅自切除夭折婴孩器官的调查事件反映出来。[96] 调查结束

---

[94] *R (Bernard) v. Enfield LBC* [2002] EWHC Civ 2282, 第 39 段。

[95] P. S. Atiyah, *The Damages Lottery* (Oxford: Hart Publishing, 1997)，对此第 1 章有深入探讨。

[96] Report of the Royal Liverpool Children's Inquiry, 该报告可以在下面网站获得 www.rlcinquiry.org.uk。

之后,失去亲人者得到了相关责任机构的慷慨补偿。一笔达 500 万英镑的基金用于解决此案,其中每起个案花费都在 5000 英镑左右,这些费用后来还被人误解为庭外和解费用。因此而发生的迅速回应就是全国器官保存组织(National Organ Retention Group)成立,其任务就是为那些在其他医院遭遇同样医生行为而受到影响的孩子父母争取得到补偿。这样一来,医院方面为此提供了特惠补偿款,有些家庭得到的补偿款甚至是以前的两倍。由于对提供的补偿款总数不满,该组织转而向法院提起损害赔偿诉讼。[97] 从这里,我们可以明显看出补偿文化的发展状况。

在这些原因当中,我认为涉及赔偿的很多艰难选择最好留待政府以及立法机关来处理。在资源配置存在争议时立法者是集体利益与个人利益之间的合法仲裁者;行政管理者最好要对可能会涉及的经济问题进行估算并且采取正确的行动,尽管他们通常会最终接受法庭以及监察官的监督。律师们通常会低估监察官,认为他们所提供的建议缺乏效力。[98] 通过行政机关解决问题与有利于得出可协商结果的调查程序结合起来,这样做并非必然不好。[99] 其实,监察官的建议通常会得到相当重视[100],而且监察官可以要求已经导致不当行政行为结果的制度进行总体纠正(有时也会对那些没有导致不当行政行为结果的制度进行总体纠正)。[101] 他们有时还可以对守法行为进行监督,而这一功能法院却不具备。大体说来,这一良好的责任归咎机制是侵权行为法所

---

〔97〕 参见 2004 年 1 月 27 日《泰晤士报》。在写作本文之时,诉讼结果尚不得而知。

〔98〕 参见 *Leander v. Sweden* (1987) 9 EHRR 433,在第 81—82 段。

〔99〕 参见 Harlow and Rawlings,前引注释〔4〕,第 432—434 页。

〔100〕 行政事务议会委员组织的建议极少有被否决的,尽管有不同意见载"The Channel Tunnel Link and Blight: Investigation of Complaints against the Department of Transport", HC 193 (1994—1995)一文,其中指出运输部拒绝将法定补偿方案延伸适用到一些规划情形,特别是那起因为无法勾画出经由肯特郡联通英法之间的运输线路所带来的长期规划困扰。考虑到适才所谈的情形,有必要指出的是,运输部的高级政务次长(Permanent Secretary)指出,对此作出让步一般会渐渐要求立法机关制定大量法律来规制类似情形,这种做法是有一定合理性的。这么说的意思是,地方当局通常不会不对监察官的建议表示出尊重。

〔101〕 示例载 Harlow and Rawlings,前引注释〔4〕,第 441—442 页。

不能提供的。

123 　　对于凯恩来说,我认为有必要制定一个一般性的赔偿规则来指引那些必须处理各种诉求的人士。并且这种规则应该明确地将补偿与责任区分开来。我在本讲座中想说的是,补偿的基础既不是过错,也不是不法行为。它可能表示一种救济,从另一方面讲,它也有可能只表示一种同情及安慰。我支持那种简单而又具有灵活性的原则,并且这种原则只能狭隘地解释成包含那些出现"反常损失"以及艰难处境的情形,并且在某些合适的案件中,可以考虑给予"烦扰补偿金"。

总　结

集体消费的恢复

在这些讲座中,我选择通过侵权行为法的古典传统来研究国家责任。尽管我早就注意到从语义上对其进行区别,但是,这些术语上的差别一般不会使我们放弃对司法程序的幻想,因为在一些跨国司法裁判当中,情况正好相反。在第二讲中,我对责任与义务是同义语的假设进行了质疑,并且对给予个体的救济必须以补偿的形式出现也提出了质疑。其中我注意到,跨国法庭对司法程序显示出了一种明显的偏好,并且跨国法庭还认为司法程序比行政机关或者政府机关所提供的救济要更加独立一些。在这种背景下,我还注意到了从消极权利和救济到积极权利和救济的转变趋势,以及力促往法律工具箱中塞进各种新的且更加主动介入的救济工具。我的观点矛头直接针对的就是这些趋势。在最后一讲中,我对这些结论提出了质疑,我认为,补偿不仅是一种符合法律维度的政策,而且通常也是实现公平正义的一种高级手段。我支持导入具有一般性的补偿规则,并且这种规则可以适用于反常损失以及损害,尽管如此,我还是要告诫补偿不应该必然与损害赔偿画等号。

在本系列讲座的导论部分,我首先就申明了从"集合性"价值到"分配性"价值的重大转变,前者强调集体责任以及团体对公共产品的权利,后者反映了现代福利国家中的个性化消费者价值。就是在这种语境中,多恩·奥利弗(Dawn Oliver)首先指出要将"安全"(security)提到法律价值的高度。[1] 就如她提到的,这种安全观已经逐渐攀爬到了自然完整性(physical integrity)的

---

〔1〕 D. Oliver, "The Underlying Values of Public and Private Law", in M. Taggart (ed), *The Province of Administration Law* (Oxford: Hart Publishing, 1999),第226页。

边界了,这个边界也就是侵权行为法的传统中心地带,它包含了"由于收入、生计或者家庭损失所导致的不必要的、破坏性变化"。这也是侵权行为法正在经历的道路。[2] 对于奥利弗来讲,安全是一种价值观,这种价值观有益于有限程序性保护胜于创设那种在法律上具有可执行性权利的原则(a principle creating legally enforceable entitlements)。[3] 当其行文至此时,这种限缩性解释还是站得住脚的。渐渐地,那种补偿文化在不经意中已经扎下根来,已经开始萌芽,并且很快就要成为从事侵权诉讼业务律师们希望的肥沃田野了。安全很快就要成为新的价值要求了,它从人权话语中吸收了力量,正如斯特拉斯堡人权法院的判例法被移植到了消极义务之上一样,现在这种消极义务已经深植于《欧洲人权公约》本身对生命权所持的肯定性观念之中,它牵涉到"采取适当措施来捍卫生命"的义务。[4] 这种条件的演进可以在我第二讲中追溯出其渊源,因为它已经转变成了一种基本的责任承担原则,并且已经延伸适用到了诸如Z诉英国案[5]中所出现的那种不人道待遇上了,而在奥斯曼诉英国案[6]中,奥斯曼首先经历了允许适用试探性措施于保护安全权利之上,此时,安全权利已经成为"保护个体免于危险或者不会暴露于危险之中的一个条件"。[7]

我认为,一个具有风险防范意识的社会正在形成,在这个社会当中,一种对政府规制行为以及国家规划采取"普遍信任"的状态正在发展成为对无风险环境的需求。管制失灵好像已经不可改变地最后归结到国家责任,同时也将相关权利赋予了为个体提供的补偿上。这标志着向某种形式的、能够将侵权行为法作为

---

〔2〕 P. Cane, *Tort Law and Economic Interests* (Oxford: Clarendon, 1991).

〔3〕 在实质性合法期待理论(the doctrine of substantive legitimate expectation)之前,奥利弗著文谈及过一个有关分配性价值优于集合性价值的不幸范例,这个范例已经在 *R v. North and East Devon Health Authority ex p Coughlan* [2000] 2 WLR 622 案中阐释清楚。此外,该案例恶化了前述讲座中所探讨的问题,并且导致伍尔夫勋爵明确表示他偏好用替代争端解决方式来解决争端,参见第3章,注释〔80〕。

〔4〕 *X v. United Kingdom*, Application No 7145/75 14 DR31(1978).

〔5〕 *Z and others v. United Kingdom* (2001) 34 EHRR 97.

〔6〕 *Osman v. United Kingdom* (1998) 29 EHRR 245.

〔7〕 Oliver, 前引注释〔1〕。

一种分配原则的分配正义信念的转变。在这种语境中,斯皮尔曼将过失侵权行为煽动性地描述成"福利国家的最后一个岗哨"[8],对此描述我们可以解读出两层含义:一方面,作者的意思非常明显,就是责任承担制度正在用于分配性社会服务中不断增加的大量缺口;另一方面,这种责任承担制度正在以其自身的头衔不断被视为是一种福利服务。

我对社会团结一致没有争议,从广泛意义上来讲,我认为它是一种价值观。与此相类似,从资源再分配这个广泛意义上来讲,我对分配正义的主张非常敏感。我在这些讲座当中所讲的东西可以归结为一点,那就是,这些渴望,尽管很有价值,但是尚不足以成为责任承担制度的基础。米勒(Miller)在对正义发表其判断的时候指出,"有必要检验一下交易双方的关系……因为他们挨得很近,比方说,可以通过考察他们之间所从事的交易来检验其关系"[9]。这样,才会实现矫正正义。跟矫正正义所集中探讨的那套理论不一样,关于分配正义的主张尚没有成为标靶。这些主张没有告诉我们该如何平衡集合利益与分配利益,它们也不拥有甄别个体诉求所需要的适当控制措施。为了公共利益,作出某些牺牲被认为是合理的,但是没有人告诉我们哪些是合理的,以及为什么这样做是合理的。这就是我在补偿问题上为什么经常选择由立法机关来进行选择的原因所在。

再者,尽管这种信念与很多律师,特别是那些人权事务律师所持的信念有些冲突,但是我强烈认为"公法有害于文化"不是我们所期待的。正如我所尽力展示的那样,从公共服务中大量吸取资源会产生不可避免的影响,并且有可能(由于实证经验完全无法获取)还会不可避免地鼓励那种胆怯的而且有风险防范意识的公共服务。在侵权行为法的威慑功能中存在那么一种强烈的信念,只有这种信念才会为上述结果找到合理性,并且只有经济理性主义者才会真诚地坚持信仰侵权行为法的威慑功能。由于

---

[8] J. J. Spigelman, "Negligence: the Last Outpost of the Welfare State" (2002) 76 *ALJ* 432.

[9] D. Miller, *Social Justice* (Oxford: Clarendon, 1976),第18页。

这个原因,我倡议对侵权行为法进行收缩,并且在补偿和法律责任之间勾画出一条明确的分界线。我认为这样会有助于避免侵权损害给裁定补偿产生的渐进性影响,对于裁定补偿,我在前面已经探讨过,它对蓬勃发展的补偿文化起到了推动的作用。与此类似,这也是我坚持下面信念的理由所在:行政补偿应该只能延展至"反常的"以及"例外的"损失上,在某些有限的情形,可以考虑加上"烦扰补偿款"。

我一贯坚持的立场是,国家责任问题实际上是侵权行为法上的问题,并且它们不可能通过特别的"公共"责任规则来解决。在所有这些讲座中,通过为不太随意的以及不加选择的扩张辩护,我还是坚持我的这种立场。在我看来,我们需要的是一种更加集中的侵权行为法,并且期望能够将这种侵权行为法轻松地置于其矫正正义框架之中。不可否认的是,这是一种明确的方向转变,它同时也在呼吁立法的介入。我会很开心地看到这件事交由一个小型的、办事日程非常具体以及时间安排高效的顾问委员会来处理,而不是交由注定要倒霉的皮尔斯委员会来处理。从侧面来讲,我们需要考虑一下资源供给问题,特别是保险以及政府资助各自所扮演的角色。一些特定领域,诸如国民健康服务体系中的责任与补偿问题,可能不得不与拥有特定信息的特别工作组分离开来。澳大利亚为回应两个超大型保险公司的破产就采取了这种程序[10]——其中一家公司要处理超过20%以上的公共责任保险市场,而另一家则是最大的医疗损害赔偿保险公司。伊普(Ipp)委员会被要求基于有限的参考条款制定一个大概两个月的时间规划安排出来,在其中,他们要展开以下活动:对"普通法原则在人身伤害案件中的适用、有效性以及运作"进行调查研究,以及"对原则性选择进行发展和评估,以限制损害赔偿责任以及损害赔偿金的裁定数额"。[11]

---

[10] *Review of the Law of Negligence* (The Ipp Review) (Canberra: Commonwealth of Australia) 2002. 早先是由美国里根政府所首先倡导的,参见 D. Harris, "Tort Law Reform in the United States"(1991) 11 *OJLS* 407。

[11] 第 ix 页。

尽管某些判例法具有令人不满意的属性,但是伊普认为没有必要对平等原则进行根本性的改造。[12] 相反,伊普希望看到以活动为区分基础的路径(activity-based approach)代替案例法中那种非常盛行的公/私区别。因此,在涉及体育运动以及其他娱乐休闲活动的情形中,法律被假设认为具有严重的"负面威慑"影响,故而,伊普建议,对于休闲娱乐活动的提供者而言,他们能够被免于承担责任,因为,至少那些受害者是自愿参加到娱乐休闲活动当中去的,并且伤害是由于实际存在的明显风险造成的。[13]

这种以活动为区分基础的路径有助于协调解决涉及娱乐休闲活动、空地以及体育活动中出现的一些令人迷惑并且不满意的事件,因为在这些活动当中,公共当局好像责任并不多,而应该承担越来越多责任的是那些专业体育机构。这是否进一步表明了司法机关对公共资金的关注呢?在汤姆林森诉康哥顿市政委员会(*Tomlinson v. Congleton BC*)案[14]中,一位游泳爱好者愚笨地跳进了一条非常浅的河道中,而地方当局作为河道的所有者基于事先已有适当危险警告而侥幸逃脱了责任。与此相反,一系列案件已经明显提高了提供、管制有风险运动的责任,最近以来,对于有风险的特别是像美式橄榄球以及拳击这样的运动进行裁判所承担的责任有明显提高的趋势。[15] 问题就是这个领域不属于

---

〔12〕《伊普报告》第151—162页,以及《建议142》。其中有一条条款旨在禁止适用基于法定义务提起诉讼,而这一条款正被用于绕开法律实施中对过失侵权行为责任的限制,尽管如此,它还是被伊普作为的建议提出。

〔13〕《建议11》。其中对明显风险进行了广泛的定义。还可参见第4.1—4.19段,以及《建议10、12》。

〔14〕 *Tomlinson v. Congleton BC* [2003] 2 AC 1120。还可参见 *Donoghue v. Folkeston Properties* [2003] 2WLR 1138 以及 *Remeo v. Conservation Commission of the Northern Territory* (1998) 151 ALR 263,在 *Jolley v. Sutton LBC*[2000] 1WLR1082 案中也有探讨,参见第1章,注释〔45〕、〔46〕。

〔15〕 *Van Oppen v. Clerk to the Bedford Charity Referees*[1990] 1WLR 235(在该案中,学校要对学生参加橄榄球运动多发生的事故承担责任);*Watson v. British Boxing Board of Control* [2001] 2 WLR 1256(在该案中,英国拳击控制委员会[BBBC]因为没有制定适当规定导致一名拳击手在拳击时脑部受伤,对此要承担责任);*Vowles v. Evans*[2003] 1WLR1607(在该案中,裁判因其专业身份要对比赛中造成的严重拼抢争球事故承担责任)。

强制保险范围,尽管实践中,很多这样的机构都购买了保险;这种保险情况需要明确,然而,上诉法院已经坚决、正式抵制将这种保险情况纳入其考量范围之内。[16] 相关政策需要作出决定,而且大范围的问题也需要考虑,比方说,公立学校与私立学校,专业运动机构与业余运动机构是否都必须办理集体保险;业余运动与休闲活动是否都应该确保"无责任承担"规则。然而,更为重要的是,诸如此类的问题需要永久地出现在政府工作日程上,并且要标明注意"标准"。不论什么时候都要如此,比方说,在《教育法》(Education Acts)以及进行教育预算时都应该对这些问题进行审查。

对于公共机构来说,伊普委员会提出了一个"政策抗辩"(policy defence),这个抗辩旨在保护"政策决策"(policy decision),该术语可以包括那些"实质上基于财政、经济、政治以及社会因素或限制之上所作出的决策",而不包括那种"非常不合理的决策,即使是站在被告立场上的公务人员都不会作出的那种决策"。[17] 不可否认的是,这一点将会解决在温斯伯里式(Wednesbury)不合理性(unreasonableness)的公法标准之相对权重方面所长期存在的司法争议,必须指出的,该不合理性的公法标准与多希特游艇案中得到里德勋爵支持的、更加稳固的过失标准正好相对。[18] 我个人非常支持那种更加直接的"仅有不诚实"规定("bad faith only" provisions),这种规定在很多现代成文法中均可找到,尽管我承认,从长远看来,这可能会成为一个没有太大差异的差别。而且,我还支持通过公/私两分来阻碍责任承担。所谓的"业务判断"规则(business judgement rule)要求公司决策者在决策作出之前"掌握相当的信息",这种判断规则包

---

[16] *Vowles v. Evans*[2003] 1 WLR 1607。事实是裁判已购买保险是两级法院都知道的情况。参见 J. Elvin(2003)119 LQR 560,561 中所中的注解,其中明确指出沃尔斯(Vowels)暗中得到了威尔士橄榄球联合会(Welsh Rugby Union)提供给其所有俱乐部成员一笔总额达9.1万英镑的款子。

[17] 《建议39》(着重号为笔者所加)。

[18] Home Office v. Dorset Yacht Co. Ltd. [1970] AC 1004, 第1章对此案有深入探讨。

括从故意不当的行为或者不诚实意图的意义上来讲的"不诚实",而公司业务判断规则还可根据公司行为进行解释,或者当存在"该决策完全超出合理判断边界,以至于好像根本上除了采信不诚实这个理由就无法对其进行解释、说明"情形时,客观地进行推断。[19] 有可能,那个非常有害的温斯伯里标准只是一个客观的不诚实标准,它同样可适用于公共机构以及私人机构。

  旨在将公法与私法更加紧密地结合在一起的进一步变革涉及公法侵权行为中的"公职不法行为"。一方面,这种公法侵权行为,诚如斯泰恩勋爵所建议的那样,应该扩张到包括所有那些"履行社团义务的职位"上去。这种观点正好契合了尼科尔斯勋爵的看法。在最近发生的另一起案件中,尼科尔斯勋爵指出,国家公司与跨国公司也行使了巨大的权力,通过在"董事会办公室与政府办公室"之间划出一条明确的界线而将它们排除在应受惩罚范围之外,这种做法是不对的。[20] 另一方面,不法行为应该限制在那些"有目标的恶意"行为上,并且这种不正当行为的意图就是要导致他人受伤害,或者说采取不法行为时明知行为人的行为已经处于其授权范围之外了。[21] 我认为,法律应该从事实存在的不当行为(比方说,像性虐待、警察旁观公民被侵犯[22]、故意欺诈以及弄虚作假[23]等情形)意义上对不法行为进行标识。惩罚性赔偿金可能适用于一些极为少见的情形,并且这些情形应该

---

  [19] J. Beeman,"Administrative-Law-Like Obligations on Privat[ized] Entities" 49 *UCLA L Rev.* 1717,1725 (2002)。还可参见 S. Corncoran,"Bad Faith and Bad Intentions in Corporate Law",载 N. Naffine, R. Owens, J. Williams (eds), *Intention in Law and Philosophy* (Ashgate: Dartmouth, 2001)。

  [20] *Kudds v. Chief Constable of Leicestershire Constabulary* [2001] 2 WLR 1789,第66段。

  [21] *Three Rivers DC v. Bank of England* (No.3) [2000] 2 WLR 1220,1231 (Lord Steyn)。这种典型的例子通常还有 *Ashby v. White* (1703) 14 St. Tr. 695 以及 *Roncarelli v. Duplessis* (1959) 16 DLR (2d) 689。

  [22] *R v. Dytham* (1979) 2 QB 722; *Kuddus v. Chief Constable Leicestershire Constabulary*(前引注释[20])。

  [23] *Akenzua v. Home Secretary* (2002) ECWA Civ 470。在该案中,一位涉嫌使用毒品以及暴力犯罪的牙买加籍人士获准呆在该国作为警方的线人,后来因为一桩性谋杀案而遭彻底曝光。

都是法庭希望所谴责的情形,比方说一些残忍的行为以及被告对原告权利的侮辱性践踏。这方面最明显的案例是伯特利尔案(Botrill's Case)[24],在该案中,作出如此判决的理由是,就惩罚性赔偿金所提起的诉讼是在《意外事故赔偿法案》中所规定的人身伤害诉讼穷尽之后才开始的。得到新西兰上诉法院支持的标准是只要满足"故意不当行为与刻意轻率行事"二者之一即可;但是,非常不巧的是,这种标准被枢密院软化,于是,这种标准还包括以下情形:被告的行为在公众看来是是非常残忍的,并而遭到公众谴责。[25] 这个标准正好与"业务判断"规则的客观性相去甚远,是一个非常不可靠的责任承担标准,它为在过失侵权行为案件中判处惩罚性赔偿金准备好了通道,从而再次开启了对卡姆尔福德案(the Camelford case)[26]的争论,并且引发了人们对该案的进一步质疑。卡姆尔福德案是一个接近故意的公司不当行为的例子,这种行为毫无疑问遭到了公众的强烈谴责。同样的规则应该适用于并且只能适用于那些残忍行为已被系统化的制度之中,或者应该适用于那些拥有权力者实实在在地与主要行为者的活动存在共谋之情形。[27] 但是有关惩罚性赔偿金的法律,诚如尼科尔斯勋爵最近所抗议的那样,它是"某些人大声呼吁议会介入"的另一个领域[28],而这个时候,法律委员会制定的损害赔偿法规划正在等待实施。[29]

这种情形与澳大利亚伊普报告形成鲜明的对比,该报告发挥

---

[24] *Botrill v. A* [2001] 3 NZLR 622(2001年《事故补偿法案》[Accident Compensation Act]第319条中就规定了惩罚性赔偿金,本案就是一例,这种诉讼与那些人身伤害诉讼是有区别的。)

[25] *Botrill v. A* [2003] 1 AC 449.

[26] *AB v. South West Water Services* [1993] 1 All ER 609,此案已经在Kuddus(见前文)案中遭到质疑:参见第2章,注释[24]。

[27] *Lister v. Hesely Health Authority* [2001] 2 WLR 1311,此案推翻了 *Trotman v. N Yorks County* [1999] LGR 584,在性虐待案例中导入了替代责任。

[28] *Kuddus v. Chief Constable of Leicestershire Contabulary* [2001] 2 WLR 1789,第60段。

[29] 相关报告请参见 Law Commission, "Aggravated, Exemplary and Restitutionary Damages", Law Com No. 247 (1997)。

了其政治主动性,它不仅抓住了适当时机,而且还占尽了这些契机。最近新南威尔士将其过失侵权行为进行了法典化[30],该法典已经采纳了一些主要建议,并且进一步的联邦立法动议正在酝酿之中。在此问题上,议会介入好像已经不太可能。那么,什么时候我们的立法者才能意识到,侵权行为法提出了一些具有重大政治以及经济价值的问题呢?

  侵权行为法迫切需要一种政治指引以及立法导入。实际上,即便它可能会对各种资源产生影响的话,我感觉决策制定者会对于应受谴责的以及令人吃惊的赔偿问题熟视无睹。而且,更加应受谴责的是无视法律起草者所提出的那个问题,而且这个问题曾经由英国法律委员会(the English Law Commission)在法定义务语境中提到过。该委员会曾建议过一条解释规则,通过这个规则每个法定义务都应该假设能够引起责任承担,除非明确将这种责任排除在外。[31] 这个建议,可能在那些议会法律起草者的脑海里已经集中关注好久了,但非常不幸的是,从来没有一丝光线让我们看到这个建议付诸实施。这样是否会足以阻止法官们所习惯的猜谜游戏呢?尽管结果可能不是我所想象的,但我对此仍然非常怀疑。

  如果侵权行为法能够收缩一下,就像我前面所建议的那样,它应该向那种残余的位置收缩,与此同时,非常积极的立法导向也是必要的。根据《人权法案》之规定,政府部长在推行新的立法时有义务提醒议院注意与《欧洲公约》中相关权利保护条款具有相容性或者故意不相容性。[32] 这是一种义务,它给议会一个机会明确地对一些涉及人权的重大问题进行思考,并且法律顾问们对这种义务相对看重一些,此外,议会人权联合委员会(Joint Committee on Human Rights)对此义务也看得很重。再者,影响评估(impact assessment)这个从欧洲大陆借鉴来的技术,现在已

---

 [30] Civil Liability Amendment (Personal Responsibility) Act 2002 (NSW).

 [31] Law Commission, *The Interpretation of Statutes*, Law Com No. 21 (1969), Draft Clause 4.

 [32] 1998 年《人权法案》第 19 条。

然成为环境政策决策中的规则了,并且它现在正开始呈现广泛扩散适用之势。监管影响小组(the Regulatory Impact Unit)会为决策者就如何执行监管影响评估提供指导,并且会告知他们该何时进行这种监管影响评估。[33] 在其他一些敏感领域,诸如种族和性别等领域,"基准设置"(benchmarking)就是用于确保决策者将这些问题牢记于心。[34] 就像霍格(Hogg)在学术研讨会上(我的思想之旅就是从这次研讨会开始的)对与会者所郑重提醒的那样,对于决策来说,其日常工作的一部分应该是对每个新的政府项目"可能会给个体造成的损失展开分析"[35];赔偿与责任,换句话说,应该将其"基准定位"为标准的立法起草实践。这样就会强迫那些决策者严肃地对待赔偿问题,鼓励他们草拟出好的法规,并且能够确保立法者的注意力能够转移过来。这样一来,责任就会公开地落在议会头上,由它来注意为民事责任制定明确的条款,避开对立法意图进行猜谜游戏,不过,话说到这里,对立法意图进行这种猜谜游戏却正好是我讲座的大部分主题内容。

---

〔33〕 该小组设在内阁办公室之内,其活动是经过 2001 年《监管改革法案》(Regulatory Reform Act)授权的。

〔34〕 F. Beveridge, *et al.*, "Addressing Gender in the Nation and Community: Law and Policymaking", in J. Shaw(ed), *Social Law and Policy in an Evolving European Union* (Oxford: Hart Publishing, 2000).

〔35〕 P. Hogg, "Compensation for Damage Caused by Government" (1995) 6 *NJCL* 7,12.

国家责任与法国行政法

法国在决策的行政管辖权方面自有其独特之处,其实这种传统可以追溯至法国大革命时期,并且通常可以将其归咎于大革命无法忍受当时存在的一些障碍——不管正当与否,都已经给强大的执政当局构成障碍。其中罪魁祸首就是旧制度(Ancient Régime)中那些起阻碍作用的、控制地方司法权的贵族们(Parlements),于是政府剥夺了民事法庭的司法管辖权,而这些民事法庭则是由大革命前的贵族遗族在把握。1790年8月的第16—24号法律非常著名,其中规定:

  司法功能非常独特,通常应该与行政功能保持分离。普通法庭的法官以任何形式介入行政机构的运作都是一种刑事犯罪,并且,他们也不应该让那些行政人员就其行使行政职能时的情况向法院方面进行汇报。

该规定在1795年的一个法令中得到进一步巩固,从而禁止了法庭"对行政行为进行审理",该规定到现在仍然有效。[1] 近两个世纪过去了,由该规定确定的国家豁免权被声望卓著的法国行政法院(Conseil d'Etat)终止了。此时,已是19世纪末期,行政法院成功地将之前的咨询功能转变成了一种行政管辖权,并且在其已经变成空心的法院墙体中确立了这种制度。诚如那条1790年法律所暗示的,这种司法管辖权可以被视为对法国采用的权力分立理论进行制度解释的一种表现。[2]

---

  [1] 简要描述,参见 L. Neville Brown and J. Bell, *French Administrative Law* (4th edn, Oxford: Oxford University Press, 1993)。
  [2] 对于这种观点的阐述,参见 M. Troper, *La Séparation des pouvoirs et l'histoire constitutionnelle française* (Paris: LGDJ, 1980)。

这些历史事件正好使得法国的发展方向与英国所走的路线相反,其时,英国有 1701 年《王位继承法》(Act of Settlement)提供保证。[3] 在英国,制度性"权力制衡"观念非常盛行,这一点在美国则更加形式化,从而使得政府官员服从普通法法院的管辖成为自然而然的事了。这种选择正好是戴西所称道的,因为在其法治理论当中,他就谈到过在法律面前要坚持平等原则以及政府官员要对"普通"(ordinary)法庭承担个人责任。结果就有了公务人员在行使公共权力时要对其所犯侵权行为承担个人责任这样一条规则。[4] 在法国,曾经在 1790 年确立过公务人员免责的制度,但是该制度最后还是没实现。结果,法国走了一条与个人责任相反的道路,使得国家而不是公务人员对以行使公务名义所造成的不当行为承担责任。

前文提及的那个就布朗科(Blanco)案所作出的裁定,最终确立了法国行政法院[5]在责任承担方面拥有管辖权。这一裁定影响巨大,被认为在《法国行政法重大案例》(Great Cases of French Administrative Law)汇编中居于首位。[6] 该案涉及一个简单的交通事故,案情是:一小孩被一辆香烟工厂所拥有的马车撞倒,该香烟工厂是由国家垄断经营的。被害儿童的父亲在普通法庭根据民法典中的责任承担部分提起损害赔偿诉讼,于是这种普通法庭的管辖权引发了争议。就管辖权争端问题拥有决定权的争议法院(Tribunal des Conflits)最后裁定行政法院拥有本案的管辖权。[7]

---

〔3〕 J. Allison, *A Continental Distinction in the Common Law, A Historical and Comparative Perspective on English Public Law*(Oxford: Clarendon, paperback edition, 2000),第 152—157 页。

〔4〕 这一点在 *Entick v. Carrington* (1765) 2 Wils. KB275;*Leach v. Money* (1765) 19St. Tr. 1001;*Wilkes v. Wood* (1763) 2Wils. KB 203 等中可以得到确证。

〔5〕 如今,这种管辖权很大程度上已经授权给了部门行政法庭以及上诉法庭,参见:Brown and Bell, 前引注释〔1〕。

〔6〕 TC 8 February 1873 Blanco Rec. 1er supplement 61, concl David; M. Long et al., *Les Grands arrest de la jurisprudence administrative* (10th edn, Paris: Sirey, 1990)(后文简称为 GA)No. 1。

〔7〕 严格说来,"管辖权"这个术语在此用得不合适,因为行政法院仍旧拥有完全的咨询功能,而判决采用的术语是"行政机构"(autorité administrative)。

至少,从一个不懂行的人看来,这个裁决可能不是那种非常重要的裁决。实际上,该裁决在管辖权方面存在的问题最终引发了立法机关的介入。今天,布朗科案应该由民事法庭来处理,因为自1957年后所有交通事故案件都交由民事法庭管辖。

布朗科案的真正意义在于它为后来的行政法庭顺理成章地管辖行政责任埋下伏笔。该判决书中有如此断言:

> 对于公共服务部门雇佣人员造成他人的损失之情形,受害者可就其损失向国家主张赔偿,这种公务人员责任是不能用《民法典》中所规定的调整个体关系的原则来进行调整的;
>
> 这种责任既不是一般的责任,也不是绝对的责任;其中含有特定规则,这些规则可因服务之需以及调和国家权利与个体权利之必要性而有所变化;由于这个原因,以及相关法律的规定,行政机关单独就有资格来听审这些案子。

在这个已经发生很久的案例中,一直坚持必须用特定的规则来规制责任肯定是值得辩驳一番的;因为该案毕竟涉及的是马车事故。但是,这种推理后来却吸引住了英国学者,因为在他们看来,在英国,这是法庭进行民事责任裁判时给予公务机关的一种特别宽大处理,特别是1947年《皇家诉讼程序法令》(the Crown Proceedings Act)最终废除了皇家豁免权原则之后。[8]

在这个简短的附录中,对法国行政法院中国家责任制度的演化进行简要描述或者试图进行一番评价并非宗旨所在。这种双重管辖权无疑是非常复杂的,并且为管辖权争端进行界定的代价也是高昂的。就像我在前面已经明确指出的那样,在我看来,将这种制度移植到英国普通法的司法制度当中,并非一种政治跟风。在我个人的信念当中,对于国家及其公务人员来说,就像他们在普通法中一样让他们对普通民事法庭所适用的一般民事法

---

[8] J. D. M. Mitchell 持此观点,参见"The Causes and Effects of the Absence of a System of Public Law in the United Kingdom"[1965] *PL* 95,还可参见 C. J. Hamson, "Escaping Borstal Boys and the Immunity of Office"[1969] *Cam. LJ* 273。

律制度承担责任非常有益的。至于戴西所提出的平等原则,在其刚开始提出时就抓住了对政府的根本态度,直到现在这个原则仍旧反映了整个普通法世界所广泛坚持的平等政治理想;[9]在政府民主并尚且还算负责的时代,这种理念拥有非常"直接的直觉吸引力"。[10] 从更加务实的层面上来讲,我认为基于公/私之分对责任承担采取两分规则是一种不必要的复杂处理,我再重申一下,这样干是在"故意抛弃我们灵活而又单一的裁判管辖(权)制度所拥有的诸多优点"。[11]

要跟我们既定的宪法传统决裂是需要强大的正当理由的。如果单独的法国行政责任制度产生的结果在极大程度上优于普通法业已发展取得的结果,那么这种正当理由就可以找到了。在20世纪70年代,那些认为应该进行一些变革的学术观察人士相信他们自己正在考虑的制度在学理上应该具有极大的优越性。他们认为法国的责任制度对于公共机关来说是有些苛刻,而英国法官则会认为这种制度是在对公共资金进行过度保护。他们还认为替代责任理论被引入作为 1947 年《皇家诉讼程序法令》中君主责任(Crown Liability)的基础是存在问题的,并且感觉这些问题可以通过公务过失(faute de service)这个概念被规避掉,在布朗科案之后,这个概念就成了法国行政责任中的焦点语词。而今,普通法已经就这些问题设计出了自己的内部解决方式,也就是通过不可替代的以及法定的义务(non-delegable and statutory duty)概念来解决[12],这种解决方式跟法国的公务过失概念极为相似。普通法观察人士还对下述事实比较感兴趣,即法国行政法实行了一种阶梯状的责任制度:其责任标准包括从重大过失,到民法上的一般过失标准,再到无过失责任等若干类型。但是,在

---

[9] P. Hogg, *The Liability of the Crown* (2nd edn, Toronto: Carswell, 1989),第1—2 页。

[10] D. Mullan, "Book Review, The Liability of the Crown" (1990) 10 *Windsor Yearbook of Access to Justice* 263,264。

[11] 对这一立场的探讨同时出现笔者的另一篇文章中,参见 C. Harlow, " 'Public' and 'Private' Law: Definition Without Distinction" (1980) 43 *MLR* 241。

[12] 前文第 1 章文本中的注释[30]—[31]。

对那种阶梯状的责任制度进行思考的时候,我们应该牢记于心的是,在严格责任(比如危险活动中的风险责任[13])的利用上,法国民法较普通法制度更多,而且法国民法还承认了权力滥用原则。[14]

进一步的探究显示,在实践中而不是在理论上,英国行政法与法国行政法之间是同多异少。于是,菲尔格雷夫,也就是那本主要的比较法专论《侵权法中的国家责任》(State Liability in Tort)的作者,最近得出如下结论[15]:

> 这两种制度并非如我们以前所认为的那样差异巨大。其实,它们的结果通常非常相似,它们实现该结果所使用的法律概念也并非总是不同……实践中,两国对过错的裁定都受到类似因素的影响,比方说损失的可预见性以及可责难活动的复杂性……相似之处还包括在合理限度范围内控制国家责任方面有共同需要。

我认为,从我对这两种制度的有限了解就可以足够判断:上述结论是正确的。

此处尚不是对法国的行政责任制度进行广泛考察的地方。但是,值得注意的是,那些在普通法语境中已经被证明存在疑问的相同问题同样也困扰着法国民事法院和行政法院。实际上,全球化现象我在第二讲中已经有所提及,它意味着法院正在不断面对一个接一个的管辖权争议,其中有很多案件同样"非常难啃"。简单举一个例子:由于节育手术不成功导致怀孕,因而向法院寻求"赔偿因为非正常出生所造成的损害",这种案子在世界各国

---

[13] 这方面的著名案例有 the CE *Regnault-Desroziers* 28 March 1919, S 1918. III. 25n. Haurious。该案确立了危险活动的风险责任,跟另一起同样著名的民事案例 *Jandheur* 非常接近,在后一案例中,对一家百货商店中发生的火灾法官判处了这种风险责任。

[14] C. Harlow, *Compensation and Government Torts* (London: Sweet and Maxwell, 1982),第58—68页。

[15] D. Fairegrieve, *State Liability in Tort* (Oxford: Oxford University Press, 2002),第260—261页。

的法院都有发生。[16] 但是,此案的解决方案自然不同,因为各国的文化假设以及价值观存在不同,这样一来,难啃的案件通常仍旧是一样难啃。

其他一些非常直接相似的情形还存在于我讲座文本里面所探讨的一些背景之中。法国的情形与英国的情形一样,比方说,最近都有大量涉及救助服务的案件,这导致英吉利海峡两岸的法国和英国不得不都扩大其责任范围。[17] 而且,值得一提的是,一些主要的法国评论者已经指出,当维持人类生活尚不确定的时候,对行政管理进行权衡是非常困难的。因此他们总结出如下结论:总体看来,对一些存在严重过失行为的案件保留责任承担并不会在这类案件中总是得到坚持。[18] 这种观念与普通法中一直影响甚大的"容易受伤害者"概念中包含的观念存在诸多相同之处。毫无疑问,阿提耶的"归责文化"在法国也同样具有可操作性,在法国,因为同样强大的经济动机会驱动人们让他人对损失、死亡以及不法伤害等承担责任。再者,值得关注的是,在那些因为政府管制者的工作所造成的经济损失情形中,两国制度如何展示了其非常谨慎的态度呢?[19]

---

[16] 在法国,可参见 Cass Civ, Ass Plan 17 November 2000 Perruche D. 2001 Juris 332。在立法机关看来,民事法院所给的答案是"错误的",由此引发了 Law No 2002—2003(4 March 2002)对此问题的关注,Deguerge, *AJDA* 2002. 508 中有提及。在澳大利亚,可参见 *Cattanach v. Melchior*[2003] HCA38 (16 July 2003),在该案中,澳大利亚高等法院对上议院在类似案件 *Rees v. Darlington Memorial Hospital NHS Trust*[2003] 3 WLR 1091 所作出的裁定进行了批评。

[17] 对于法国,可参见 CE 29 April 1998 *Commune de Hannapes* RDP 1998. 1012。对于英格兰来说,可参见 *John Munroe(Acrylics) Ltd v. London Fire and Civil Defence Authority* [1996] 3 WLR 988; *Capital & Counties plc v. Hampshire CC* [1997] 2 All ER 865。

[18] *AJDA* 2002.133 chr Guyomar and Collin,第 136 页。

[19] 比方说,在 CE 30 November 2001 *Kechichin AJDA* 2002. 133 concl Seban note Guyomar and Collin,其中谈到了"平衡标准"(balancing test),在这种标准中,"公共服务的属性、难处以及需要"得到的权重也比受害者的利益高得多。在英格兰,可以比较 *Three Rivers District Council v. Governor and Company of the Bank of England* [2002] 2 WLR 1227,其中探讨了中止公务活动中不法侵权行为责任承担标准之间的冲突矛盾。参见 M. Andenas and D. Fairgrieve, "Misfeasance in Public Office, Governmental Liability and European Influences" (2002) 51 *ICLQ* 757。

法国民法以及行政法中的原则及其在侵权案件中的应用是 140
否实际上区别重大,这一直都是人们热烈探讨的问题,而且无论
如何,它对于法国评论人士来说都是一个问题。[20] 近来的法国
经验表明,抵制责任判断标准的标准化是一个非常难的问题。问
题尤其出现在医疗责任案件中,在这些案件中,对公立与私立医
院进行直接比较是可能的。臭名昭著的"污染食品事件"的恶果
之一就是对簿公堂,该案涉及输血过程中感染 HIV 病毒。此案
呈现出两种管辖权以及四种可能的责任根据,这种状况已导致严
重不平等风险出现。[21] 直到 1999 年,法国行政法院[22]发布了
一份影响极大的报告之后,法院才可以自由尝试以预警原则
(precautionary principle)作为责任承担的基础,该原则是从环境
法中借鉴过来的。欧盟对产品责任规定协调一致问题的介入从
而使得这个问题进一步复杂。[23]

说到这里,读者应该感觉到我不是在对法国行政责任制度在
进行批评,其实,我是他们这种制度的强烈推崇者。我想说的是,
世界上所有国家的法院都面临着因管制复杂性不断增加而带来 141
的一些极为难以应对的损害赔偿责任承担诉讼。如今,不仅立法
文本已经变得越来越复杂,越来越不明确,而且管制规则的针对
性及其积极介入一直都在不断增强。就像私法与公法走得越来

---

[20] 主要的当代研究现状,参见 C. Eisenmann, "Sur le degré d'originalié de régime de responsabilité extra-contractuelle des personnes (collectivités) publiques" *JCP* 1949. I 742 和 751。对此观点所进行的构思细密的、理论上的比较梳理,参见 D. Lochak, "Réfléxion sur les functions socials de la responsibilité administrative",载 CUR-RAP, *La Droit administrative* (Paris: PUF, 1993)。

[21] 这个案件在下面这个主要案例中有探讨,参见 CE 26 May 1995 (Ass) *Consorts N'Guyen*, *Joaun*, *Consorts Pavan* RFDA 1995. 748 concl Daël。还可参见 Pontier, "SIDA et responsabilité: problemèmes de droit public" *RFDA* 1992. 533。

[22] *Rappor Public 1998: Droit de Santé*.

[23] 参见 G. Howells and M. Mildred, "Infected Blood: Defect and Discoverability, A First Exposition of the EC Product Liability Directive" (2002) 65 MLR 95。欧共体法律还对法国产品责任法产生了不利影响,参见 Case C-52/00 *Commission v. France*, C-154/00 *Commission v. Greece*, C-193/00 *González Sánchez v. Medicina Asturina* [2002] ELR I-3827。在该案中,欧洲法院裁定产品责任法要采取最大程度的协调一致标准,其中不能存在任何偏差,即便在申诉者利益方面也是如此。

越近一样,国与国之间的法律正在走向趋同。向国际惯例寻求救济的情形也在与日俱增。由于欧共体法律的出现,不断增加的管辖权复杂化问题已经出现在国内法制度当中,这个问题穿过了公与私的边界,当然它还因欧洲人权法院的出现而更加复杂,因为所有管辖权都应该服从它的指令。正如我在第二讲中所谈到的那样,国家以及国内法律制度在本国范围内已经不再是无所不能的了。它们会受到来自国际以及"挑选法院"这种惯常做法的影响。无论是在国内,还是在国外,公与私的划分已经不断被模糊化。在这种语境中,独立的规则以及异化的责任承担标准只会导致已经混乱的情形更加混乱。法国行政法院和民事法院同样都受到了这些外部因素的影响,而且还面临法院之间的整合压力。对此事实,他们不可能没有意识到。

词条索引

A

Accident compensation scheme 意外事故赔偿方案　2,91—105,131*
　　globalization and ～ 全球化与～　45
　　New Zealand ～ 新西兰～　95—100,101
Accountability 可归责性/责任　34,35,37,122
　　liability and ～ 责任(承担)与～　49—53
Administrative compensation 行政赔偿　88—123
　　accident compensation schemes 意外事故赔偿方案与～　2,91—105,131
　　compensation as good administration ～与良好行政管理　105—109
　　general principle of compensation 一般补偿原则与～　116—123
Administrative law, France 法国行政法　134—144
Affirmative remedies 积极救济　44,77,85,86,124
Affirmative rights 积极权利　44,124
Agent Orange case 橙剂案　46
Aggregated damages 加重的(非金钱)损害赔偿　107
Aggregative political principles 集合性政治原则　3,4
Alder Hey Hospital case 奥尔德·海伊儿童医院案　121—122
Asbestos cases 石棉案　47—48
Asylum seekers 寻求避难者　83,113—114
Atiyah, Patrick 帕特里克·阿提耶　7,13,22,30,62,90—91,95,113,121,139
Atkin, Lord 阿特金勋爵　18

---

* 指本书边码,下同。

B

Banking, supervision of 银行监管 36—37
Barlow Clowes case 巴洛·克洛斯金融诈骗案 109
Barry, Brian 布莱恩·巴里 3
Bathing water quality 浴场水的质量 64—65
Benchmarking 基准设置 133
Bhopal disaster 博帕尔灾难 45—46,50
Bingham, Lord 宾厄姆勋爵 14
Blame/culpability 谴责/责任,应受责备 17,22—23
    international law and ~ 国际法与~ 53—54
"Botheration payments" "烦扰补偿金(款)" 106—107,113,120
BSE crisis 疯牛病危机 89
Buckley, R. A. R. A. 巴克利 33—34
Burden of proof, negligence case 过失侵权行为案件中的举证责任 15
Burns, P. P. 伯恩斯 15,16

C

Calabresi, Guido 盖多·卡拉布雷西 15
Camelford case 坎福镇事件 51,131
Canadian Charter of Fundamental Rights and Freedoms《加拿大基本权利与自由宪章》 77
Cane, Peter 彼得·凯恩 3—4,11,13—14,90—91,113,116—118,123
Caranta, Roberto 罗伯特·卡兰塔 57—58
Care, duty of 注意义务, see Duty of care 参见 Duty of care
Carnwarth, Robert 罗伯特·卡恩沃斯 2
Cascade effect 瀑布效应 58,90
Causation 因果关系,起因 12
Children 儿童
    ~ abuse 虐待~ 29—30,84—85
    guardian ad litem ~的指定监护人制度 82
    organ retention (Alder Hey Hospital case) ~器官保存(奥尔德·海伊儿童医院案) 121—122
    poverty and ~ 贫困与~ 82—83

special needs education ~的特需教育 27—28,83—84,120

statutory child care 法定~看护 75—76,81—82,84

statutory protection of ~ ~的法定保护 28,30

thalidomide cases 反应停案件中的受害~ 94

United Nations Convention on the Rights of the Child《联合国~权利公约》 80

Child and Family Court Advisory Service (CAFCAS) 儿童与家事法庭咨询服务处 82

Citizen's Charters 公民宪章 4—5

Civil liability, general principle of 民事责任的一般原则 18

Class actions 团体诉讼 46—49,52—53,90,103

    accountability through liability 通过~追究责任 49—53

Cohen, David 大卫·科恩 1,3,5,12,30,38,93,118,120

Collective consumption 集体消费 119,124—133

Commission for Local Administration 地方行政事务委员会 106,113

Compensation 赔偿,补偿 8,22

    accident compensation 意外事故~ 2,91—105,131

    administrative ~ 行政(性)~ 88—123

        accident compensation schemes 意外事故~方案 2,91—105

        compensation as good administration ~作为一种良好的管理手段 105—109

        general principle of compensation ~的一般原则

    Administrative Court and ~ 行政法庭与~ 115—116

    "botheration payments" "烦扰补偿金(款)" 106—107,113,120

    conduct and ~ 行为与~ 12

    criminal injuries compensation 刑事伤害~ 76,89,100—102

    culture of ~ ~文化 4,6,90,91,121,125,126,127

    damage caused by absconders from prison 监狱逃逸者所造成损害的~ 18

    ex gratia ~ 特惠~ 88,89,106,122

    French law and ~ 法国法与~ 60—61,71

    general principle of ~ ~的一般原则 109,116—123

    German law and ~ 德国法与~ 59—60

    human rights and ~ 人权与~ 68,76,109—116

　　　　identification of ～　～的认定　88—91
　　　　international law and　～　国际法与～　55
　　　　just satisfaction and　～　公正赔偿与～　68—85
　　　　restitutio in integrum 完全恢复原状　69,71
　　　　as tort tax 作为侵权税的～　14—22
Consent, defence in negligence cases 过失侵权行为案件中的同意抗辩　13
Consumerism, 消费者主义　5,8,41,52
Contract, privity of 合同相对性　17
Contracting out 立约外包　2,35
Cooke, Lord 库克勋爵　19
Corrective justice 矫正正义　10—41,44,79,126
　　　　class action and　～　团体诉讼与～　48
　　　　compensation as tort tax 作为侵权税的补偿(赔偿)的～　14—22
　　　　culpability/blame and　～　责任/应受责备,谴责和～　17,22—23
　　　　deterrence 威慑　23—30
　　　　taking Dicey seriously 严肃地看待戴西的观点　30—41
Courts 法院/法庭
　　　　Administrative Court 行政～　115—116
　　　　European Court of Human Rights (ECtHR) 欧洲人权法院　42,68—
　　　　　85,110,141
　　　　European Court of Justice 欧洲法院　42,56—67
Criminal injuries 刑事伤害
　　　　～ compensation　～赔偿　76,89,100—102
Crown 国王/君主　1,22,38—39,88,136
Culpability see Blame/culpability 责任,参见 Blame/culpability

D

Damage 损害
　　　　nervous shock 精神震惊所造成的～　50
　　　　property 财产～　17—18
Damages 损害赔偿(金)
　　　　aggravated　～　加重的(非金钱)损害赔偿　107
　　　　deterrent　～　威慑～　78
　　　　economic loss 经济损失　19

exemplary ~ 惩罚性~ 24,71,131
human rights cases 人权案件中的~ 76—77,111—115
mental distress ~ 精神痛苦~ 106—107
"penalty payments" and ~ "惩罚性支出"与~ 63—64
perverse centives and ~ 反常动机及~
punitive ~ 惩罚性~ 27
restitutio in integrum 完全恢复原状 69,71
wrongful birth and ~ 非正常出生与~ 138—139

Danger, failure to warn of 没有警示危险 20—21
Decision-making 决策
"decision gaps" "决策缺口" 26,27,28,79,111
policy element 政策因素 38
polycentric ~ 多中心的决策 27,28
studies of effect of tort law on ~ 就侵权行为法对~影响方面所进行的研究 28—30

Declaration of incompatibility 抵触声明 109
Detention of foreign nationals 对外国公民的拘押 55
Deterrence 威慑 78—79
deterrent damages 威慑性损害赔偿金 78
Dicey on ~ 戴西论~ 23—24,30—41,79
tort law as ~ 具有~功能的侵权行为法
Dicey, Albert Venn 艾伯特·维恩·戴西 12
deterrence and ~ 威慑与~ 23—24,30—41,79
equality and ~ 平等与~ 6,22,135,137
personal liability and ~ 个人责任与~ 23,41
personal responsibility and ~ 个人责任与~ 135
rule of law and ~ 法治与~ 22,79,135
statutory powers and ~ 法定权力与~ 23

Disability, housing and ~ 住宅供给与残疾 112—113
Dispute settlement procedures 争端解决程序 56
Distributive justice 分配正义 2—3,13,85,116,118,124,126
affirmative rights and ~ 积极权利与~ 44
public law and ~ 公法与~ 3—4
security and ~ 安全与~ 6

Duty of care 注意义务 11,37
 as a control device ~ 作为一种控制方法 18—19
 general ~ 一般 ~ 16
 non-delegable ~ 不可代替的 ~ 17
 statutory protection of children and ~ 对儿童的法定保护及 ~ 30

E

Economic loss 经济损失 19
Economic rationalism 经济理性主义 24—25
Education, special needs 特需教育 27—28,83—84
Empirical analysis and evidence 实证分析与证据 25—26,93—94
Englard, Ishtak 伊斯塔克·昂格拉尔 2
Entitlement theory of state liability 有关国家责任之权利理论 3,118,120
Environmental issues 环境问题 28,33
 bathing water quality 与浴场水质量有关的 ~ 64—65
 Bhopal disaster 博帕尔灾难所引发的 ~ 45—46,50
 Camelford case 与坎福镇事件有关的 ~ 51,131
 environmental accidents 与环境事故有关的 ~ 26
 EU environmental liability regime 与 ~ 有关的欧盟环境责任体制 65
 waste disposal 与废物处理有关的 ~ 64
Equality before public charges 公共负担面前一律平等 60,71
Equality before the law 法律面前人人平等 6—7,22,135,137
Ethics, international law and 国际法与伦理道德 53—54
European Convention on Human Rights《欧洲人权公约》 68,76,110,112,113,132
 Article 3 (torture and inhuman treatment) ~ 第3条(酷刑与不人道待遇)70—71,77
 fair hearing right ~ 中的公平听审权 73—75
 friendly settlement procedure ~ 中的友好和解程序 70—71
European Court of Human Rights(ECtHR) 欧洲人权法院 42,110,141
 friendly settlement procedure ~ 中的友好和解程序 70—71
 just satisfaction and ~ 公平补偿及 ~ 68—85,110
 reparation and ~ 损害赔偿及 ~ 69—71
European Union(EU) 欧盟 141

European Court of Justice (ECJ) 欧洲法院 42,56—67
 liability and ～ 责任与～ 56—67
  product liability 产品责任 52
 milk quotas 牛奶配额 67,89
 penalty payment procedure 惩罚性支出程序 63—64
 product liability and ～ 产品责任与～ 52
 schöppenstedt formula 舍彭施德特公式 58—59,60
Ex gratia compensation 特惠补偿 88,89,106,122
Exemplary damages 惩罚性赔偿(金) 24,71,131
Fair hearing right 公平听审权 73—75
Fairgrieve, D. D.菲尔格里夫 138
Fault see Blame/culpability 过失,参见 Blame/culpability
Faute de service 公务过失 137—138
Feldthusen, B. B.菲尔苏森 38
Fishing regulation 捕鱼规定 107—108
Fleming, John 约翰·弗莱明 7,47,49
Foreseeability 可预见性 18,19
Forum shopping 挑选法院 46,141
France administrative law 法国行政法 134—141
 compensation in ～ ～中的补偿
  Conseil d'Etat 法国行政法院 134,135,140
  faute de service 公务过失 137—138
  medical negligence in ～ ～中的医疗过失
Francovich liability 弗朗科维奇式的责任承担 56—58,62—67
Freeman, J. J.弗里曼 31
Functionalism,实效主义 7,8,10—11,13,25—26,62

G

Gaudron, J. 戈德龙法官 31
Germany, compensation in 德国的损害赔偿 59—60
Globalization 全球化 138
 accident compensation and ～ 意外事故赔偿和～ 45
 cascade effect of ～ ～的瀑布效应 42—49
Goff, Lord 戈夫勋爵 19

Guardian *ad litem* 指定监护人 82
Gulf War cases 与海湾战争有关的案件 51,103—104

H

Health care, inadequacy of 保健不充分 21
Higgins, Rosalyn 罗莎琳·希金斯 53—54,57
Hillsborough disaster 希尔斯堡惨案 50
Hoffmann, Lord 霍夫曼勋爵 32—33,34,40
Hogg, Peter 彼得·霍格 22,133
Housing 住房供给 112—114
 asylum seekers 寻求避难者 113—114
 temporary ~ 临时~
Huber, P. P. 休伯 15
Human rights 人权 8,41,42,79—80,107
 affirmative ~ 积极~ 44
 compensation and ~ 补偿与~ 68,76,109—116
 competing ~ 竞争性的~ 27
 damages and ~ 损害赔偿与~
 Human Rights Act 1988 (HRA) 1988年《人权法案》 29,76,81,
  109—110,112,114,116,132
 legalism and ~ 尊法主义与~ 8
 negative rights 消极权利 118
 torture and inhuman treatment prohibition 禁止酷刑与不人道待遇
  70—71,77
 Van Boven Report《范·博文报告》 55
 还可参见 European Convention on Human Rights; European Court of
  Human Rights

I

Injunction 禁令 86
Instrumentalism 工具主义 7
Insurance 保险 21,25,40,127—128,129
International law 国际法 6
 compensation and ~ 赔偿与国际法 55

ethics and ~ 伦理道德与~ 53—54
globalization and ~ 全球化与~ 42—49
~ remedies ~ 救济 54—56
reparation and ~ 损害赔偿与~ 54—55
strict liability and ~ 严格责任与~ 54
International Law Commission(ILC) 国际法委员会 54,55
Interventionist state 持干涉主义的国家 31,41
Ipp Committee 伊普委员会 127—128,129,132

J

Jennings, I. W I. W. 詹宁斯 23
Judicial review 司法审查 23,34,94
Just satisfaction 公正赔偿 68—85,110

K

Klar, L L. 卡拉尔 98

L

Law Commission 法律委员会 24,71,107,132
Leapfrogging of intermediary parties 第三方中间人"走蛙跳式路径" 16,20
Legal transplants 法律移植 43
Limitation periods 时效期间 74
Litigation, overuse of 诉讼的过度使用 8
Local authorities 地方当局 62—63
　　Commission for Local Administration 地方行政事务委员会 106,113
　　housing and ~ see Housing 住房供给与~ 参见 Housing
　　statutory child care 法定儿童看护 75—76,81—82,84
Loss, corrective justice and 矫正正义与损失 12—13

M

Maladministration 不当行政管理 72,109
　　"botheration payments" 烦扰补偿金 106—107,113,120
　　compensation for ~ ~的补偿 106

Mass litigation 大规模诉讼 参见 Class actions
Mediation 调解/仲裁 115
Medical(clinical) negligence 医疗(临床)过失 102—103
    France 法国~ 140
Mental distress 精神痛苦 106—107
    nervous shock 精神震惊 50
Mental Health Review Tribunals 精神健康复审法庭 112
Merits of cases 案例的价值 29
Milk quotas 牛奶配额 67,89
Miller, D. D. 米勒 126
Ministry of Defence cases 与国防部有关的案件 49—50,51,103—104
Misfeasance in public office 行使公务时的不法行为 36—37,130—131

N

National Audit Office (NAO) 国家审计部 102,103
National Health Service (NHS) 国民健康服务体系 35,102,127
Negative rights 消极权利 118
Negligence 过失侵权行为
    burden of proof 举证责任 15
    consent defence 对~的同意抗辩 13
    economic loss and ~ 经济损失与~ 19
    in exercise of statutory child care 在行使法定儿童看护时的~ 75—76
    as failure of control 因为控制失败而产生的~ 16
    "fair, just and reasonable" test ~的"公平、公正与合理"标准 73
    foreseeability ~的可预见性 19
    medical(clinical) negligence 医疗(临床)
    omission to act and ~ 疏忽行为与~ 16,39—40
    operational ~操作性~ 38
    police 警察~ 72—73,77—79
    public law duty ~公法义务 75—76
    statutory protection of children 对儿童的法定保护 28
    systemic breakdown and ~ 系统性崩溃与~ 24
    welfare state and ~ 福利国家与~ 126
Neighbour principle 邻居法则 15,18

Nervous shock 精神震惊 50
New Zealand accident compensation scheme 新西兰意外事故赔偿方案 95—100,101
Nicholls, Lord 尼科尔斯勋爵 32,39,40,130
No-fault liability 无过错责任 95,96,138
Non-delegable duty 不可代替的义务 137
Nuisance 侵扰行为 32

O

Ogus, A. A. 奥古斯 107
Oliver, Dawn 多恩·奥利弗 51,124—125
Ombudsman 监察官 72,89,115,122
 Commission for Local Administration 地方行政事务委员会 106,113
 Parliamentary 议会~ 106—109
 tort law as ~ 有~功能的侵权行为法 51,73
Omission to act, liability for 疏忽行为的责任 16,39—40
Operational negligence 操作性过失侵权行为 38
Organ retention (Alder Hey Hospital case) 器官保存(奥尔德·海伊儿童医院案) 121—122
Out-of-court settlements 庭外和解 26

P

Palmer, Sir Geoffrey 杰弗里·帕尔默爵士 99
Parity principle 同等原则 34,41,128
Parliamentary Commissioner for Administration (PCA) 行政事务议会委员(组织) 106—109
Pearson Commission on Civil Liability for Personal Injuries 人身伤害民事责任皮尔逊委员会 94—95,127
Penalty payment procedure 惩罚性支出程序 63—64
Personal injuries 人身伤害 128
 sport and ~ 体育运动与~ 128—129
Personal liability doctrine 个人责任原则 22—23
Perverse incentives, damages and 损害赔偿与反常动机 24
Planning legislation 规划立法 89

Police 警方,警察,警务　26—27,50,104—105
　　～ negligence　～过失侵权行为　72—73,77—79
Posner, Richard 理查德·波斯纳　15
Preventive action, failure to take 没有成功采取预防性行动　16
Privatization, public/private boundary and 公/私边界与私有化　31—36
Privity, abolition of 废止相对性　17
Product liability 产品责任　52—53
　　EU law and ～ 欧盟法与～　52
　　globalization and ～ 全球化与～　45—46
　　strict liability ～中的严格责任　15,45
　　tobacco cases 烟草案与～　52—53
　　United States 美国～　15,45
Proof, burden of 举证责任　15
Property, damage to 对财产造成的损害　17—18
Prosser, T.　T.普罗瑟　17—18
Public authorities　公共当局/公共机构
　　failure to exercise powers　～没有行使其权力　16
　　illegality and　～ 非法(性)与～　110
　　liabilities of ～　～的责任
　　regulation by ～　～的管制/规制 参见 regulation
　　statutory duty and　～ 法定义务与～　132
　　statutory powers　～的法定权力　23,37,39
Public law, distributive justice and 分配正义与公法～　3—4
Public/private boundary 公/私边界　31—40,130
Punitive damages 惩罚性赔偿金　27

Q

Quality, defects in 质量缺陷　19

R

Rail industry 铁路行业/产业/工业　34,35—36
Rape, police negligence and 警察过失侵权行为与强暴　77—79
Rationalism, economic 经济理性主义　24—25
Regional authorities 地方当局　62—63

Regulation 管制/规制　6,13,20,21,23
　　banking supervision 银行监管　36—37
　　compensation claims and ~ 赔偿诉求与 ~　52
　　failure of ~ ~失灵　126
Reid, Lord 里德勋爵　18,19,129
Reid, William 威廉·里德　106
Reliance, generalized 普遍依赖　5
Remedies 救济
　　affirmative ~ 积极 ~　44,77,85,86
　　declaration of incompatibility 抵触声明　109
　　globalization and ~ 全球化与 ~　44
　　Human Rights Act《人权法案》~　109—110
　　injunctions ~禁令　86
　　international law 国际法 ~　54—56
　　negative ~ 否定性 ~　44,77,85
　　public law ~ 公法 ~　114—115
　　还可参见 damages
Reparation 损害赔偿　13,69—71
　　international law and ~ 国际法与 ~　54—55
Rescue services 救助服务　139
Reservations in treaties 条约的保留　56
Resources 资源
　　allocation of ~ ~的配置　12,28,80,116,119—120,126
　　liability and ~ 责任与 ~　53—56
restitution in integrum 完全恢复原状　69,71
Ripstein, A.　A.利普斯廷　22
Risk 风险
　　aversion to ~ ~规避(厌恶)　5—6,16,90,125—126,127
　　risk-proofing 能够抵御 ~　21
Rule of law 法治　22,79,135
Rule-making functions 规则制定功能　36

S

Salmonella in eggs 禽蛋中的沙门氏菌　89

Sanction theory of tort law 侵权行为法的制裁理论　57—58

Schöppenstedt formula 舍彭施德特公式　58—59,60

Schuck, Peter 彼得·舒克　24—26,30

Schutznormtheorie 保护规范理论　59—60

Schwartz, Gary 加利·施瓦茨　15

Security 安全　6,125

Selective comparison process 选择性比较过程　62

Sexual offences 性侵犯　27

Smith, J.　J. 史密斯　118,120

Smith, J. C.　J. C. 史密斯　15,16

Social security 社会保障　参见 Welfare state

Social solidarity 社会团结一致　93,126

Social workers 社会工作者　27—28,84

Special needs education 特需教育　27—28,83—84,120

Spigelman, J. J.　J. J. 史比格曼法官　5,126

Sport, personal injuries and 人身伤害与体育运动　128—129

Standards in public life 公共生活中的标准　23

Stapleton, Jane 简·斯特普尔顿　8,16—17,18,21

Statutory duty 法定义务　132,137

　　child care 儿童看护方面的 ~　75—76,81—82,84

　　child protection 儿童保护方面的 ~　28,30

Steyn, Lord 斯泰恩勋爵　130

Strict liability 严格责任　54,95,138

　　product liability 产品责任　15,45

"Striking out" procedure "启动"程序　75

T

Taxation 税收　25

Temporary housing 临时住房供给　119—120

Terrorism 恐怖行为　48—49

Thalidomide cases 与反应停有关的诉讼案　94

Tobacco cases 烟草案件　52—53

Tomuschat, Christian 克里斯蒂安·图姆夏特　55—56,66,87

Tort law 侵权行为法　4,5

compensation as tort tax 作为侵权税的补偿(赔偿) 14—22
conceptual bases ~的概念基础 8
corrective justice and ~ 矫正正义与~ 10—41
as deterrent 具有威慑功能的~ 23—30,127
effectiveness ~的有效性/效力 7
globalization and ~ 全球化与~ 42—49
objectivity of ~ ~的客观化 11
as Ombudsman 具有监察官作用的~ 51,73
retraction of ~ ~的收缩 132—133
sanction theory of ~ ~的制裁理论 57—58
studies of effect on decision-making 对决策产生影响之因素的研究 28—30
success of ~ ~的继承 21

Torture and inhuman treatment prohibition 禁止酷刑与不人道待遇 70—71,77
Traffic accidents 交通事故 25—26,39—40,135—136
Treaties, reservations 条约的保留 56
Trespass 非法侵入 23—24,34

U

United Nations 联合国
    Committee on the Rights of Child ~儿童权利委员会 82—83
    Convention on the Rights of the Child 《~儿童权利公约》 80
    Covenant on Civil and Political Rights 《~公民权利和政治权利国际公约》 55
    Human Rights Committee ~人权委员会 56,80
    Van Boven Report ~《范·博文报告》 55
United States, product liability in 美国的产品责任 15,45

V

Vaccine damages case 接种疫苗损害案件 93—94
Van Boven Report《范·博文报告》 55
Van Gerven, Walter 沃尔特·范·格文 57,58
Vicarious liability 替代责任 17

Victims 受害者
    accident compensation schemes 意外事故~赔偿方案 2, 91—105, 131
    changing attitudes to ~ 对~态度的改变 15
    class actions by ~ see class actions 由~提起的团体诉讼 参见 Class axctions
    criminal injuries compensation 刑事伤害~的补偿 76, 89, 100—102
    expectations ~的期待 19
    vulnerable ~ 易受伤害的~ 21, 30

W

Water authorities 水务管理当局 31—35
Weinrib, Ernest 欧内斯特·温瑞布 10—11, 14
Welfare state 福利国家 4, 23, 41, 96
    discrimination in ~ ~中的歧视 56
    distributive justice and ~ 分配正义与~ 2
    negligence and ~ 过失侵权行为与~ 126
Wells, Celia 西利亚·韦尔斯 49
Whiplash effect 长鞭效应 65, 67
Woolf, Lord 伍尔夫勋爵 110—111, 114
World Trade Organization 世界贸易组织 42, 66
Writ, action begun by 由令状引发的诉讼 115—116
Wrongful birth 非正常出生 138—139

法译馆·讲演录

本丛书将陆续推出世界一流法学家的演讲或讲座辑录。

这些短篇作品集中阐述了作者的代表性观点,面世后即广受学界好评,已经或可能成为该领域学说史上的里程碑之一;因其源于讲演形式,所以不失深入浅出、简约精当的特点,即使是法学本科生也可以信手翻阅。

读惯了厚重的名著之后,这套"简明版"的名家经典或许会为您带来不一样的清新气息……

隆重首推:

牛津大学 Clarendon Law Lectures 知名学者的精彩讲学:

1. Harlow,Carol:《国家责任:以侵权法为中心展开》
2. Zimmermann,Reinhard:《罗马法、当代法与欧洲法:现今的民法传统》
3. Treitel,Guenter:《二十世纪合同法的几个里程碑》
4. Weir,Tony:《经济侵权》
5. Cornish,William:《知识产权:无所不在,正在转移还是毫不相关?》
6. Gummow,W. M.:《变革与连续:制定法、衡平法与联邦制》
7. Posner,Richard A.:《英国与美国的法律及其理论》
8. Maitland,Frederick W.,Baker,John H.:《英国法与文艺复兴》